アジアの国際協力と地域共同体を考える

Thinking about international co-operation and region building in Asia

児玉昌己
伊佐　淳 編

芦書房

はしがき

本書刊行の経緯について少し触れておきたい。ワンアジア財団の助成講座の久留米大学での導入設置については、二年ほど前に遡る。

この講座については、すでにわが国だけでも六四の大学に講座が開設され、東京大学を含む旧七帝大のほぼすべて、さらには防衛大学校、早稲田、慶應義塾など有力大学を網羅しており、以降も、開設希望も陸続としてある。ちなみに、財団のホームページによれば、二〇一八年一二月段階で、日本も含め対象講座は、世界五〇地域にわたり助成校だけで三六〇ある。

当講座については自薦、他薦を含め、多くの開設の希望や申請があるとのことで、財団としては今まで他大学の助成講座に関する多くの出版を通して信頼関係にある出版社との人的関係を活用し、選定作業の幾分かを軽減するということもあったように思われる。

講座の設置導入にあたっては、財団による講座の中身についての厳正な審査があり、また国内外の外国人講師の招聘ほか、講座開設に特色を持たせることも求められていた。それで本学における講座の有用性を認め、講座の設置に向けて取り組むことを決めた。もとより、講座が採択されれば、それに連動して本書刊行が講座の申請と表裏一体のものとして企画されていた。

講座の開設と運営、そして本書の刊行に至るまで、学内外から多くの助言を得た。

旧知の東京外語大学の渡邊啓貴教授がこの助成講座については、すでに長い経験を持っておられ、助言を頂いた。また山口大学経済学部が本学に先立つ半年前に講座を開講していたため、特に山口大学を直近のケースとして参考にさせていただいた。

学内では、学長特別補佐の大矢野栄次教授の積極的な賛同をいただき、その後は、浅見良露経済学部長をはじめとして経済学部教授会の積極的な協力を得て、講座を引き受けていただき、伊佐淳教授を科目責任者として、私児玉が科目幹事として、開設の運びとなった。本学での講座導入については、その構想を立てるにあたって、具体的に、専門領域に特化せず、国際的に開かれた講座としてほしいという財団の意向をも考慮しつつ、三つの柱を立てた。

第一の柱は経済学や政治学という社会科学に加えて、広く人文科学の専門家も入れること、第二の柱は、日本人だけなく、海外からの講師陣も招聘すること、第三の柱としてEU研究者から見たアジア共同体の比較の視点も導入することなど、これらを主眼とした。そしてそれに基づき講師を人選させていただいた。経済学部関係の講師陣については、伊佐淳教授にお願いした。

またプレスメディアからは、海外での仕事を通して懇意にさせていただいてきた朝日新聞の脇阪紀行、日本経済新聞の瀬能繁、西日本新聞の中川茂の各氏という論説委員や海外支局経験者の現役、OBに声をおかけして引き受けていただいた。

また外国人講師としては、台湾の国立高雄餐旅大学助理教授の蔡錦雀先生、タイのチュラロンコン大学元教授のブサバ・クナシリン先生、さらにはEU研究者の大分大学教授スティーブン・デイ先生、比較政治学の長崎大学准教授コンペル・ラドミール先生、エジプトについては、本学比較文化研究所教授のアハマド・ラハミー先生（カイロ大学名誉教授）にもご参加いただいた。

講座と本書の特色は基本的に同じものであるといえる。私を含め複数EUの専門家が参加しており、EUとの比較に紙面が割かれている。アジア共同体がモデルとされる場合が多いにも関わらず、EU

の専門家については、これまでの研究では、十分にその専門的知識が活かされていないという想いがあった。ともあれ、社会科学から、人文科学などをカバーする企画となり、久留米大学での助成講座としては、他の大学のものとそん色のないものができたと思っている。本書は、まさに講座を担当していただいた一四名の執筆陣の手になるものである。

今こうして出来上がった書をみると、アジアにおける地域協力とはなにか、望まれる共同体の在り方について、共同体とはどのように定義できるのか。またアジアにおける平和と安定、そして繁栄にはどのような実践がなされているのか、また必要とされるものは何か、課題は何であるのかなど、当初意図した企画に近づけたのではないかと、ひそかに満足感がある。

講座設置を承認いただいたワンアジア財団の佐藤洋治理事長、鄭俊坤先生、理事会の皆様、そして書を刊行するにあたって助言していただいた芦書房の中山元春社長、佐藤隆光編集部長に深く感謝申し上げます。

また講座開設について科目設置の担当学部を引き受けられた経済学部教授会にたいして、履修可能な開講科目として認めていただいた文学部、法学部の両教授会、そして本学御井学舎の事務担当の皆様、授業補助者を務めていただいた本学の比較文化研究所研究員の池田博章、大学院比較文化研究科前期博士課程の島崎一真両君にも厚く御礼を申し上げます。

平成三一年三月吉日

児玉昌己

●目　次

第1章　アジアの境界を越えて
——越境人が切り開く共生の地平

1　アジアは今も「近くて遠い国々」なのか

アジアの存在感が世界で高まっている。

世界人口七二億人（二〇一四年）のうち中国やインド、インドネシアなど多くの人口大国を抱えるアジアには、その約六割の約四三億人が生活している。着実な経済成長が生んだ消費水準の高まりによって、バンコクやシンガポール、上海が、若者の流行の発信地として、ロンドンやニューヨークに追いつこうとしている。世界の若者の移住先としてアジアが注目を浴びているという。映画や音楽の世界でも、アジアは世界の最先端を走っている。

日本人の活躍する姿にも変化がみられる。

サッカーの人気プレーヤーで、オーストラリアのチームに所属する本田圭佑が二〇一八年夏、東南アジアの小国、カンボジアからの要請を受けて同国サッカー代表チームの監督になった。欧州の強豪チームでプレーすることを目指す従来の選手の生き方に比べて、なんと新鮮なことだろうか。韓国の人気KポップグループTWICEの女性九人のメンバーのうち、平井もも、湊崎紗夏、名井南の三人は日本出身である。Kポップの世界にあこがれ、韓国で歌やダンスの腕を磨いてメンバーに選ばれた。台湾出身の一人、韓国出身の五人と一緒になって、コリア語、日本語、英語で歌い分けながら、世界をまたにかけて活躍している。彼らは、アジアの国と国との境界を軽々と越えているのがよくわかる。

しかし、個々の人々の活躍から離れて、日本とアジア諸国との関係を俯瞰すると、異なる様相が浮かび上がる。モノやお金の動きの活発さに比べて、日本からアジアに向かうヒトの動きやアジアへの関心度に鈍さがみられるのだ。

まずモノの動きでは、世界第二位のGDPの中国や同三位の日本を中心にアジア域内の交流規模は年々、順調に拡大している。日中間の貿易総額（二〇一五年）は二六九九億ドルで、日米間の貿易総額（同）一九二四億ドルを大きく上回っている。日本にとって、中国は最大の貿易相手国であり、中国にとって、日本は米国に次ぐ第二の貿易相手国である。

中国へ進出している日系企業の数は二万三、〇〇〇社を越えている。日本人駐在員とその家族を中心とする在留邦人数では、米国、中国、オーストラリア、タイと続き、世界各地で生活する在留邦人の三割がアジアで過ごしている。

他方、観光やビジネス、留学などのために、日本から海外に出国する人の数は二〇一二年の一八四九万人をピークに減少に転じ、その後は一、六〇〇万～一、七〇〇万人台にとどまっている。訪日外国人の総数が二〇一二年の八三六万人から二〇一七年の二、八六九万人へと三倍以上に急増しているのに比べると対照的である。とくに、中国から日本、韓国から日本への入国者数は二〇一四年までに、日本から両国への出国者数を追い越し、今や二・五〜三倍の差をつけている。

北朝鮮をめぐる緊迫した情勢や、一党独裁体制にある中国の台頭といった、近隣諸国の政治安保事情が、アジアに対する日本の視線を冷ややかにしていることは否めない。

主要国に対する親近感の推移を追った内閣府の「外交に関する世論調査」によると、中国に対して「親しみを感じる」と答えた人の割合は、中国が改革開放路線を歩み始めた一九八〇年代には八割に達していたが、その後は減り続け、現在は二割弱を低迷している。「親しみを感じない」と答えた人の割合はこの間、増え続けている。

韓国の場合は、「親しみを感じる」「親しみを感じない」の割合が一九九〇年代は拮抗していた。韓流ブームの起きた二〇〇〇年代後半に親近感が跳ね上がったが、領有権問題や旧日本軍従軍慰安婦をめぐる問題が深刻化した二〇一〇年代に入り、親近感が大きく下がった。

第二次世界大戦で日本が侵略し、占領した東南アジア諸国では、戦後しばらくの間、根強い反日感情が残り、日本人はこの地域の諸国に対して「近くて遠い国々」との感情を抱かざるをえなかった。中国、韓国などの北東アジアについても同様で、複雑な各国の政治情勢の中で、国民の間に刻まれた反日感情が、政治的に利用され、間欠泉のように噴き出すことが多かった。二〇一八年時点で、日中韓の関係は改善が進んでいるとはいえ、日本人がアジアに対して抱く「近くて遠い国々」というイメージを完全には塗り替えられていないのが現実である。

世論調査の数字は表面的であって、私は世論調査に影響されずに生活している、という反論の声があがるかもしれない。確かに、個人の意見や行動を決めるのは世論調査ではなく、その個人である。だが、こうした対外関係の世論の悪化によって日本国内に不当な差別的言動が生まれている、となると、他人事だと見過ごすことは難しいのではないだろうか。

というのも、一九九〇年代から右派論壇を中心に、韓国や中国を批判する「嫌韓」「嫌中」の言説が広がっていたが、二〇〇〇年代にはいって、領有権紛争や従軍慰安婦問題が注目を集めたことをきっかけに、「朝鮮人を殺せ」などといった排外主義的な過激な言葉を街頭で使うヘイトスピーチ（憎悪表現）が全国各地に広がった。街頭行動の様子はそのままネット空間に発信された。一四歳の少女が、在日コリアンの居住地域である大阪・鶴橋の街頭において、「南京大虐殺ではなくて、鶴橋大虐殺をやりますよ」と叫ぶ動画上の姿は、ヘイトスピーチのおぞましさを生々しく示している。(1) 二〇一六年、国会はヘイトスピーチ解消法を制定し、ヘイトスピーチの動きに歯止めをかけようとしているが、ネット空間では、「ネトウヨ」と呼ばれる投稿者による発信が止まってはいない。

地理的にみれば、日本は間違いなくアジアの一員なのであるが、日本人の意識面では、日本はアジアの一員ではない、といった認識が今なお存在しているのは否めない。アジアへの関心の低さ、視線の冷たさはこうした日本人の自己認識とも無縁ではないだろう。

どうして、こうした認識が生まれ、今なお人々の心から根絶されていないのか。時間軸を過去にさかのぼって、歴史を振り返ってみよう。

2　アジアの近代史とナショナリズム

歴史を遡れば、農耕生活が中心だったアジアにおいては、古代から近世まで、大半の人々は生まれたその地で生計を立て、その地で死を迎える、といった人生を過ごしたことだろう。その中で、国と国の境界を越えて旅した人々の手によって、現代に生きる私たちの精神、物質的生活に数えきれない恩恵がもたらされた。日本列島の四方を海に囲まれた日本にとっては、中国文明が栄えた大陸アジアへの越境が、先進文明を取り入れる道だった。

九世紀、遣唐使の一員として、唐に渡って仏教を学んだ空海や最澄は、日本に帰ってから真言宗、天台宗それぞれの布教に努めた。室町時代から江戸時代にかけて、朝鮮王朝の使者として、定期的に日本に派遣された朝鮮通信使は、九州から江戸までの沿道で民衆の大歓迎を受けつつ、多くの足跡を各地に残している。

もっとも、近世までは、国という概念は曖昧で、国民や国境の概念を伴った近代国家が日本に生まれたのは、徳川幕藩体制が打倒され、西洋近代をモデルに国づくりが行われた明治維新以降のことである。ベネディクト・アンダーソンが著書『想像の共同体』の中で記すように、学校教育や共通語、政府の活動、メディアなどを通じて、人々のアイデンティティーと国家との結びつきは強められた。

他のアジア諸国の多くが、欧米諸国によって植民地支配されていた現実を知っていた明治政府は、富国強兵を掲げて近代化を推し進めた。一歩先に近代化の道を走り出した日本の姿を見た中国や東南アジアの若き留学生たちが、ナショナリズムに目覚めて母国へ帰り、政治指導者となり、祖国独立の闘士となっていった。しかし当時の日本人は中国や朝鮮半島の人々を蔑視し、見下した態度を取りがちだった。一八八五年（明治一八年）、朝鮮で親日派のクーデター失敗を知って、失望した福沢諭吉が時事新報に記した「われは心においてアジア東方の悪友を謝絶するなり」との記事は脱亜入欧論を象徴する言葉として後年、知られるようになる。

ナショナリズムにもとづく国造りへの潮流は、第二次世界大戦を経た後の二〇世紀後半にも、受け継がれた。東南アジア諸国の多くはこの時期、植民地支配を脱して独立を果たし、強権的支配によって、国民国家体制を樹立しようとした。ただ、中国内戦、朝鮮戦争、ベトナム戦争、カンボジア紛争など一九七〇年代まで、多くの戦争や紛争がアジアに起こり、その経済水準は欧米諸国を大きく下回って「停滞のアジア」と呼ばれていた。一九七〇年代以降、経済発展の道を歩み始めたアジア諸国との間で、日本は、政府開発援助（ＯＤＡ）や企業進出による関係強化を図ったが、「日本が先進国、相手は後進国」という構図から過度な優越感を態度に表す日本人も少なくなかった。その後の経済発展で一人当たりの所得では、多くのアジア諸国が日本との距離を縮めているとはいえ、日本人の視線は相変わらず欧米に向きがちで、テレビでは、日本の文化を主に欧米人が賛美する番組が人気を得ている。それに比べると、アジアへの関心や相手国に関する知識はまだ限られていると言わざるをえない。

3　国際人の原型から考える

一つの国の国益ではなく、複数の国々の間の国益の調整、すなわち国際協力によってお互いが利益を手にする動きは昔からあったが、それが地球規模で活発化したのは二〇世紀のことだったといえるだろう。交通手段やメディアが発達し、経済文化交流が増え、国連や世界銀行といった制度の下、人々が頻繁に国と国との間を行きかうようになり、人々の視野も国を越えて広がった。「国際人」という呼び方が二〇世紀に入り、日本でも広がり、議論されたのは、まさしく、そうした人物と活動が注目されるようになったからだ。

ジャン・モネ（1888〜1979）

国際人として挙げることのできる人物は数多くいる。前述した空海や最澄は、中世日本に生まれた第一級の国際人だといえるだろう。ただ、近代社会で活躍した国際人の「原型」として、ＥＵ創設の父の一人とされるジャン・モネ、そして『武士道』の著者である新渡戸稲造の生き方を、改めて見ておきたい。

ジャン・モネは一八八八年、フランス西部の町コニャックのぶどう酒商人の家に生まれた。各国の商人がにぎやかに出入りする家で育ったモネは、父親の指示で、一六歳の時からイギリスやカナダ、中国など世界各地を旅して、事業を成功させた。第一次世界大戦を戦う連合国間の物資調達をまとめる交渉で手腕を認められ、一九一九年から四年間、国際連盟副長官として活動した。ヨーロッパを再び戦火に巻き込んだ第二次世界大戦の後は、イギリス、フランス、ドイツなど六カ国の間の石炭鉄鋼共同体づくりの交渉をまとめ上げ、後のEUの土台を築いたことで知られている。

そのモネは半生の歩みを記した自伝の中で、「振り返ってみると、どこにいようと、いかなる環境にあろうと、わたしはつねに一つの線を貫いてきた。すなわち、国民を結合させ、彼らを分離させている諸問題を解決し、共同の利益を見出すよう導くことであった」[2]と記している。さらに興味深いことに、なぜ、たえず国と国との統合や集団的な行動に立ち向かうのか、と新聞記者たちから聞かれても、「自分でもわからない。答えようがないのである。それは本質的にわたしの性格に起因するとしか言いようがない」と記し、冗談めかしながらも、幼いころから培われた開放的で社交的な性格が自らを共同体づくりに向かわせたとしている。

ドイツによる攻撃によって祖国フランスが壊滅的な危機に瀕しているという状況下で、愛国者的な思いからモネが行動を起こした経緯を考えれば、この述懐は割り引いて考えねばならない。ただ彼は、青年時代にロンドン・シティでの二年間の仕事を通じて英語を会得し、その後、多くの諸国を歩いて見聞を広げ、多くの知己を得たこと、さらに、集団的な利益を上げるためには、ばらばらではなく、国家間の共同行動が不可欠であることを体験的に学んだとも語っている。フランスへの愛国心とヨーロッパの共同益については判断がそこでは両立し、完全に重なり合っているのだ。

このジャン・モネと同じ時期に国際連盟次長としてスイス・ジュネーブで活躍したのが、新渡戸稲造である。一八六二年（文久二年）、南部藩（今の岩手県）盛岡市に生まれ、東京英語学校、札幌農学校を経て、二三歳の時に米国へ私費留学を果たし、ドイツでの学究生活の後に七年後に帰国。台湾総督府技師や京都帝大教授などを務めている。英語で書いた著書『武士道』（*Bushido: The Soul of Japan*）は世界的な反響を呼び、一九三三年（昭和八年）に他界するまでの晩年は、アジアの問題に取り組む太平洋問題調査会の理事長職を引き受けている。

社会学者の高木八尺は、評伝の序文において、新渡戸について、「人間個人の観念の涵養と、それに基づく自由とデモクラシーの思想の開発普及は（略）彼が終生倦むことなく続けた努力であった」とし、その国際社会での行動について、「東西両洋の間の理解融合が、彼の辜生の関心事であった（中略）国際連盟への彼の献身は、実行によるその雄弁な証明であった。加うるに、彼は晩年殊に東亜と太平洋周辺の諸国諸民に対し、その関心を集中させたように思われる」[3]として、戦争回避の努力を払い続けた晩年の姿勢を高く評価している。

新渡戸稲造（1862〜1933）

国を越えた多彩な活動や卓抜な語学力はモネと共通しているが、モネとの大きな違いがあるとすれば、教育者としての姿であろう。新渡戸は四五歳から七年間、旧制第一高等学校（現在の東京大教養学部などの前身）の校長をつとめた。評伝によると、全国の秀才を集めた第一高等学校には当時、質実剛健の校風が強かったが、新渡戸は学生と接する際、「すべて強制的、命令的な態度はとらず、あくまで生徒を自発的に導き、暗示的誘導的な指導法をとった」。そのことによって、「一高の剛健主義が、日露戦争の戦争後の軍国主義的影響もあって、ますます極端な保守的、伝統的、独善排他主義となる傾向のあったところへ、彼による対蹠的な（正反対の＝著者注）雰囲気が流れはじめた[4]」という。

学生の一人で、戦後、文部相となった森戸辰夫は当時を回想して、「『武士道』の著者が吾々に対してこの武士道を理想的なものとして鼓吹せず、むしろ欠陥とも思われる人格、教養、社交性を強調された。先生は（略）我国における反動主義者の態度、すなわち無反省に我国文化の価値を過大評価し、之に感激してひたすら西洋文化を蔑視もしくは、敵視するがごとき我国における反動主義者の態度には決してくみされなかった」と記している。

ナショナリズムが勃興する時代にあってもなお国際的な視野を持ち続け、異なる文化を尊重する態度を保つ。いま改めて、かみしめたい言葉である。

時代はいささか古いとはいえ、ジャン・モネや新渡戸稲造の行動から、国際協力や地域共同体づくりに貢献する人材に欠かせない資質が浮かび上がってくる。それを箇条書きするならば――

・異文化を理解し、尊重する態度
・寛容と配慮によって話し合う姿勢
・違いを乗り越え、共生の価値を生み出そうとする姿勢
・高い理想を持ちつつ、現実を直視する態度
・外国語による実践的なコミュニケーション能力

そして最後に

・平和を志向する姿勢

といった点をあげられるだろうか。異なる国や人に向き合い、理解しようとする姿勢や態度こそが大

切であって、そのように開放的な態度を取れる国際人こそがいま求められる人材だといえよう。

地域共同体づくりのモデルとされるヨーロッパの統合は、こうした国際人の活躍によって取り組まれた。ただ、石炭鉄鋼などのエネルギー、貿易や税制、農業といった分野別のいわゆる機能主義的な統合は、国際協調主義に加えて、参加国同士の綿密な国益計算があったからこそ、進展したともいえるだろう。アジアにおいても、東南アジア協力機構（ＡＳＥＡＮ）を手始めに一九七〇年代以降に進展した地域共同体づくりには、交流の拡大が経済発展に資するという国益計算があった。日本側にも、先の戦争に対する賠償や謝罪の思いがあったとしても、やはり日本の産業や外交にプラスになるという冷静な現実主義があったことは確認しておきたい

当時のＯＤＡ外交や地域協力を推進した福田糾夫、大平正芳といった首相や、多くの外交官の行動をみれば、先の「開放的な国際人」に重なる姿勢があったといってもいいのではないだろうか。ただ、外国に出かけること自体がまだ特権的だった時代の政治や経済のリーダーたちはエリート層の一員であり、国際人とは、一般の庶民とかけ離れたエリートの匂いがぷんぷんしていたことは想像にかたくない。

4　越境人をめざして

アジアにおける国際協力や共同体づくりを進めるためには、排外的なナショナリズムを乗り越えて、国際人的な視点や発想の重要性を改めてしっかり自覚し、それを定着させる方法を考えなければなら

ない。その際、本稿では、これまで頻繁に使われ過ぎた感のある「国際人」ではなく、「越境人」という概念をあえて提示したい。

というのも、一言で国際人といっても、諸国を旅行したり、留学したりして国際事情に通じているとしても、異なる文化や民族・宗教に無関心、あるいは見下している若者がいなくもない。いくら外国暮らしが長くても、日本人同士で内に凝り固まって、外国人に対して排外主義的な心情を強く持ったままの人も見かける。聞いてみれば、きっかけは、異国の地で友人ができず、寂しい思いをしたとか、国内外で出くわした外国人の不愉快な態度への怒りがおさまらなかった、といったことが出てくる。それはそれで後に尾を引く話かもしれないが、そんな個人的な体験をもとに、その国全体や人々全体への嫌悪感を抱くとすれば、木を見て森を見ず、の態度ではないかといわざるをえない。どんなに英語を流暢に話せても、相手に心を閉ざした国際人になってしまえば、せっかく語学などを勉強した時間は無駄だったと言わざるをえない。

そうした落とし穴に落ち込むことなく、異なる国や文化に開かれた態度を取れる国際人こそが、本稿で提示する「越境人」にあてはまると考えられるのである。

そもそも越境人という表現は辞書にもなく、多くの人には耳新しい言葉だろう。

越境人という言葉を建学の精神に掲げた学校がある。大阪府茨木市にあるコリア国際学園である。この学校は、従来の民族学校のあり方から脱した新しい学校を目指して二〇〇八年四月に創設された。

建学の精神には、グローバル化と情報化が加速する時代にあって、東アジアはダイナミックな変化が起きうる地域だとした上で、「柔軟な発想とコミュニケーション能力を兼ね備え、問題解決能力に優れた人間」を育成するために、「在日コリアンをはじめとする多様な文化的背景を持つ生徒たちが、自らのアイデンティティーについて考え学ぶことができ、かつ確かな学力と豊かな個性を持った人間として、複数の国家・国境をまたぎ活躍できる、いわば『越境人』の育成をめざします」と宣言している。[5]

同校は、世界中の大学への入学認定試験である国際バカロレアの認定校でもあり、日本人、在日コリアン、韓国人、中国人の生徒の中には、卒業後に海外の大学への進学をめざす者も少なくない。英語など語学教育に力を入れ、実践的なコミュニケーション能力を磨いている。

学校創設の背景には、在日コリアンの苦渋に満ちた歴史があることは忘れてはならないだろう。日本の植民地となった朝鮮半島から日本に移り、定住した在日コリアンの一世たちは朝鮮半島にある故郷への望郷の念を募らせたのに対して、戦後生まれの二世たちは、自分のアイデンティティーが朝鮮にあるのか日本にあるのかで身を引き裂かれる思いに陥ったという。日本政府の同化政策と相まって、日本への帰化に踏み切る人々も多かったが、その一方で、三世以降の新しい世代のために、民族的なアイデンティティー意識を持ちつつ、世界を舞台にあらゆる境界を越えて、より自由に活躍できる場をつくろう、という思いから学校づくりに立ち上がった人々がいたのである。[6]

こうした越境人教育は、故郷を失った人々（ディアスポラ）に特有な現象だという指摘があるかもしれない。確かに、ユダヤ人やアルメニア人など、各地に散らばって生きる民族に国際的な活動をする人が生まれやすかったという歴史はある。

しかし、現代において、越境人となる資質がディアスポラの人々に限られているわけではない。むしろ、グローバル化の波の中で社会のあり方、家族のあり方は大きく変化しており、越境人へのハードルはどんどん下がっていることを強調しておきたい。

例えば、英語については、東アジアはもちろん世界全体でも、よかれあしかれ、英語が最も普及する言語になりつつある。英語を媒介とすることによって、国境や民族、世代や性別を超えたコミュニケーションが成立しやすくなっている。

それに加えて、経済発展がもたらした消費社会化によって、東京や博多、上海やソウルなどの都市中流層の間での生活水準やライフスタイルが似通ってきている。とくにアニメや音楽、映画をともに親しむ若者の意識は、国の境界を越えて、次第に重なり合うようになっている。日々の消費生活に目を向ければ、国と国、国民と国民を隔てる壁は明らかに低くなっているといえるだろう。ＳＮＳなどネット空間の拡大によって、企業はもちろん、ＮＧＯや高校・大学、スポーツや音楽組織、アニメ愛好者など、さまざまな形や場面でアジア域内の交流が広がっている。

ヨーロッパでは国際結婚の増加、さらに二重国籍や地方参政権を認める制度の導入などによって、国民の枠組みがより広がっている。日本政府は二重国籍を認めていないが、テニスの大坂なおみ選手などの活躍によって、一般庶民が持つ日本人イメージは事実上、大きく広がったのではないだろうか。中国や韓国を中心にアジアの人々と国際結婚をした両親から生まれる子どもの数は着実に増えている。日本国内での外国人の働き手の増加によって、誰しもが職場や学校で異なる背景を持つ人々と話したり、一緒に仕事したりする体験をすることだろう。

こうした時代の変化が各個人の生活内容のみならず、その帰属意識にも変化をもたらすのはごく自然なことだろう。すでにアジアにおいても、ある国家に帰属する「○○人」という「ナショナル・アイデンティティー」に加えて、自分は「アジア人」だという「トランスナショナル・アイデンティティー」が生まれ、その両者が並立しているとのデータがある。言葉を換えれば、日本人とアジア人というアイデンティティー意識が重層的に重なり合って、一人の人格の中に併存している状態である。

東京大、早稲田大が他のアジア二七カ国・地域の大学と共同して行った学生意識調査によると、アジア人意識を持つ比率は、カンボジア、フィリピン、ベトナムなどでは回答者の八割を越えるなど東南アジアで驚くほど高いが、東北アジアでは全般的に低い。残念ながら、日本でアジア人意識を持つ若者は二割弱に過ぎず、過半数が「国境を越えた集団へのアイデンティティーはない」と答えているという。日中韓で共同体意識が育ちにくいとの懸念はもっともなことだが、アジア全体の状況を冷静に見れば、アジア人意識は思っている以上に広がっていることに気づかされる(7)。

興味深いのは、国ごとに違いはあるが、全体として、自国民としての誇りが高い人ほどアジア意識が強まる傾向が見出されたことだ。日本では統計的に有意な関係は見出せなかったが、香港、台湾、ミャンマーなどではそれが見出せたという。

アイデンティティーという点で忘れてならないのは、グローバル化と同時に起きているローカリゼーションの動きだろう。生まれ育った地元の文化や祭り、言葉を大事にしたい、という意識は世界各地で強まっている。九州でいえば、人々が九州人、久留米人といったアイデンティティーもより肯定的に意識されるようになっている。

こうした重層的なアイデンティティーを持ちながら、国境や民族、言語などさまざまな境界をまたいで異文化を橋渡ししようという開放的な国際人こそが、越境人の名にふさわしいと言えよう。国際人という言葉には、まだ帰属する国家があり、国民を引っ張っていくエリートという匂いが漂っていた。それに比べると、越境人とは、今のアジアの普通の若者たちの姿でもある。

5　アジア共生への課題

アジアにおける国際協力と地域共同体づくりに取り組む際、越境人が孤軍奮闘せざるをえない状況になるよりは、政治や外交安全保障、経済の前向きな動きと相まって、アジア統合への動きが進むのが望ましいことは言うまでもない。

共同体づくりの構想は、ＡＳＥＡＮ（東南アジア諸国連合）を中心に一九七〇年代から始まり、冷戦後の一九九〇年代には、ＡＰＥＣ（アジア太平洋経済協力会議）首脳会議のほかに、アジア域内外の首脳が集う東アジアサミットが定例開催されるなど、統合への雰囲気が盛り上がった。ヨーロッパやアフリカ、南北アメリカもそれぞれ、地域統合を競い合うように取り組むなど、地域共同体づくりが世界全体のトレンドでもあったと言えよう。冷戦後のグローバル化はその追い風になるとみられていた。

ところが、前述したように、アジアにおいては現在、むしろ排外的なナショナリズム、閉鎖的なナショナル・アイデンティティーの台頭を警戒しなければいけない状況になっている。かつて植民地支配からの独立と貧困脱出のために必要とされたナショナリズムが、国力の発展や国民の自信増大によって、新たな衣をまとって再登場してきたと言えるかもしれない。

その中でも、中国の大国化はアジアにおける共同体づくりを考える際、大きな課題となる点である。ヨーロッパ諸国の間では国力や人口にさほどの差はないのに比べて、アジアにおいては、日本一強の時代から日中二強、そして中国が日本を政治力、経済力のみならず、技術力においても肩を並べようとする時代に入りつつある。その中国は古代から近世までの歴史においては、周辺国に対して朝貢関係を通じておおらかで寛容な姿勢をとってきたが、共産党の一党支配体制下にある現在は、周辺海域での領有権をめぐって、拡張主義的で強硬な姿勢が目立っている。今日、中国の民族意識と国家意識は以前より強まっているとさえいえるかもしれない。

その中で注意すべきなのは、米国と中国、そして日本という三者の微妙な関係であろう。三者間の距離が均等な正三角形を取る場合、関係は安定化するが、米国と中国が対立する場合は、中国が日本に接近してくるといった傾向がみられることが多い。裏を返せば、米国と中国との関係が強固になると、中国は日本に強い態度で望む可能性が強まるともいえる。近年、中国と日本との関係は安定化の傾向がみられるが、それはトランプ大統領の下で、米国が中国と貿易赤字や知的財産権をめぐって対立を深めたことの裏返しにすぎないともいえる。

トランプ大統領がアメリカ第一主義を叫び、自国優先の外交・経済政策をとり続ければ、米国と東アジア各国との関係も、米国の目先の利益に振り回されて不安定化する傾向が強くなるだろう。見方によっては、東アジアが一つにまとまって、共同益を見出す好機だともいえるが、中国など各国に自国第一主義が広がれば、地域の結束がむしろ弱まる恐れも出てくるだろう。

本章で議論してきた越境人という概念には、「トランスナショナル・アイデンティティー」だけではなく、「開放的なナショナル・アイデンティティー」を加えた二者を想定している。アジアの国際協力や地域共同体づくりが進む場合には、この二者が生み出す世論が支えとなることだろう。逆に、「閉鎖的なナショナル・アイデンティティー」が優勢になれば、地域共同体づくりの勢いはそがれかねない。

アジアの国際協力と共同体づくりを進めるためには、まず政治指導者や経営者といったリーダー層が異なる価値観を理解し、共通の利益を見出す越境人としての態度をとることが重要であることは言うまでもない。しかし、時代を動かすのは、最終的には一人ひとりの個人、とくに若い世代の力である。冒頭に記したように、世論調査の数字に振り回されることはない。アジアの共同体を一気にうち建てられないのならば、国家の存在を前提としつつ、その境界をまたいで異なる国や文化、そして人々を橋渡しし、つないでいけばいい。そのような視野をどう獲得していくのか、そして、そのための態度や行動をどのように自分のものにしていくのかを改めて考えていただきたい。

注

（1）ヘイトスピーチの様子は動画（https://www.youtube.com/watch?v=GoTBRpcaZS0）で見ることができる。

（2）ジャン・モネ、黒木寿時編訳『ＥＣメモワール　ジャン・モネの発想』共同通信社、一九八五年、四二頁。

（3）松隈俊子『新渡戸稲造』みすず書房、一九六九年、ii。

（4）同書、二〇七頁

（5）「コリア国際学園の建学の精神」（http://kiskorea.ed.jp/school/founding）。

（6）脇阪紀行『混迷する東アジア時代における越境人教育―コリア国際学園の軌跡』かもがわ出版、二〇一五年。

（7）園田茂人編著『連携と離反の東アジア―アジア比較社会研究のフロンティアⅢ』勁草書房、二〇一五年。

第2章　ＥＵ統合の論理とアジア共同体の可能性

本章では戦後アジアの日本外交における東アジア共同体論の位相をＥＵ研究者の視座から考察し、アジアでの日本の対外協力の在り方を探ってみることを目的とする。

とくに戦後提唱された東アジア共同体構想については、意識、無意識のうちに筆者が専門とするＥＵが構想の基礎に置かれている場合が多い。本章では、安易に対比されるＥＵ統合の制度と実際を見つつ、ヨーロッパでＥＵを通して進められる地域統合の実際と、アジアにおける地域統合論の論理と実際と対比しつつ、アジアにおける地域統合構想の限界と、可能性について検討していきたい。

1　戦後における日本のアジア外交

ところでわが国で、「東アジア共同体」もしくは、「アジア共同体」という言葉が明示的に政治家から出てくるのは、比較的新しく、ここ一五年のことである。戦後史を振り返えれば、一九四五年の第二次世界大戦での敗戦で帝国日本が抱えていた旧植民地が解体され、植民地支配を清算し、新憲法を持ったわが国が、平和国家になって五〇年の時を経た二一世紀に入ってのことである。

明治以降、自らがそうならねば国家自体が西洋列強の植民地となるという国家指導者の強烈な危機感を受けて、日本は西洋列強の仕方に倣い、帝国主義国家となった。

その結果、第二次大戦中では日本帝国の版図は、朝鮮半島はもとより、北は内蒙古から南は旧オランダ領のインドネシア、西は太平洋では南洋諸島を網羅するまでに拡大した。まさに「大東亜共栄圏」の下に、この海外侵略が進められたのである。

それがゆえに、アジアにおける戦前戦中の日本帝国主義の侵略と蹂躙が、大東亜共栄圏として被占領地域に対する強い警戒感を生んだのは、当然のことであった。[1]

ところで「東アジア共同体」については、国連大使も務め、アジア外交に精通していた谷口誠が、『東アジア共同体』（岩波書店、二〇〇四年）で、わが国のアジア外交について分析しており、日本のアジア地域での外交の特色を確認することができる。

谷口によれば、アジアでの経済協力をはじめ、アジア通貨危機や中国での環境協力などかなりの経験が積まれてきた。しかしながら、こうした貢献はアジア、特に東アジア諸国において十分理解され評価されてこなかったとする。そして日本のアジアでの経済協力が「贖罪的」な経済協力だったこと、また対米関係が主軸であり、裏返しの日本の経済外交におけるアジア軽視があったとの認識を示している。さらに、日本外交については、日本人の福沢などエリートにより維新開国以降、受け継がれてきた「脱亜入欧」の精神構造があったのではないかと指摘している。[2]

「贖罪」についていえば、日本国憲法の戦争の放棄を決めた第九条はその例である。この前文には「平和を愛する諸国民の公正と信義に信頼して」という表現があり、これはわが国の侵略戦争への贖罪的な姿勢を典型的に示している。[3]

戦後外交の基本は、隣国との戦争状況の終焉とその後始末として始まり、日中国交正常化交渉や日韓基本条約など、まさに戦争状況の終焉と国家間の正常化として展開されてきた。わが国積極的に経済面で独自のドクトリンを示すのは、その後のことである。

特にアジアにおいて独自のイニシアチブをとる形でのわが国のドクトリンの提示は、日米同盟を主軸とする限り、米国を刺激することはなかったが、もしそれに抵触するドクトリンが提示されれば、容易に日米の関係を悪化させる危険性を秘めていた。

後述するが、鳩山由紀夫首相の東アジア共同体論は対米関係を刺激し、日米同盟への信頼感を揺るがすに至る。ともあれ、戦後、平和国家で対外関係を米国との同盟関係に依存し、経済発展に努めたのが日本であった。

一方で、世界で国内総生産（ＧＤＰ）は一時は世界第二位となり世界的な経済大国となった日本だが、後発の中国、韓国、そして東南アジアも経済的復興、発展を遂げた。中国はGDP規模では二〇一〇年に日本を抜き世界第二位となった。「漢江の奇跡」といわれる成長で韓国も経済的に急成長を遂げる。

他方で、東アジアは地政学的な激変をみることになる。中国の国際政治舞台での急速な台頭と反比例して、「全能」（オムニポテンス）と思われた米国の国力は相対的低下を迎えた。(4)

アジアにおける日本のリーダーシップを求める動きは、国際政治経済の環境の激変と合わさり登場した。東アジア共同体はそうした中で構想されていくのである。

2　東アジア共同体論

ところで東アジアにおいて共同体を導入する構想については、それを唱えた政権と年は明らかである。小泉純一郎首相の時下がそうであり、さらによりそれをイデオロギー化させた鳩山由紀夫首相の時がそれである。

二〇〇二年一月小泉首相はアジア諸国を歴訪し、シンガポールで「東アジア・コミュニティー」を打ち出す。その宣言文書で意識して使われていたのはcommunityであって、これは「小文字のコミュニティー」とするごとく、ためらいがちに提示された。(5) この小泉の共同体論は、ほどなく鳩山政権の大文字の東アジア共同体論へと変化する。

そして「反米」的性向を持つ鳩山首相の思想は、ほとんど中身がないものであったが、その構成国から米国が除外されていることが明らかになり、民主党のオバマ米政権を強く刺激した。

すなわち二〇〇九年八月の総選挙で圧勝して九月に首相に就任、一カ月もせず一〇月七日、鳩山首相が提起した東アジア共同体構想について、岡田外務大臣は、「東アジア共同体」の地理的範囲を「日本、中国、韓国、東南アジア諸国連合（ASEAN）、インド、オーストラリア、ニュージーランドの範囲で（構成を）考えたい」と述べた。[6]

米国抜きの東アジア共同体構想に対する同盟国米国のいら立ちは二〇一〇年四月の核安保サミットで、頂点に達した。米有力紙ワシントン・ポストは四月一四日付で、「核安全保障サミットという派手な会合における、最大の敗者は日本の鳩山由紀夫首相であった。彼は（オバマ政権の高官の間では）ますますもって愚か（loopy）だとみられている。」との異例の記事を掲載した。[7]

実際、オバマ政権は中国に傾斜し米国を排除する東アジア共同体構想に強い警戒と、鳩山首相への不信感を高めるという状況があった。[8]

鳩山由紀夫首相の東アジア共同体論

米国に対日不信を強めさせた鳩山由紀夫の東アジア共同体論を少し見てみよう。

彼は、アジア外交における鳩山家のDNAを維持しているといえる。実際、祖父鳩山一郎が、「友愛」という言葉を政治信条に掲げ、これを実践していた。[9] 由紀夫のホームページによると、「対立」ではなく「協調」こそが社会発展の原動力とするとしている。

彼の東アジア共同体論の特色はEUによるヨーロッパ統合の経験とその成功が背景にある。実際、EUの創設の父として知られ、両大戦間期に出された『パン・ヨーロッパ』運動の主導者、リヒャルト・クーデンホーフ・カレルギー（ＲＣＫと略す一八九四年生、一九七二年没）の名が挙げられている。鳩山由紀夫は、欧州統一に比べると、歴史的、地理的、政治的により困難な作業を伴うとしつつも、東アジアに共同体を構想することが「歴史の必然」と述べる。(10)

日米同盟との整合性については、意識的に米国を排除し、中国に偏重した東アジア共同体構想が提起されていた。そしてそれがこの構想の最大の問題であった。

しかもその内実については、沖縄の基地撤去問題も絡んでいるものの、反米的であり、抽象的であり、具体性を欠いていた。

鳩山構想は日中韓を主体とし、それにＡＳＥＡＮやニュージーランドやオーストラリアを加えたものであった。ただし、鳩山政権は九カ月しか持たず、二〇〇九年の総選挙の渦中、退陣し、その民主党は総選挙で大敗した。彼は下野した後も、東アジア共同体論を唱え、ロシアの一方的な国際法を無視した東部ウクライナへの侵略を肯定し、皮肉にも彼が東アジア共同体論でモデルとするＥＵの外交安保政策の理念と価値とはかけ離れた姿勢を維持している。

孫文の民主的な共和国が形成されていた時代とは異なり、またＲＣＫの『パン・ヨーロッパ』や鹿島（当時永富）守之助の『汎亜細亜運動と汎欧羅巴運動』（一九二六年）が書かれた九〇有余年前と比べて、東アジア共同体構想の基礎となる国際情勢では、中国の地政学的地位がまるで異なる。

3　ＥＵとＡＳＥＡＮの比較—百年というべき統合のレベル差

鳩山首相の東アジア共同体論はＥＵをモデルとし、ＥＵを遠景に描いていることは上述したが、彼の東アジア共同体は理念的構想にとどまるものであって、見るべき実体をもつものでなかった。それゆえ実体がない東アジア共同体論から離れて、ＥＵと、現実に存在するＡＳＥＡＮを比較し、東アジア共同体論の問題に迫ってみよう。

ところで、ＥＵもＡＳＥＡＮもともに地域の複数の国家が組織を構成する経済組織（ＥＵは政治同盟でもある）であるが、その組織形成の原理において、ＥＵとＡＳＥＡＮではその内実においても天と地というほどに相違がある。

第一に組織原理であるが、ＥＵは国家の主権的権限の大規模な移譲をもって国境障壁の除去を積み上げ国家間の統合を進める国際統合組織である。他方ＡＳＥＡＮは内政不干渉を基本とする国際協力組織である。ＡＳＥＡＮをはじめアジアの諸国は近代国家の形成過程にあり、国家の統合など考えていない。

第二に設立時期については、ＥＵは一九五二年欧州石炭鉄鋼共同体を持って発足した。他方ＡＳＥＡＮは一九六七年に成立した。ＡＳＥＡＮが設立された一九六七年では、欧州石炭鉄鋼共同体の設立からすでに一五年の時を経ており、この年、ＥＵではすでに関税同盟を形成している。しかるにＡＳＥＡＮはこの年、自由貿易圏（ＦＴＡ）[11]を目指して産声を上げている。

ＦＴＡと関税同盟とでは統合のレベルにおいて決定的に相違する。ＦＴＡとは、域内という構成国の間で、関税率をゼロの状態にする、またはその状態にあることをいう。[12]

域内において関税率を撤廃することは、協定国間で大きな産業競争力がある場合、当該国の産業に大きな負荷がかかり、受入国の虚弱産業の淘汰もあり得る。その場合、社会問題化し、時に政治問題とも化す困難をもたらす。[13]

他方、域内関税の相互撤廃を主とする自由貿易圏ＦＴＡに加えて、対外共通関税を設定するのが関税同盟である。これは域内のみならず、域外諸国に対しても協定国は、自国が持つ関税自主権を放棄することである。ＥＵはＡＳＥＡＮ創設の今から五〇年前に関税同盟を構築した。すなわち加盟国が放棄した関税率設定の権限は、国際統合組織ＥＵにおいて決定されるという如く、関税における国家の主権的権限がＥＵに移譲、譲渡されている。

それだけではない。関税同盟とは、本来なら個別の国家の国庫に入り予算の一部を構成する関税を徴収し、再分配する政治機構を必要とする。

ＦＴＡでさえ自国の産業の興廃に直結するもので困難を伴うが、さらに国家の主権的意思を合意して譲渡し、関税の再配分を国際組織から得るということは、空前絶後である。ＥＵはＡＳＥＡＮが形成された一九六七年にそれを完成している。ＡＳＥＡＮは二〇一八年、五〇年を経てようやくＦＴＡをほぼ完成させた程度でしかない。関税同盟については、世界を見回してもこれ程大規模に実践しているのは世界でＥＵ以外にはない。

ＡＳＥＡＮは二〇一八年にようやくＦＴＡをほぼ完成した。「ほぼ」というのは、先進ＡＳＥＡＮ諸国（ブルネイ、インドネシア、マレーシア、フィリピン、シンガポール、タイ）では関税撤廃が完了したものの、ＡＳＥＡＮ後発国においては二〇一〇年一月一日にＡＳＥＡＮ物品貿易協定（ＡＴＩＧＡ）で、例外規定が置かれれていた。カンボジア、ラオス、ミャンマー、ベトナムの後発諸国では例外品目があり、後発四カ国の関税撤廃率は平均九八・一％である。[14] ＡＳＥＡＮでは対外共通関税の設定を要する関税同盟は論外のことである。[15]

ＥＵは一九九二年末をもってヒト、モノ、カネ、サービスの自由移動が可能となる単一市場を構築し、ユーロ圏と非ユーロ圏と分断されてはいるが二〇一八年現在ＥＵ加盟一九カ国において単一通貨ユーロさえ実現している。

ＥＵとアセアンの統合の差を言えば、ＦＴＡ形成でも五〇年の差があり、関税同盟を展望すれば、今後五〇年は不可能であろう。

ヒト・モノ・カネ・サービスの自由移動や単一通貨は、国境障壁の国家主権、財政と金融部門で国家が持つ主権的権限を統合組織にＥＵ条約等、関係する国際条約で加盟国が合意し譲渡してのみ可能となるのである。

第三に意思決定においてもＥＵとＡＳＥＡＮは大きく異なる。ＥＵは、国際法とも異なる独自の法規範であるＥＵ法を出す議会、欧州議会を有し、同じく共同立法権者である理事会では多数決原理を多用している。係争処理においてはＥＵ法の最終解釈者であるＥＵ司法裁判所を擁している。すなわち高度に連邦主義的な内実をもつ国際統合組織である。

ちなみに、このＥＵの先進性というべき特異性については、わが国では有力紙でも十分に理解されていなかった。例えば、ＥＵは二〇〇七年に欧州経済共同体（ＥＥＣ）発足五〇年周年を祝った。このとき、日本経済新聞は「ローマ条約はアジアで可能か」という社説（二〇〇七年三月二五日）を出した。これについては、NHKラジオ第二放送「歴史再発見」の「EU・ヨーロッパ統合の政治史その成功と苦悩」第一〇回（二〇一一年三月八日）で取り上げ、その認識の問題に触れた。すなわち、「ローマ条約はアジアで可能か」という設問は一見するともっともらしいが、実は無意味なテーマ設定であった。この設問は、敢えてわかりやすく、価値中立的に生物発生学の喩えを使って表現すれば、以下になる。

爬虫類のカメ（FTA）にもなっていない両生類のカエル（アジア諸国）に向かって、「カエル君、君はイヌ（関税同盟・単一市場のEU）たりうるか」と問う類の議論である。[16] ローマ条約（イヌ）はアジアで可能かを問う前にアジアはまずFTA（カメ）になりうるのかを問うべきであった。

大規模な主権的権限の国際機関への譲渡を本旨とし、前提とするEUを、内政不干渉と主権の維持を前提とするアジア地域のモデルにするのは、その前提からしてあり得ぬことであり、鳩山首相やメディアを含め、わが国でのEUの本質と機構に対する無理解を表しているというべき設問であった。

第四にEUは法の支配と多党制を採る多元的民主主義国家から成る国際統合組織で常に外に開かれた組織である。他方ASEANは現代化しつつあるが、完全には民主主義国家群とは言えない。さらに東アジアに目を向けると、中国、北朝鮮は一党独裁国家である。

4　中国の巨大化、覇権国家化——東アジアの最大の政治的不安定の変数

東アジア共同体共同体論の前提の崩壊

上述したように、東アジア共同体論について、これを分析した外務省高官経験者の谷口は、日本が中国を共に発展するコ・パートナーとして互いに協力しなければ、東アジア共同体に真の実効性のある「経済共同体」は成立しえないと語っている。[17] 東アジア共同体の実現の可能性を離れても、アジアの発展では、中国の内政はもとより、外交や経済関係が最も重要である。

ただし、穿っていえば、共同体があろうがなかろうが、中国は、聖徳太子の時代から、わが国の平和と安全と繁栄に直結していた。

二〇一七年のデータを使った日本外務省の広報サイトによると中国は人口一三・七億人、国土は日本の約二六倍、軍事力では、総兵力推定約二一八・三万人内訳は陸軍約一一五万人、海軍約二三・五万人、空軍約三九・八万人、戦略ミサイル部隊約一〇万人。これが共産党の一党支配下で動いている。すでに日本はＧＤＰで二〇一〇年に中国に抜かれたことは指摘したが、米国情報機関ＣＩＡの「The World Factbook」では購買力平価ベースのＧＤＰ値で中国が米国を抜いたとの情報もある。[18]

共産主義体制下にある巨大国家中国を離れてみても、東アジアには核開発に狂奔する北朝鮮がある。[19] 朝鮮半島の南には、西側陣営に属しながらも、通商関係においても、外交戦略上でもその立ち位置がまるで定まらない韓国がある。そしてその巨大なる中国は近年の日本の東アジア共同体論者の意

思とは無関係に、二一世紀は中国の世紀とばかりに、独自のドクトリンを強力に展開している。

経済外交で言えば、中国は力を誇示するかの如く「一帯一路」政策を掲げ、邁進している。一帯とは、中国西部―中央アジア―欧州を結ぶ「シルクロード経済帯」であり、一路とは中国沿岸部―東南アジア―インド―アフリカ―中東―欧州と連なる「海上シルクロード」をいう。このドクトリンは、二〇一三年に習近平国家主席により提唱され、二〇一四年一一月に中国で開催された「アジア太平洋経済協力（APEC）首脳会議」で各国にアピールされ、実践中の施策である。

ヨーロッパで一帯一路の対象国をいえば、前者はハンガリーであり、後者はギリシャである。それぞれ鉄道施設や港湾施設などに大規模投資が行われている。

この構想はアフリカをも取り込むものだ。ジョンズ・ホプキンズ大学のデータで、二〇〇〇年から二〇一六年の間に、中国からの対アフリカ融資は約一、二五〇億ドル（約一四兆円）に達しており、二〇一八年からの三年間で六〇〇億ドル（六・七兆円）を新たに追加支援すると打ち出している。中国輸出入銀行が二〇一三年に出した予測では、直接投資、ソフトローン、銀行貸し付けを含め、中国のアフリカへの経済支援は、二〇二五年には累積一兆ドル（約一一二兆円）に達するとされている。[20]

ただし、一帯一路では、八カ国で大規模投資による港湾施設の巨額返済による実質的な主権譲渡の危険の事例が報じられている。[21] 二〇一八年五月に政権に復帰したマレーシアのマハティール首相は、一帯一路のマレーシア東海岸鉄道計画の中止を決定した。一兆五、〇〇〇億円の総工費は中国の〝融資トラップ〟とみている。[22]

中国は、一帯一路を経済的に後押しするかの如く、アジアにおける国際金融力の強化策としてアジアインフラ投資銀行（AIIB）を二〇一六年に開設した。AIIBはその加盟国数において、わが国が筆頭出資国となっているアジア開発銀行（ＡＤＢ）の六七カ国を上回り、八〇カ国・地域をその構成国としている。議決権の合意と行使には七五％の賛成が必要であり、一国で議決権の三〇％を得ている中国は事実上の拒否権を持っており、中国主導が色濃い。

人民元についても同様である。中長期的には、中国通貨人民元を中核とした経済圏を考えている。人民元は国際決済通貨としては二〇一八年現在世界ランキング第六位といわれるが、二〇一五年に、日本円を抜いて、世界四位に躍進したとのことである。[23]

ちなみに米国の経済規模は世界のＧＤＰの二五％を占め、米ドルの国際決済に占めるシェアは三九・七三％である。中国の経済規模が世界のＧＤＰの一五％を占める一方で、人民元の国際決済に占めるシェアは二％未満となっているとはいえ、[24]確実にその地位を上げている。二〇一六年一〇月には国際通貨基金（ＩＭＦ）の特別引き出し権（ＳＤＲ）構成通貨に採用された。二〇一七年で国際決済通貨としての人民元は、国境を越えた資金移動に厳しい規制を課しているため、あるいは対ドルでの価値の下落で、六位と後退したが、中国の経済部面での躍進を指摘できる。

ただし、中国は西側の経済制度とは異質性を有している。何より多元的民主主義を採る西側諸国とは違い、共産党の一党独裁である。習近平はあろうことか、中国全人代が国家主席の任期を撤廃することを議決し、三期目が可能となり、さらには終身独裁さえも展望できるように憲法を改正した。[25]

近年、共産党の企業統治への介入も強めて、西側の企業に不信感を強めている。また中国は習近平国家主席の下で、二〇一七年サイバーセキュリティ法を制定し、外国企業が本社との機密連絡に使う仮想プライベート・ネットワーク（ＶＰＮ）を含めたインターネットに対する国家統制を強化した。さらには、「中国製造２０２５（メイド・イン・チャイナ２０２５）」戦略を唱えている。同戦略では、ロボティクスや航空産業、クリーン動力で動く自動車など一〇分野を重点分野に指定している。

また中国企業は上場二八八社が定款変更し、「党の介入」を明文化するなど、共産党の介入が急増している。[26] これは海外からの進出企業にも適用されている。

これについては、ドイツ企業でも中国合弁パートナーの取締役会に共産党役員を受け入れるよう複数の企業が圧力を受けていると報じられている。[27]

商慣行において政治組織である共産党の介入などは西側では考えられないことであり、中国の躍進の陰にある異質性を顕在化させている。

特にヨーロッパ、なかんずくEU市場では、EUの最強国ドイツに焦点を合わせているといえるほどにも、中国のドイツへの進出は目覚ましい。[28] 太陽光パネルの中国によるダンピング的輸出に際しては、ドイツを使ってEUを分断するよう動いた。[29]

共産党による価値の独占については、世界的な検索IT大手グーグルが、中国の検閲強化を契機に二〇一〇年三月に撤退を余儀なくされている。[30]

国際政治部面での中国の覇権主義化については、多くの紙幅をここに割く必要がない。

南シナ海のスプラトリー（南沙）諸島・パラセル（西沙）諸島や尖閣列島の領有権の主張と人工島の設置など、関係海域における軍事拠点の形成の動きを見れば分かる。

尖閣領有の主張を契機とした、我が国の進出企業をターゲットにした反日暴動、あるいは台湾への圧力、[31] 南沙の領有をめぐるフィリピン、ベトナムなど、ASEAN諸国との対立は、連日報じられているところである。[32]

ちなみに尖閣での領有権に対する公然たる干渉がゆえに、日中間のハイレベル経済協議は八年も凍結され二〇一八年になってようやく再開されるに至った。これも米国トランプによる対中報復関税という新局面に対する対抗関係としての、中国政府による日本カードというべき性格を持つものであった。

尖閣領有権の主張で言えば、尖閣諸島沖に公船を展開してきた中国海警局の部隊を、軍の指揮下にある人民武装警察部隊（武警）に編入することを決めたと報じられた。[33]

また軍事力では、二〇一七年世界の国防支出の内訳は一位が米国で六、一〇〇億ドル、次いで中国が二、二八〇億ドルで、日本は八位の四五四億ドル（約四兆九、八〇〇億円）。[34] 伸び率でも、米国が二〇〇八年から昨年にかけての一〇年間で国防支出を一四％も減らしたのに対し、中国は一一〇％も拡大した。海軍力も強化。ウクライナから購入した空母に加え、自国製の空母の竣工などで二〇三〇年までに四隻を保有する計画であるといわれている。[35] 二〇一八年八月には中国爆撃機による米国などへの攻撃を想定した訓練が行われた可能性があると、米国防総省報告で伝えられた。[36] 中国での共産党の指導、すなわち、中国との通商における政治ファクターの重要性と、異質性をあらためて示している。

5　アジアの平和と繁栄に貢献する道――ＴＰＰの促進

すでに見てきたように、中国の強大化、覇権化の現実の前で、わが国で一時期展開された東アジア共同体創設の前提条件や意味は、わが国においても中国においても、ほとんど消滅したと思われる。

実際、巨大化する中国の覇権化、独自の「一帯一路構想」、アジアインフラ投資銀行（ＡＩＩＢ）構想で、独自路線を先鋭化させている。

さらに国際通商関係の発展は、東アジアを超える規模で進んでいる。東アジア共同体に代わるもの、すなわちアジアを含み、アジアを超えた環太平洋の国際協力と関係の強化が必要とされている。アジアを超え環太平洋を視野に捉えた環太平洋パートナーシップ協定（ＴＰＰ）は、ＡＳＥＡＮ諸国の一部も捉えている。

確かにトランプ米政権によるＴＰＰや地球温暖化対策の国際枠組み「パリ協定」からの脱退宣言もある。だが、この政権は国家を分断させており、次期大統領選挙に先があるかも不透明である。ＴＰＰは貿易の開放度において、例外項目の多い中韓ＦＴＡのレベルを超えており、韓国もＴＰＰへの参加の意思を隠してはいない。

アジアにおいて安全保障上中国との関係はわが国外交には決定的に必要である。それはまさに国際法の秩序に基づいたものでなければならない。オバマ政権がＴＰＰ導入に関連し、中国に国際通商のルールを書かせるのは認められない、と発言したのは、このコンテキストにおいてであった。

強大化し、覇権化し、他の国家の既存のルールを力で変更する国家の動きに対しては、常に毅然たる態度が必要である。

米国との日米同盟を基軸にし、かつオーストラリア、ニュージーランド、そしてアジアの諸国との関係の強化こそが望まれるし、安定したアジアを構築することに資する。それは結果的に平和と安全をこの地にもたらすという東アジア共同体論者の意思にもかなうことである。

二一世紀の政治学の研究者としていうべきことは、貿易と関税のルールは、二一世紀の戦争に代わる通商上の武器であり、通商を含む経済のかじ取りは政治そのものだということである。そして政治は結果が大切である。

オバマ米大統領は世界のＧＤＰの四〇％を占めるＴＰＰの交渉が二〇一五年一〇月に妥結した際、「中国のような国に世界貿易の秩序を築かせることはできない」と述べた。[37]

これは中国の持つ異質性についての米国の強い警戒感を示すものであった。中国の異質性は各方面に見られ、ロシアを模倣した形で、親中国フンセン政権のカンボジアの政敵へのサイバー攻撃、七月に行われた選挙への中国による介入の予行演習の実践まで報じられている。[38]

韓国についても、有力紙中央日報はＴＰＰ合意を受けて二〇一五年に「韓国抜けたＴＰＰスタート、親中路線の高い代価払う恐れも」という社説を掲げた。その中で、「産業研究院によれば韓国とＴＰＰ参加国の交易比重は全体の三二％で、中国（二六・一％）よりも高い。中国とのＦＴＡに注力して、より大きな市場を逃したことになる」[39]と述べている。

二〇一八年二月には、トランプ政権のＴＰＰ再参加の可能性を受け、韓国はアジア太平洋地域の成長から取り残されるとの危機感をもとにＴＰＰに韓国が関心を示し、参加に向け交渉を主導する日本政府に事務レベルで接触して始めた。

6　好転するＡＳＥＡＮ諸国の対日評価

一九七四年の田中角栄首相の東南アジア諸国訪問時の反日暴動は有名だが、ＡＳＥＡＮ諸国における日本のイメージは、確実に好転している。

外務省の調査では、「この五〇年間どの国・地域がＡＳＥＡＮの発展に貢献してきたと思うか」との問いでは、四〇％の中国、米国の三二％を大きくしのぎ、五五％という数字で日本が第一位になっている。(40)

個別的に見ても例えば、ＡＳＥＡＮで四割の人口を持つインドネシアでは、国家開発企画庁長官がＴＰＰへの参加を検討している旨述べている。同国のジョコ政権は五〇兆円規模の大規模なインフラ開発を進めている。日本は首都ジャカルタの大量高速輸送システム（ＭＲＴ）開発や、ジャカルタ郊外の大型港湾、パティンバン港の開発を支援している。両国はジャカルタと第二の都市スラバヤを結ぶジャワ島横断鉄道の建設も計画していると日本への期待を語っている。(41)

7　結　論

アジアの現状、ＡＳＥＡＮの現状、そして東アジア共同体のモデルとなっているＥＵについてＡＳＥＡＮとの比較でみた。そして東アジア共同体のみならずアジアにおいて、あるいは世界において、米国と共に、最大の政治経済の変数が中国である。その最も重要なファクターとなりつつある中国について一瞥した。

結論をまとめると、以下になる。

第一に歴史的な類推をもって鳩山由紀夫が語るアジア共同体は、祖父の鳩山一郎やリヒャルト・クーデンホーフカレルギーに影響を受けた鹿島守之助など孫文の時代の民主国家中国へのテコ入れがその前提にあった。だが現在その歴史的条件は様変わりした。鳩山元首相が東アジア共同体のモデルとするＥＵは、国家主権を大規模にＥＵに集約する連邦的統治組織としての性格を深くしており、国家の主権性を前提としアジアにおいては、その基本的条件を欠くがゆえに、全く活用できないということである。

第二に民主国家の共同体に関連して、中国自体が東アジア共同体を超えた全地球的で独自の一帯一路という世界戦略を本格化させている。中国は共産党独裁国家であり、西側陣営が持つ普遍的価値についての国家の認識が異なり、現状の体制が続く限り、いかなる意味でも、構成国による価値の共有を前提とする「共同体」という表現は不適切である。

まして中国の一帯一路に見るように、中国の戦略的経済関係で二一世紀版中華思想を背景とする支配被支配の構造が透けて見える。一帯一路をもって一部の親中派のエコノミストが使う「国際公共財」という概念は、中国と周辺国の圧倒的な力の差を前提とした覇権的関係を是認、肯定する表現であり、それゆえ不適切な認識でしかない。

ちなみに鳩山元首相が理想モデルとしたＥＵは、彼の希望とは異なり、二〇一八年一〇月のＡＳＥＭ（アジア欧州会合）に合わせて、債務国家を返済不能にしている一帯一路構想に問題ありとして、ＥＵ版のアジア戦略の構築の提起を検討している。(42)

第三に、とはいえ中国の政治経済における存在は巨大であり、中国との関係の強化は我が国とアジアの平和と安定と繁栄には不可欠である。それを否定する議論にもくみすることができない。従って、共同体に代わる国家間の協力関係の強化が求められる。特に二〇一八年八月に報じられた電気自動車の次世代充電器の共通規格化での協力は中国との地道な個別の二国間協力の重要性を示すもので

ある。(43)

別言すれば、アジア共同体という表現については、日中、日韓など、二国間協定のネットワークの総体としての地域間関係の連携強化としてなら使用可能であり、そう定義するならば十分この表現は可能である。

ただし、それは上述した如く、ＥＵが使用してきた共同体というＥＵ法の上位規範性を確保した連邦的国家関係の構築のアジア版としてのアジア共同体とは全く別の次元のことである。ＦＴＡ形成でさえ大変なことなのに、巨大化、覇権化しつつある中国を構成国にし、しかも理念的には関税同盟を前提とし、加盟国の法律に優越するＥＵ法を定立するＥＵをモデルにしたアジア共同体など、論外であり、幻想である。アジアにおけるさらには環太平洋における経済の協力の強化といえばいいのである。

第四に肥大化する中国の政治経済的覇権主義に対する国際通商ルールを確立するためにはＴＰＰをもって充てることが適切と考えられる。当面わが国は、ＦＴＡの強化版というべき経済連携協定（ＥＰＡ）網を広げ、同時にＴＰＰの構築に主力を置くべきである。すでにわが国の年来の課題の一つであった日本・ＥＵ経済連携協定（ＥＰＡ）は二〇一九年二月に発効することが決まった。人口六億人、世界の国内総生産（ＧＤＰ）の30％ほどを占め、世界における一大単一貿易圏を形成することになる。

アジア共同体創設の議論は、ＥＰＡ網の拡充でアジア各国間に共通の利害と互恵が確立し、相互不可分の関係が確立し、中国が真に民主主義化した後に行われる次のグランド・ストラティジィ（大戦略）でなければならない。

重要なことは、東アジア共同体があろうがなかろうが、ＡＳＥＡＮの対日世論でみたように、個別日本の貢献はこのＡＳＥＡＮ地域に確実に評価されていることである。

アジアでは、北朝鮮の独裁者が進める核開発で、表面上は別として、その本質において朝鮮半島では依然としての緊張関係が続いている。中国の強大化も進んでいる。この中にあって、二一世紀の豊かさは経済のみならず政治的な民主主義も必要としている。

アジアの平和と安定は、東アジア共同体構想である必然性はない。むしろ視野を環太平洋へと大きくとることが必要である。中国は、東アジア共同体構想など、歯牙にもかけないか、その構想が持つ親中国的部分を断片的に支持する、いわば「つまみ食い」に活用するだけであろう。[44] すでに指摘したように、中国はアジア共同体を超えて、アフリカを取り込む全地球的枠組みでその戦略構想を打ち出している。

アジアには、そして世界には大国化、覇権化する中国共産党の価値を是とし善とする異質な中国がある。その意味で、中国の恣意的な力の行使を抑えるような、バランスのとれた国際貿易制度の構築が極めて重要である。

これは中国貿易の国際法に則った標準化にも寄与する。その意味で、ＴＰＰこそは、外にあっては覇権国化し、内にあっては独裁を進めることで内部リスクを高めている中国を見据え[45]た極めて重要なわが国のアジア戦略として位置づけられるべきものと考える。ちなみにＥＵ離脱が迫っているイギリスはブレグジット後にＴＰＰへの加盟を考慮中との報道もなされている。

なお米国の「フェイク」大統領と評されるトランプは二〇一七年一月ＴＰＰ離脱に署名した。だが、二〇一八年三月には条件付きながら、再復帰も口にした。また米抜きで署名されたＴＰＰの一二番目の国家としてＡＳＥＡＮ構成国でもあるタイ政府が参加を打ち出したことが伝えられた。[46]

日本政府は今国会に協定案と関連法案を提出し、二〇一九年発効を目指しているが、いずれこの経済圏の規模からして、韓国、中国もこれに入らざるを得なくなる。途上国における「債務の罠」の危険を孕んだ一帯一路(47)とは異次元の民主主義的価値を持つ国家群からなる国際通商協定網の構築、これこそ東アジアにおける日本外交の道であると考えられる。

付記
なお使用した外電、新聞などはすべて電子版による。また世界の貿易額の一五％を占める環太平洋パートナーシップ協定（ＴＰＰ）は条約の規定に則り、六カ国での国内の条約批准手続の完了を受けて、二〇一八年一二月三〇日に発効することが決まった。

注

（1）「大東亜共栄圏」という表記についていえば、戦後わが国では第二次世界大戦もしくは太平洋戦争という表現が一般的になっているが、わが国では「大東亜戦争」の表記が閣議決定され、戦後米国の占領行政下で使用が制限された。我々は主観的には大東亜共栄圏という帝国主義イデオロギーでアジアの盟主として自国を位置付けていたことをあらためて確認しておく必要がある。

（2）一九九一年のソ連崩壊後は、文字通り、米国の力は「パックス・アメリカーナ」であり、経済と産業の格差は米国と他国では空前のものであった。それゆえ、谷口が言う「脱亜入欧」はエリートの意思というよりも、むしろ、西洋列強に並んだ明治時代と同様に、対米外交を基軸とすることが、わが国外交の必然であったと理解すべきであろう。谷口誠『東アジア共同体』（岩波二〇〇四年）ⅸ頁。

（3）平和国家としての方針を確立したとはいえ、陸続きで、ソ連の軍事的脅威に直接さらされていた西ドイツとは違い、自衛権についての長い論争や、双務的内容を前提とする同盟条約史上では例外的というべき米国による「片務的」（佐瀬昌盛）義務を特徴とする日米安保条約もその例であった。

（4）トランプ政権を生む米国の大統領選挙でしばしば登場した「ラストベルト（Rust Beltさび付いた工業地帯）」という表現自体が産業国家アメリカの衰退を示すものである。

（5）谷口誠『前掲書』三四頁。

（6）翌日官房長官は私は聞いていないとし、内閣不統一というべくも首相の突出ぶりを鮮明にしてさえいた。「東アジア共同体の米排除　政府方針ではない　平野官房長官」時事通信、二〇〇九年一〇月八日。

（7）原文は以下。By far the biggest loser of the extravaganza was the hapless and (in the opinion of some Obama administration officials) increasingly loopy Japanese Prime Minister Yukio Hatoyama. Washington Post. 04/14/2010.

（8）有力紙が名指しで、首相をルーピー（loopy 語源的にはループ、クルクルと回転することをいい、最悪の表現である）と表現したが、一国の首相を名指しでこう表現したこと自体、日米同盟関係を揺るがす異様、異常なことだった。同紙は「鳩山首相はオバマ大統領に二度にわたり、米軍普天間飛行場問題で解決を約束したが、全くあてにならない」、「鳩山さん、あなたは同盟国の首相ではなかったか。核の傘をお忘れか。その上で、まだトヨタを買えというのか。鳩山首相を相手にしたのは、胡錦濤主席だけだ」と痛罵したと産經新聞は伝えている。「『不運で愚か』とワシントン・ポスト紙が酷評」『産経新聞』二〇一〇年、四月一五日。

（9）鳩山一郎はＲＣＫ全集を鹿島出版会出した鹿島守之助の友人であり、彼自身がリヒャルトの著作The Totalitarian State against Man を日本語に翻訳し、一九五二年に『自由と人生』というタイトルで刊行している。ＲＣＫと鹿島守之助の国際連盟観の異同については拙稿「日本の近代化における「欧州」の受容―外交官永富（鹿

島）守之助の場合」『比較文化研究』（久留米大学比較文化研究所）二〇一八年第五三輯参照。

（10） 彼自身の東アジア共同体論は以下http://www.hatoyama.gr.jp/eastasian/なお東アジア共同体提唱者には米国の世界支配の悪を強調し、中国の異質性を軽視する傾向がある。例えば、筑波大学名誉教授の進藤栄一『東アジア共同体をどうつくるか』ちくま書房二〇〇七年。彼は中国脅威論について「虚構」と述べている。同二六八頁。

（11） FTAはAのとり方でその内容と表記は異なる。Areaとすれば自由貿易「圏」であり、AをAgreementとすれば自由貿易「協定」となる。またAをAssociationとすれば、例えばEFTAのごとく欧州自由貿易「連合」となる。

（12） ちなみにEPAはFTAだけでなく非関税障壁や知的財産権の保護、ヒトの移動なども含めている。

（13） 韓米FTA締結から二〇一八年で六年を迎えるが、韓国牛、コメは価格の急落を見、韓国の農業労働者の激しい不満を広めている。もとより消費者には恩恵をもたらす側面もある。

（14） ジェトロビジネス短信「ATIGAに基づくASEAN域内の関税撤廃が完了―ベトナムの自動車輸入関税三〇%もゼロに」二〇一八年一月一九日。https://www.jetro.go.jp/biznews/2018/01/110653d23f870ff4.html

（15） 厳密には、後発ASEAN諸国では最重要品目についてては依然撤廃されていない。また関税撤廃に対するベトナム政府は動車の輸入事業者に対し、輸入検査の際の他国当局による車両認可証の提出や、船積みごとの車両検査の義務付けを求めるなどの措置を導入。これら新たな非関税措置の導入は、関税撤廃の効果をそぐものとみられている。https://www.jetro.go.jp/biznews/2018/01/110653d23f870ff4.html.

（16） この講座は筆者が担当したNHKラジオ講座のテキスト（本文記載と同名）として刊行されたが、この部分は音声のみで、ブログとして以下残している。「粗末なEU認識―日経よお前さんもか　四」2007.08.15http:

//masami-kodama.jugem.jp/?eid=794. なお右テキストは『欧州統合の政治史—ＥＵ誕生の成功と苦悩』（芦書房二〇一五年）として改定後刊行されている。

（17）谷口誠『前掲』xi頁。

（18）孫崎享「中国、米国抜きＧＤＰ世界一位に、日本はインドより下の五位…購買力平価ベースで」Business Journal 2017.08.03　http://biz-journal.jp/2017/08/post_20041.html.

（19）北朝鮮は核廃棄をトランプとの二〇一八年六月の首脳会議で国連制裁の解除と経済支援の取引材料としているが、完全非核化の北の独裁者の意志については極めて疑わしい。同国の政治についての筆者の見解は下記の英文論文参照。Masami Kodama, The EU's Relations with the DPRK: Involvement of the EU and its Implications on the International Politics over the Korean Peninsula. The Journal of Contemporary European Studies (Republic of Korea). Vol. 22. Winter 2005. pp.177-207.および、書評North Korea and Security Cooperation in Northeast Asia eds .Tae-Hwan Kwak and Seung-Ho Joo. Ashgate 2014. *European Review of International Studies*. Vol .2. 2015. pp.152-156. Review Article by Masami Kodama (Kurume University).

（20）「中国の『借金地獄』外交に国内外から批判　アフリカに六・七兆円を追加支援」NewSphere.Sep. 5 2018. モルディブ以外もマレーシア、スリランカと今年に入り、親中政権が惨敗している。

（21）『産経新聞』二〇一八年五月七日。

（22）「『一帯一路』関連事業中止、マレーシア首相明言」『読売新聞』二〇一八年八月二一日および*JBpress*二〇一八年五月二一日。

（23）「中国人民元　国際決済通貨ランク六位に、国際化は足踏み」『大紀元』二〇一七年一〇月一八日。http://www.epochtimes.jp/2017/10/29019.html.

(24) 同右。
(25)「中国全人代、国家主席の任期撤廃　習氏三期目可能に」『日本経済新聞』二〇一八年三月一一日。
(26)『日本経済新聞』二〇一七年八月一七日。
(27) https://jp.reuters.com/article/germany-china-idJPKBN1HO07L.
(28) 二国間貿易は昨年、過去最高の一、八七〇億ユーロ（約二四・七兆円）に達し、中国との貿易高がそれぞれ七〇〇億ユーロ程度だった英国やフランスを大きく凌駕している。二〇一七年のドイツの対中貿易赤字は一四〇億ユーロ。ちなみに米国が抱える対中貿易赤字三、七五〇億ドル（約四〇兆円）である。メルケルは二〇一五年七年ぶりに訪日し、アジアにおける日本の重要性について「最重要な柱」と述べて、また二〇一八年六月二〇日には親密なパートナーと述べている。
(29)「中国製太陽光パネルへの課税で中国の圧力に屈せず＝欧州委員」『ロイター』二〇一三年五月二九日。
(30) なお同社については、中国市場再参入を考慮しており共産党に批判的な語を事前規制する方法を提示して社内からの強い反発を受けている。「グーグル、中国の検閲対応検索エンジンに従業員が抗議」ロイター、二〇一八年八月一七日。
(31)「〈中国〉台湾への軍事的圧力強める　『独立』抑え込む狙いか」『毎日新聞』二〇一八年四月二九日。
(32)「ベトナム漁船が中国船の攻撃で沈没　銃所持、書類への署名・押印要求」『産経新聞』二〇一八年四月二三日。「〈南シナ海〉中国軍、豪艦艇三隻を挑発」『毎日新聞』二〇一八年四月二〇日。
(33) なお中国の二〇一三年に新設され第二海軍といわれてきた海警局は、新鋭一万二、〇〇〇トン級の巡視船を建造していると報じられている。米沿岸警備隊が運用している巡視船は最大の「バーソロフ級カッター」の満載排水量でも四、五〇〇トンであり、中国のものは巡視船としては突出して巨大なものといわれている。北村淳

「米海軍があ然、中国『新鋭巡視船』の驚きの戦法とは」『ＪＰプレス』二〇一五年八月六日。

(34)「米軍に対抗『原子力』も建造へ　中国が海洋強国へ空母建造加速」『産経新聞』二〇一八年五月一四日。

(35) 同上。

(36) 二〇一七年八月には中国のＨ６Ｋ爆撃機六機が宮古海峡上空を飛行、米兵約四万七、〇〇〇人が駐留している沖縄の東を通過する初ルートを飛行と報じた。『ＡＦＰ時事』二〇一八年八月一七日。

(37)『中央日報』二〇一五年一〇月六日。また翌年もオバマ大統領は「環太平洋連携協定によって、中国ではなく、米国が二一世紀の貿易ルールをリードできるようになる」と『ワシントンポスト』紙に寄稿した。President Obama: The TPP would iet America, not China, lead the way on global trade. By Barack Obama. Washington Post. May 2, 2016.

(38) 中国、サイバー選挙介入か　カンボジアで「予行演習」『日本経済新聞』二〇一八年八月一八日。

(39)『韓国経済新聞／中央日報』二〇一五年一〇月六日。日中のサンドイッチ状態にある韓国は、対中認識によって、対日認識が大きく振れる。三浦瑠麗「日韓国人の日中に対する好感度が逆転！」FNN PRIME、二〇一八年六月一日。

(40) 外務省「ＡＳＥＡＮ一〇か国における対日世論調査」二〇一七年一一月一日。この調査では、対日関係、信頼関係、平和国家への評価、対ＡＳＥＡＮ支援、青少年交流の五項目についても平均八九％の高い高評価を得ている。http://www.mofa.go.jp/mofaj/press/release/press4_005211.html.

(41) 日本インドネシア、国交樹立六〇周年シンポ開幕「日本からの投資歓迎」『日本経済新聞』二〇一八年四月二〇日。

(42) ＥＵが対アジア新戦略立ち上げへ、中国の「一帯一路」に対抗。『ＡＦＰ』二〇一八年九月二八日。

（43）「ＥＶ急速充電器、日中で世界規格」『共同通信』二〇一八年八月二二日。

（44）中国がアジア共同体をどう見ているかについては、山崎直哉「中国とアジア共同体」坂井一成編著『地域と理論から考えるアジア共同体』芦書房、二〇一五年所収の第2章が中国メディアを分析して優れている。ただし自国の一帯一路戦略が構築されれば、東アジア共同体構想は用済みとなるといえる。なお韓国については、文在寅（ムン・ジェイン）大統領は二〇一八年の光復節の演説で韓国・北朝鮮・日本・中国・ロシア・モンゴルを包摂した「東アジア鉄道共同体」を提案している。核開発にまい進し、依然として世界の脅威として国連制裁下にある北朝鮮もとりこんだ朝鮮半島のなし崩し的融和戦略への政治・外交上での利用といえる。

（45）福島香織「習近平憲法修正で広がる中国リスク」『學士會会報』九三〇号、二〇一八年参照。

（46）「ＴＰＰにタイも参加へ、一一か国以外では初」『読売新聞』二〇一八年四月二四日。

（47）「一帯一路、『問題ある債務増加』課す可能性ＩＭＦ専務理事」『ＡＦＰ』二〇一八年四月一二日。

児玉昌己

第3章　金融危機と地域経済協力
——欧州とアジアの接点と相違

一九九〇年代後半、タイやインドネシア、韓国といった国々を中心にいわゆるアジア通貨危機が起きた。足の速い海外の短期資金がこうした国々から急速に引き揚げられ、外貨準備が枯渇してしまった。

一方で欧州では一九九九年の単一通貨ユーロ誕生から順調に域内の経済・通貨統合が進んでいるとみられていたが、二〇〇八年のリーマン危機を経て二〇〇九年にギリシャで巨額の財政赤字が発覚した。信用不安は燎原の火のごとく広がり、アイルランドやポルトガル、スペインといった国々に危機が伝染していった。

危機は「統合の母」であるともいわれる。目先の危機対応にメドをつけた後、各国・地域は危機の再発防止のための様々な制度や組織を整えるからである。域内の金融危機を経験したアジアと欧州はそれぞれ次の危機到来に備えて、独自の金融安全網を整えていった。国際通貨基金（ＩＭＦ）や世界銀行といった既存の国際機関に頼らず、自前の安全網を作りあげようとした点でアジアと欧州は貴重な経験を共有しているといえる。

同時に、後発途上国から先進国まで、発展段階の異なる多様な国々を内包するアジアと、先進国の集まりである欧州連合（ＥＵ）やユーロ圏とでは、置かれた状況の違いは大きく、当然のことながら対応が異なった点もある。

金融危機が地域経済協力にどのようなインパクトを与えたのか。その対応を検証することでアジアと欧州の接点と相違を探る。

1　アジア通貨危機と金融安全網

危機の発生と伝染

アジア通貨危機の発端はタイだった。一九九七年七月、タイ政府は為替相場を米ドルとの固定相場制から管理変動相場制に変更した。これを機にそれまで一ドル＝二五バーツだった為替相場は一気に二九バーツ台まで下落した。七月末には三二バーツ台まで急落した。

タイの動きはすぐにマレーシアに伝染し、同国の通貨リンギが売り込まれた。マレーシア政府は対抗するために大規模なリンギ買い介入を進めたが、結局リンギは防衛できず、八月一七日に固定相場制から事実上の変動相場制に移った。

フィリピンも政府が為替相場の下落を容認せざるを得なくなり、相場は市場実勢に委ねられることになった。

次に大きなターゲットになったのがインドネシアだ。通貨ルピアの売り圧力は次第に強まり、インドネシア政府は八月に変動相場制に移ることを決めた。一九九八年七月時点のルピア相場は、一九九七年六月比で約八割も下落した。それでもアジアの通貨安は東南アジア諸国連合（ＡＳＥＡＮ）を越えて、香港や韓国にまで広がっていった。こうした一連の通貨の急落と、それに伴う金融危機をひとまずアジア通貨危機と呼んでおくことにする。

ではなぜ世界銀行から「東アジアの奇跡」と呼ばれたアジアで通貨危機が起きたのか。

まずその背景として、当時のアジア諸国・地域が自国通貨の為替相場を米ドルと事実上固定していた事情が挙げられる。固定相場制の下で金利を高めに誘導して外国資本の流入を促しつつ、輸出主導で経済成長を遂げようとしていた。

特にタイでは主に非居住者間の資金をやりとりするオフショア市場が創設され、多額の短期資本が流入した。しかし、一九九〇年代半ば以降にクリントン米政権は「強いドル政策」を採用した。その結果としてドルと連動していたアジア各国・地域の通貨が上昇、輸出が伸び悩み、外国投資家は経済成長の持続性に疑問を持つようになった。そこをつけ込んだのがヘッジファンドだ。通貨の空売りをしかけ、各国・地域の通貨急落につながった。

通貨危機前のタイ、フィリピン、マレーシア、インドネシア、韓国の五カ国はいずれも資本が流入超だった。直接投資と比べて証券またはその他投資の割合が高かった。その外国の短期資本が急速に引き揚げていったのである。

アジア開発銀行研究所の所長を務めた河合正弘氏は「通貨と金融システムの双子の危機が連鎖的に起きた」としたうえで「経常収支の赤字で外貨準備が底をつくという伝統的な経常収支危機ではなく、

流入した資本が逆流したことで外貨準備がなくなるという資本収支危機」と振り返っている（国際協力銀行「ＪＢＩＣ　ＴＯＤＡＹ」二〇〇七臨時増刊号）。短期の外貨建て借り入れを長期の国内投資に振り向ける、というダブルミスマッチが生まれ、バランスシート上のリスクが顕在化した。

外貨準備が急減したタイ、インドネシア、韓国はいずれも国際通貨基金（ＩＭＦ）の支援を要請するに至った。タイは一九九七年八月に支援を要請し、ＩＭＦから四〇億ドル、世界銀行から一五億ドル、アジア開発銀行（ＡＤＢ）から一二億ドル、日本から四〇億ドルなど、計一七二億ドルの支援を受けることが決まった。

タイがＩＭＦから課せられた条件は①経常収支の黒字化②財政収支の黒字化③インフレ率を一定にする金融政策④外貨準備の積み増し⑤金融改革――など。財政収支黒字化のために付加価値税（ＶＡＴ）の引き上げや歳出削減を求められた。

インドネシアも一九九七年一〇月上旬にＩＭＦに支援を求める方針を明らかにした。同下旬にはＩＭＦから一〇〇億ドル、世界銀行から四五億ドル、ＡＤＢから三五億ドルなどからなる総額二三〇億ドルの金融支援の大枠が決まった。さらに日米などによる一六二億ドルの第二線準備とあわせて総額三九二億ドルの支援の枠組みが固まった。

話を複雑にしたのは、インドネシアの当時のスハルト政権がＩＭＦ支援パッケージで停止されたはずのプロジェクトを復活させたことだ。通貨ルピアは一九九八年一月には一ドル＝一〇、〇〇〇ルピア割れまで急落した。

問題だったのはインドネシアの企業の対策の遅れだ。ドル建てで負債を抱えていたため、ルピア安に伴い債務が一段と膨れあがった。さらに一九九八年三月に予定されていたＩＭＦによる第二次融資

表3-1　アジア各国のＩＭＦ支援

	タ　イ	インドネシア	韓　国
危機的状況の時期	1997年7月2日―1997年12月	1997年10月―1998年6月	1997年11月―1998年1月
マクロ構造問題	経常収支赤字と脆弱な金融システム（バブル）	脆弱な銀行システム	財閥の過剰投資と脆弱な銀行システム
短期対外債務	銀行部門の借入	企業部門の借入	銀行部門の借入
外貨準備	固定為替維持のため、先物ポジションで失う	失わず	銀行部門の債務返済のため貸出し、失う
危機のきっかけ	ヘッジファンドによる投機	資本逃避と伝染効果	ロールオーバー拒否と伝染効果
IMF支援プログラム策定	1997年8月20日	199711月5日。 追加合意1998年1月15日	1997年12月3日。 追加合意12月24日
IMF支援	総額172億ドル	総額400億ドル	総額580億ドル
IMF支援パッケージ内訳	IMF40億ドル 日本40億ドル 世銀15、ADB12、中国10、豪10、香港10、マレーシア10、シンガポール10、韓国5、インドネシア5、ブルネイ5 （協調融資） （当初発表167億ドル）	IMF100億ドル 世銀45、ADB35、インドネシア自身50 合計230億ドル 第二線準備 日本50、シンガポール50、米国30、豪10、マレーシア10、ブルネイ12など162億ドル超	IMF210億ドル 世銀100、ADB40 合計350億ドル 第二線準備 日本100、米国50、ヨーロッパ50など二線準備合計230億ドル
IMFのコンディショナリティ	経常収支の黒字化 財政収支の黒字化 インフレ率を一定にするべく金融政策を行う 外貨準備の積み増し 金融改革を行う	経済収支の黒字化 財政収支の黒字化 インフレの抑制 金融政策の引き締め 外貨準備の積み増し 金融改革を行う 市場の開放	経常収支の黒字化 財政収支の改善 インフレの抑制 財政目標を達成するための金融政策の引き締め 外貨準備の積み増し 金融改革を行う

（出典）経済産業省資料などを基に執者作成。

がインドネシアの改革の進展が不十分であるとの理由で延期された。曲折を経て九八年五月から第二次融資が再開された。

ＩＭＦは燃料価格の引き上げを求めたため、急激なインフレが進んだ。一九九八年五月には生活不安を持つ人らによる暴動がジャカルタ市内で起こり、スハルト大統領がインドネシア銀行（中央銀行）の最高責任者を解雇する事態に発展した。結局、スハルト氏も大統領辞任を余儀なくされ、後任にハビビ副大統領が昇格した。

次は韓国である。九七年一月に韓宝グループの倒産以降、多くの企業が倒産に追い込まれた。通貨危機前の九七年六月までの一年間で一ドル＝八五二・八四ウォンだった為替相場は六月末で一ドル＝八八八ウォンを超えていた。七月に起亜自動車が倒産し、米格付け会社が韓国の格付けを引き下げ、IMFに支援を要請した。IMFから二一〇億ドル、世界銀行から一〇〇億ドル、ADBから四〇億ドルの計三五〇億ドル、第二線準備として日米などから二三〇億ドルの支援が用意された。経常収支の改善、財政黒字化、金融引き締め、外貨準備の積み増しなどが求められた。

こうした通貨危機はロシアや中南米、東欧にも広がっていった。

なぜ危機が起こり、広がったのかを改めて整理したい。まず危機発生前に大量の外国資本がアジアに流入していた。タイ、マレーシア、フィリピン、インドネシア、韓国の五カ国は危機まですべての国が経常赤字になっていた。経常赤字だからといって一概に悪いわけではないが、外国からのファイナンスに依存する状況であった。また、対外債務残高全体に占める短期債務の割合が大きく、一九九七年時点でタイが七四％超、インドネシアが六五％超と、一九八〇年代のメキシコの債務危機が起きた時点をも上回っていた。

日本の財務省の外国為替等審議会・アジア金融・資本市場専門部会は「アジア通貨危機に学ぶ」という報告書の中で、アジア通貨危機の特徴として①為替制度の硬直性（多くの国が自国・地域の通貨を米ドルとリンクさせていた）②短期の資本の急激な流出（市場の認識が変わると一挙に資金フローが逆転する）③民間部門の債務が問題の中心④民間金融セクターの脆弱性⑤緊縮政策を余儀なくされ、倒産の増大や不良債権の拡大、失業の大量発生をもたらした——と総括している。

「国際金融のトリレンマ」といわれる考え方がある。固定相場制、自由な資本移動、独立した金融政策、の三つを同時に達成することはできず、三つのうちどれかをあきらめなければならないことを指す。日本の場合は固定相場制をあきらめて変動相場制に移行することで、自由な資本移動と独立した金融政策を保っている。

危機前のアジアの国々は固定相場制を採用していたため、国際金融のトリレンマに挑戦していたともいえる。結果的にタイやインドネシア、韓国は自由な資本移動と独立した金融政策を守る代償として固定相場制を断念せざるを得なくなった。

アジア通貨基金（AMF）構想の具体化と日本の挫折

アジア通貨危機発生後、一九九七年九月の主要七カ国（G7）財務相・中央銀行総裁会議で日本はアジア通貨基金（AMF）構想を提案した。当時の大蔵省（現財務省）の財務官であった榊原英資氏は著書「日本と世界が震えた日～サイバー資本主義の成立」（角川ソフィア文庫）でこう述懐した。

「世界銀行に対してアジア開発銀行があるように、IMFに対しても、アジア版の基金があってもいいのではないかという発想から出てきたもので、黒田東彦国際金融局長は、この構想を私案としてかなり前から検討していたし、日本国内にもサポーターは少なくなかった」。

以下、榊原氏の著書を参考に、AMF構想の経緯を振り返る。

先述の通り、タイ政府はIMFとの合意を受け、一九九七年八月五日に政策パッケージを公表した。日本政府は八月一一日にタイ支援国会合を開催。日本の四〇億ドルを含め支援総額は一七二億ドルに達し、必要額の一四〇億ドルを上回った。オーストラリアなどからも支援表明が相次ぎ「『アジアの連帯感』とでも呼ぶべきある種の熱気が漂っていた」（榊原氏）という。東南アジア諸国連合（ASEAN）諸国や韓国、日本との歩調がほぼそろった半面、米国抜きの地域支援の枠組みに当時のガイトナー米財務次官補代理（後の米財務長官）は「どうだい、スーパーパワーになった気分は…」と榊原氏に不快感を示した。

八月中旬のお盆休みのさなか、大蔵省内でいわゆるAMF構想の具体化が動き始めた。タイ支援国会合で盛り上がった流れに乗り、九月二三、二四日に予定していた香港でのIMF・世銀総会で一気に設立へ持っていこうとするものだった。「私は、時の勢いを極めて重視する考えが日ごろから強く、時としてこうした強引な戦略をとることを好んだ」（榊原氏）という。

お盆明けの八月二四日、IMF・世銀総会に先立ち榊原氏は香港の中央銀行にあたる金融管理局でジョセフ・ヤム総裁、アンドリュー・シェン副総裁と会談した。AMFの提案が日本の大蔵省から突然伝えられたことにかなり驚いていたが、その方向性について異議はなかった。ただ、米国、IMF、中国との調整をどう進めるかを慎重に考える必要があり、当面、中国との接触は香港が行うことにした。八月二八日、シンガポールでリチャード・フー蔵相らと協議をした。基金構想にかなり積極的だという感触を得るが、問題は誰をメンバーにするか、特に米国の参加の形だろうというのが双方の共通認識だった。

状況は簡単ではなかったが、まず中国、香港、日本、韓国、オーストラリア、インドネシア、マレーシア、シンガポール、タイ、フィリピンのアジア一〇カ国を中心に一、〇〇〇億ドル規模の基金をつくることを軸に調整を進めた。問題はこの構想のメンバーに米国が含まれていなかったこと、AM

FとIMFとの関係をどうするかということだった。当初の一〇カ国への打診のための素案では、基本的にIMFと協調するが、場合によっては独立して行動できるとしたことが、結果として米国などに漏れ、米国やIMFを大きく刺激した。

九月八日、榊原氏はパリでの経済協力開発機構（OECD）作業部会の前にサマーズ財務副長官と昼食をとった際に、基金構想の大枠を説明した。その場では強い反発はなかったという。九月一〇日に香港、シンガポール、マレーシア、インドネシア、韓国にAMF構想を非公式に提案するとともに、黒田国際金融局長（現日銀総裁）らが中国、豪州を訪問して説明に回った。九月一二日、三塚蔵相がアジア一〇カ国に日本提案を送り、香港でのIMF・世銀総会の際に一〇カ国の会議を開催し、日本提案を協議することを要請した。

九月一四日深夜、サマーズ氏が電話で「君は僕の友人だと思っていた」と切り出した。榊原氏は「後にも先にも、彼がこんなに怒ったのは初めてだった」と振り返る。どこの国からか日本のAMF構想のペーパーのコピーが渡されていたようで、電話口で詳細を詰め始めた。「出し抜いたという気持ちはなかったし、IMFと整合的な地域協力は必要だし、危機の伝播を防ぐためにAMFは有益だ」と説明しても、サマーズ氏は納得しない。米国が参加せず、場合によってはAMFがIMFと独立して行動できるとした点にこだわり、激しく構想を非難した。「米国は、アジアにおけるアメリカン・ヘゲモニー（主導権）に対する日本の挑戦だと受けとったフシがある」

九月一七日、ルービン米財務長官が三塚蔵相に電話で「米政府としてはAMF構想に反対」と表明した。九月一八日、日本はバンコクのアジア欧州会議（ASEM）蔵相会議でASEANの蔵相、次官らと打ち合わせを重ねた。一八日夕のASEAN蔵相会議で日本提案が全面的に支持された。一九日夜、バンコクで榊原氏と会談したＩＭＦのカムドシュ専務理事は「ＡＭＦという名称には抵抗するが、地域における金融支援は必要である」と語った。

しかし、九月一九日夕、榊原氏が香港入りしたところで舞台は暗転する。その日の夜、オーストラリアのエバンズ大蔵次官は「スピードが速すぎるし、二国間の金融支援には様々な困難が伴う」と消極的だった。一九日二〇時過ぎ、サマーズ財務副長官、リプトン財務次官、ガイトナー財務次官補は榊原氏らとの会議で「二一日に予定されている一〇カ国の代理会合に米国も出席させよ」「基金設立よりも各国経済のサーベイランス（政策監視）を地域内で強めることが必要」などと主張したという。二〇日午前にルービン財務長官が三塚蔵相にＡＭＦ構想への懸念を強く表明した。その日の午後のＧ７会合ではいくつかの欧州諸国が米国に同調し、ＡＭＦ構想への懸念を表明するなど「米国の根回しがだいぶ効いていた」。二一日の一〇カ国代理会合に米国とＩＭＦをオブザーバーとして参加させると、米国は日本のＡＭＦ構想に強く反対し、逆に米国を入れた域内サーベイランスの仕組みを作ることを提案した。「とても合意が得られる状況ではなく、二二日に予定していた大臣会合は中止せざるを得なかった」という。

一〇月一四日から二三日にＡＳＥＡＮ各国と二国間の会合で協議を継続したが、アジア危機が次第に拡散する中で、ＡＭＦ構想を推進するためのエネルギーは次第に低くなっていった。一一月一八～一九日、日米、ＡＳＥＡＮなど一四カ国・地域の蔵相・中央銀行総裁会議代理会合をマニラで開催した。日本、ＡＳＥＡＮがＡＭＦ構想を断念する代わり、米国は二国間支援を束ねる新しい協調支援の枠組みをつくること、マニラ・フレームワークを恒久化することで合意した。こうしてＡＭＦ構想は頓挫した。「サマーズ財務副長官と米国の力量のほどを思い知らされた三カ月だった」というのが榊原氏の評価である。

また国際金融局長だった黒田東彦氏は著書「通貨の興亡」でAMF構想に米国とIMFが反対した理由について「(ノーベル経済学賞を受賞したジョセフ・)スティグリッツ教授は、自分たちのヘゲモニー(覇権)が失われると恐れたからだという」と指摘している。

新宮沢構想からチェンマイ・イニシアチブ、AIIBへ

AMF構想が挫折した後、日本は独自の金融支援策として「新宮沢構想」を打ち出した。アジア諸国の実体経済回復のための中長期の資金支援として一五〇億ドル、こうした国が経済改革を推進していく過程で短期の資金需要が生じた場合の備えとして一五〇億ドル、合計で三〇〇億ドル規模の資金支援の枠組みだ。AMF構想とは異なり、日本による二国間支援が特徴だ。使途は民間企業債務等のリストラ策・金融システム安定化・健全化対策、社会的弱者対策、景気対策、貸し渋り対策など。一九九八年一〇月のアジア蔵相・中央銀行総裁会議で当時の宮沢喜一蔵相が表明した。

その後、改めて東アジアにおける金融協力の必要性が認識されるようになった。

二〇〇〇年五月の第二回ASEAN+3財務相会議(於:タイ・チェンマイ)で、外貨準備を使って短期的な外貨資金の融通をする「二国間通貨スワップ取極」のネットワークであるチェンマイ・イニシアチブ(CMI)で合意した。その後、これらの通貨スワップ発動の際の当局間の意思決定の手続きを共通にして、支援の迅速化・円滑化をするため、二〇一〇年三月、チェンマイ・イニシアチブのマルチ化契約(CMIM)が結ばれた。さらに、欧州債務危機を受け、地域の金融安全網をさらに強化するため、二〇一二年五月の第一五回ASEAN+3財務相会議(マニラ)でCMIMの強化策

図3-1　チェンマイ・イニシアチブ（CMI）の発展

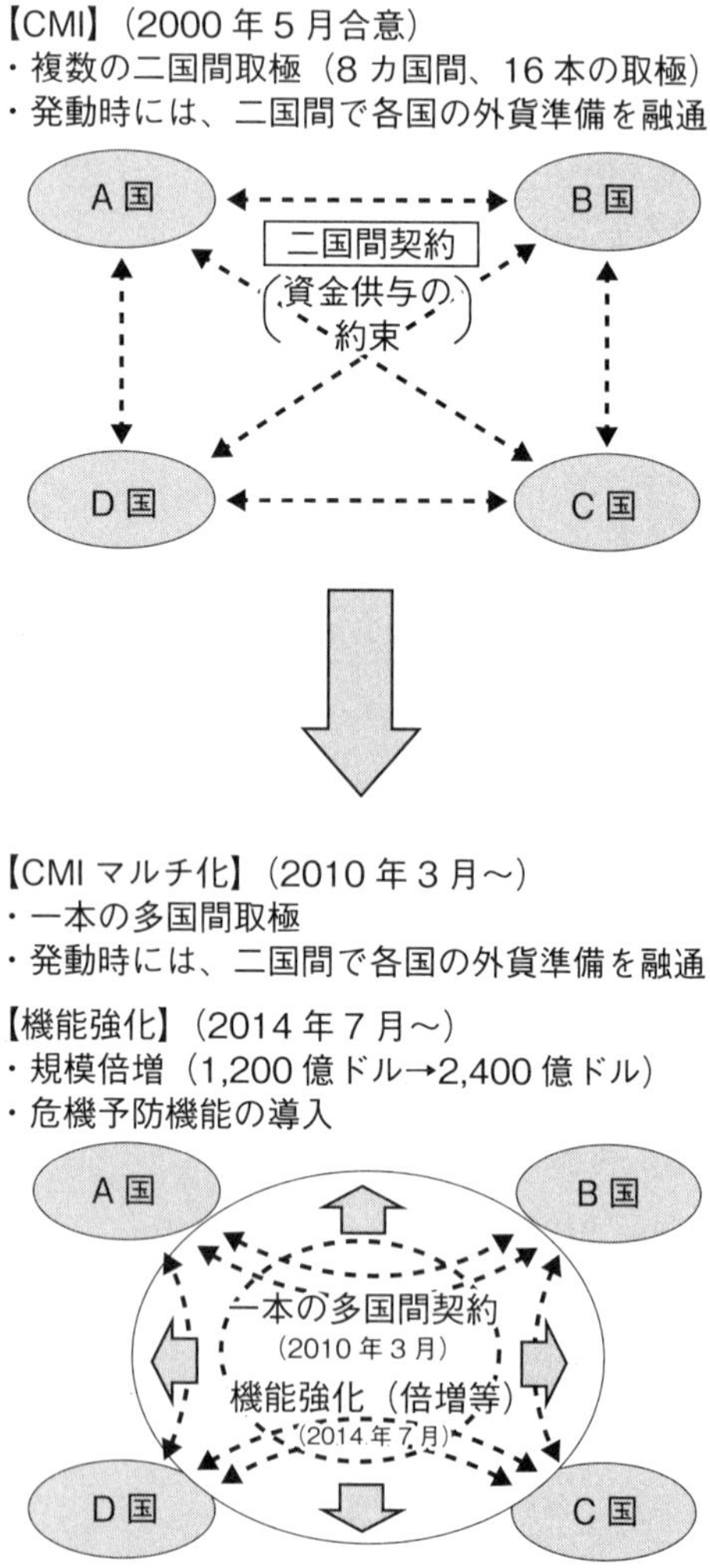
【CMI】（2000 年 5 月合意）
・複数の二国間取極（8 カ国間、16 本の取極）
・発動時には、二国間で各国の外貨準備を融通
A 国
B 国
二国間契約
（資金供与の約束）
D 国
C 国
【CMI マルチ化】（2010 年 3 月～）
・一本の多国間取極
・発動時には、二国間で各国の外貨準備を融通
【機能強化】（2014 年 7 月～）
・規模倍増（1,200 億ドル→2,400 億ドル）
・危機予防機能の導入
A 国
B 国
一本の多国間契約
（2010 年 3 月）
機能強化（倍増等）
（2014 年 7 月）
D 国
C 国

（出典）財務省資料などを基に執者作成。

が合意され、一四年七月にCMIM改訂契約が発効した。

興味深い点は、CMIMにおける日本と中国の貢献割合だ。総額で二四〇〇億ドルのうち日本と中国の貢献額はいずれも七六八億ドルと同じで、貢献割合は三二%ずつだ。中国の国内総生産（GDP）は二〇一〇年に日本を追い抜き、世界第二位の経済大国となった。そしてAMF構想に強く反対した米国が関与しないまま、アジア域内の金融協力が徐々に積み上げられていった。しかもスワップ総額のうちIMFプログラムとリンクせずに発動できる資金割合は二〇%から三〇%へと引き上げられた。米国と、その影響力を強く受けるＩＭＦの相対的存在感は徐々に薄れていった。

近年では日米が主導するアジア開発銀行とは異なる開発金融機関として、アジアインフラ投資銀行（ＡＩＩＢ）が中国主導で設立された。ＡＩＩＢには日米を除く主要国がそろって参加した。アジアの金融協力の舞台から米国が退潮していく流れは今後も強まるとみられる。

2　欧州――ギリシャ危機からユーロ危機へ

経済通貨同盟（ＥＭＵ）の創設

現在のＥＵ加盟二八カ国（本稿執筆の二〇一八年一〇月時点）のうち、一九カ国は単一通貨ユーロを導入している。この一つの強大な単一通貨圏、ユーロ圏は別名、経済通貨同盟（ＥＭＵ：Economic Monetary Union）と呼ばれる。

二度の世界大戦の惨禍を経験し「戦争のない欧州」をつくるという理念の下で欧州統合の歩みは始まった。一九五七年の欧州石炭鉄鋼共同体（ＥＣＳＣ）、一九六七年のローマ条約に基づく欧州共同体（ＥＣ）の設立を経て、一九八〇年代後半には単一市場や関税同盟を超えて単一の通貨と中央銀行を導入することが次の欧州統合の目標として設定された。

単一通貨を機能させるために域内の各国経済を一定の基準に収束させるとともに、財政収支や債務残高の水準を一定の範囲に収めさせることが決まった。一九九三年発効のマーストリヒト条約でこうした手順を定め、一九九八年に欧州中央銀行（ＥＣＢ）が設立、翌一九九九年に単一通貨ユーロが導入された。二〇〇二年には通貨ユーロの紙幣と硬貨の流通が始まった。

陶酔（Euphoria）からギリシャ危機へ

いわずもがなだが、ユーロ圏内の最大の経済規模を誇るドイツ、その次に大きなフランス、その他のユーロ導入国はさまざまな経済の基礎的条件は異なる。財政収支や債務残高、経常収支の水準が異なるのはもちろん、経済の競争力や一人当たり国内総生産（ＧＤＰ）の水準でも大きな違いがあった。

にもかかわらず、単一通貨導入時はこうした各国の違いについて金融市場はあまり注目せず、いずれ単一通貨の下で経済の基礎的条件は収斂すると予想していた。こうして各国の国債のうち、欧州内で最も信用力のあるドイツ国債と、たとえばイタリア国債やスペイン国債、フランス国債などの利回りはほぼ同一水準に収束し、格差はほとんどなくなっていった。ユーロ圏はまるで一つの国のように経済条件がほぼ同一になっていくという楽観論が背景にあった。ユーロに対するある種の陶酔感、ユーフォリアがあった。それを一変させたのが二〇〇九年に表面化したギリシャの財政危機だった。

二〇〇九年一〇月一九日、ルクセンブルクで開いたユーロ圏財務相会合で、ギリシャのパパコンスタンティヌ財務相が「前政権の下で二〇〇九年のギリシャの財政赤字のＧＤＰに対する比率は三・七％と想定されていたものの、実際には一〇％を超え一二％に達する見通しとなった」と表明した。一〇月のギリシャ議会選でパパコンスタンティヌ氏を含む中道左派政党、全ギリシャ社会主義運動（ＰＡＳＯＫ）が勝利し、政権交代が実現した後の初めてのユーロ圏財務相会合。そこで新財務相はギリシャの「不都合な真実」を告白せざるを得なかったのだ。

ユーロ圏は安定・成長協定（財政協定）に基づき、財政赤字をＧＤＰ比で三％、債務残高をＧＤＰ

比で六〇%以内に抑えるよう求められている。これはユーロ導入を認めるか否かの基準にもなっているが、ギリシャは過去に大きな粉飾を行っていたことになる。ギリシャの新政権はそれを白日の下にさらしたのである。

ギリシャの信用力は大きく低下し、ギリシャ国債の利回りは大きく上昇していった。二〇〇九年一二月に格付け会社から相次いでギリシャの長期債務格付けを引き下げられ、二〇一〇年一月にギリシャ国債の利回りは六%を超えて一時七%に達した。

ギリシャ政府が三月上旬にGDPの二%にあたる四八億ユーロの財政赤字を縮小するという財政再建策を発表すると、いったん国債利回りは低下した。しかしこれは「嵐の前の静けさ」だった。

ユーロ圏は三月一五日にギリシャの資金繰り支援策で基本合意し、二五日にはギリシャが市場で資金調達できなくなった際にIMFと協調して資金繰り支援することで合意した。だが、四月二二日にEU統計局がギリシャの財政赤字が想定より悪化していたと発表すると国債利回りが急上昇し、翌二三日にギリシャのパパンドレウ首相がついにEUやIMFなどに資金支援を要請した。

五月二日にEUやIMFは三年で総額一一〇〇億ユーロに及ぶギリシャ支援策で合意したものの、EU・IMFの協調融資を正式決定するユーロ圏の緊急首脳会議が開かれた五月七日にはついに国債利回りは一三%まで上昇し、ドイツ国債との利回り格差が約一〇%に達するという異常事態に陥った。

流動性危機とは違う財政危機

アジア通貨危機とギリシャ危機。同じ金融危機でありながら違うのは、危機の原因だ。海外からの短期資金が急速に国外に引き揚げられた結果、外貨準備がほぼ枯渇して資金繰り難に陥ったのがアジア通貨危機だった。

これに対し、ギリシャの危機はいわゆる財政危機だ。ほぼすべての国は予算を組む際に、税収で補えない歳出を賄うため、市場から借金をして資金を調達する。これが国債発行である。国債はいったん発行されると、市場で自由に売り買いされる。

その国の信用力が高まれば、投資家による需要が高まって債券価格が上昇、利回りは低下する。逆に信用力が低下すれば債券価格が下落、利回りは上昇する。利回りは信用力の尺度である。高くなりすぎれば、その国債を購入してもきちんと利払いが行われるか怪しいと疑われて買い手がつかず、さらに買い手が少なくなって利回りが上昇する。結果として、その国は財政赤字を穴埋めするための資金を国債発行によって調達できなくなる。ギリシャが直面したのはこうした資金繰り難である。

財政危機が銀行危機、景気悪化へとつながる「トリレンマ」

ギリシャ危機はその後、アイルランド、ポルトガル、スペイン、キプロスなど周辺国にも波及し、いずれもEUに資金支援を要請する事態に追い込まれた。ギリシャ危機がユーロ危機に発展したのである。

なぜか。その一因は銀行システムである。ユーロ圏は通貨と中央銀行（欧州中央銀行：ECB）は一つであるにもかかわらず、財政政策は国ごとにバラバラに運営されている。だとすればギリシャが財政危機に陥ったとしても、他のユーロ導入国への影響は遮断されているはずである。しかし、金融は違う。単一通貨圏の下ではユーロ圏の銀行は他の国に積極的に貸し出していた。残高が多かったのはフランスとドイツ、オランダなど。またギリシャ国債も大量に保有していた。英国やアイルランドもギリシャ国債を大量に保有していた。

危機の伝染ルートはこうだ。ギリシャ経済が悪化する。ギリシャの企業の倒産や借金返済の延滞が生じる。するとお金を貸し出す側にとっては元利金を回収するのが難しい不良債権が増える。銀行は焦げ付きに備えて引当金を大量に積まねばならず、その分だけ利益が減る。さらにその国への貸し出しが減る→企業の資金繰りが行き詰まる→企業や個人の借金苦が増える→その国全体の経済が減速する――。

一国の場合だけをとってみても、財政再建で歳出削減や増税をする→景気が減速し不良債権が増える→銀行の損失が拡大、資金調達が難しくなる→貸し渋りによってさらに景気が減速する→財政再建が難しくなる。さらに財政難で銀行に公的資金を注入するのは難しくなる→国債利回り上昇で国債を抱える銀行の信用不安に飛び火する→銀行の損失が拡大→貸し渋りによってさらに景気が減速する――。

こんな経路で「財政」「景気」「金融」の三つが悪循環を起こす、いわばトリレンマ（三重苦）がみてとれる。そして、一つの国の信用力が大きく損なわれると、銀行システムを通じてそれ以外の国の信用力の低下や経済減速につながる。その典型例をユーロ危機は示してくれる。

ユーロ圏安全網整備へ（EFSM、EFSF、ESM）

二〇一〇年五月九日のEU財務相理事会。フィンランド出身のオリ・レーン欧州委員（経済・通貨担当）は単一通貨ユーロ導入国が財政危機に陥った場合の緊急融資制度「欧州通貨安定メカニズム（EFSM）」を提案した。

ドイツやフランス、イタリアをはじめとするユーロ導入各国の政府保証を裏付けに、EUの執行機関である欧州委員会が金融市場で債券を発行する。資金調達額は総額で四、〇〇〇～五、〇〇〇億ユーロ。これを元手に金融市場で国債を発行できなくなった国に緊急融資する――。

複数の欧州委員会関係者によると当初の提案はこんなアイデアだったというが、加盟国は「欧州委員会に財政権限をそこまで渡すことはできない」と反発。細部の詰めで協議は難航した。「アジア市場が開く前に危機を食い止めよ」。そんな掛け声の下で一〇日未明二時（欧州中央時間、日本時間午前一〇時）過ぎに記者会見が始まった。

筆者はこの現場を取材していた。この日はEUの前身となった欧州石炭鉄鋼共同体（ECSC）構想を一九五〇年にシューマン仏外相が提唱した日で、日曜日だった。実はこれに先立つ七日にユーロ圏首脳会議が開催され、ギリシャ向け支援策として二〇一〇～一二年の三年間で総額一一〇〇億ユーロの支援をすると決定した。さらにユーロ圏安定に向け「EUとECBが最大限の手段を活用する」との声明を発表し、その具体策を決めるための場として九日にEU財務相理事会が設定された。

その合意内容は、ユーロ導入国に総額で最大七、五〇〇億ユーロを緊急融資する制度の創設が柱だった。EUで五、〇〇〇億ユーロの基金を創設するほか、IMFが最大二、五〇〇億ユーロを融資する仕組みだ。このうち五、〇〇〇億ユーロの基金は、①EU予算を裏付けに欧州委員会が債券を発行し、危機に陥った国に融資する六〇〇億ユーロ②ユーロ圏各国による政府保証をつけた四、四〇〇億ユーロ規模の特別目的基金（SPV）――の二つで構成された。一方でIMFは全体の融資額の三分の一を負担する。

しかし、支援にあたっては一つ大きな問題があった。EUの基本条約であるリスボン条約は125

表3-2　ユーロ圏の金融安全網

	EFSM（欧州金融安定化メカニズム）ギリシャ危機後に設けられた暫定的支援組織	EFSF（欧州金融安定化ファシリティ）ギリシャ危機後に設けられた暫定的支援組織	ESM（欧州金融安定メカニズム）2013年7月からの恒久的支援組織
融資能力	600億ユーロ EU予算による連帯保証 AAAの格付け	4,400億ユーロの実効融資能力 保証 ＋必要な場合の保証上乗せ分（20％） AAAの格付け	5,000億ユーロの実効融資能力 払込資本＋請求払資本＋保証 AAAの格付け
支援方法	融資	融資 ＋新規発行国債の購入（例外）	融資 ＋新規発行国債の購入（例外）
貸出金利	Euribor＋295bps	Euribor＋247bps EFSFの経費	調達金利＋200bps ＋100bps （3年を超える貸出に対する追加金利）
融資対象	EU加盟国	ユーロ加盟国	ユーロ参加国
存続期間	新規融資は2013年6月30日に終了	新規融資は2013年6月30日に終了	2013年7月1日より常設
法的根拠	リスボン条約の第122条に基づくEU首脳会議決定	一時的な政府間合意	政府間組織の設立のためのEU参加国による合意＋リスボン条約の第136条改正に基づく規制
民間の負担	なし	なし	2013年7月以降にユーロ参加国によって発行される満期1年超の新規発行国債については、債務再編の際に一定多数債権者の合意に基づき債権内容を変更することができる集団行動条項（CACs：collective action clauses）を発行条件に明記

（出典）内閣府資料及び欧州委員会より執者作成。

条に「非救済条項（No Bail-out Clause）を規定している。ＥＵは、加盟国や地方政府、公的機関の責任や義務を負うことはないし、加盟国もその他の地方政府、公的機関の責任や義務を負うこともない――。

要するに、財政赤字を膨らませたＥＵ加盟国の債務を他の加盟国が肩代わりしたり、ＥＣＢなどの中央銀行が直接国債を購入したり信用供与したりすることを明確に禁止しているのがポイントだ。一方でリスボン条約には「自然災害や制御不可能な要因で深刻な困難に陥った場合に加盟国を支援できる」という１２２条の規定もあった。五月一〇日未明の決定はこの１２２条の規定を根拠にした薄氷の判断といえる。

四、四〇〇億ユーロの支援の仕組みは欧州金融安定基金（ＥＦＳＦ）と呼ばれ、その後で恒久的な仕組みとして二〇一三年七月に融資能力最大五、〇〇〇億ユーロの欧州安定メカニズム（ＥＳＭ）に発展していった。

ＩＭＦを関与させるか否か

金融危機の際にＩＭＦを関与させるべきか否か。ユーロ危機の際にはこれが大きな論点となった。二〇一〇年三月四日に当時のギリシャのパパンドレウ首相は「ＥＵが支援をしてくれないのであれば、ＩＭＦに支援を要請することも排除しない」と語った。ユーロ圏にはかねてＩＭＦが支援するということは「ユーロ圏の問題をユーロ圏自らが解決する能力がないことを示す」「ＥＵはＩＭＦの干渉を受けざるを得なくなる」という反発が強かった。ギリシャはそれを逆手にとって「ＩＭＦを使うぐらいならＥＵで支援を」と圧力をかけた可能性がある。

図3-2　ギリシャ国債の利回りなど

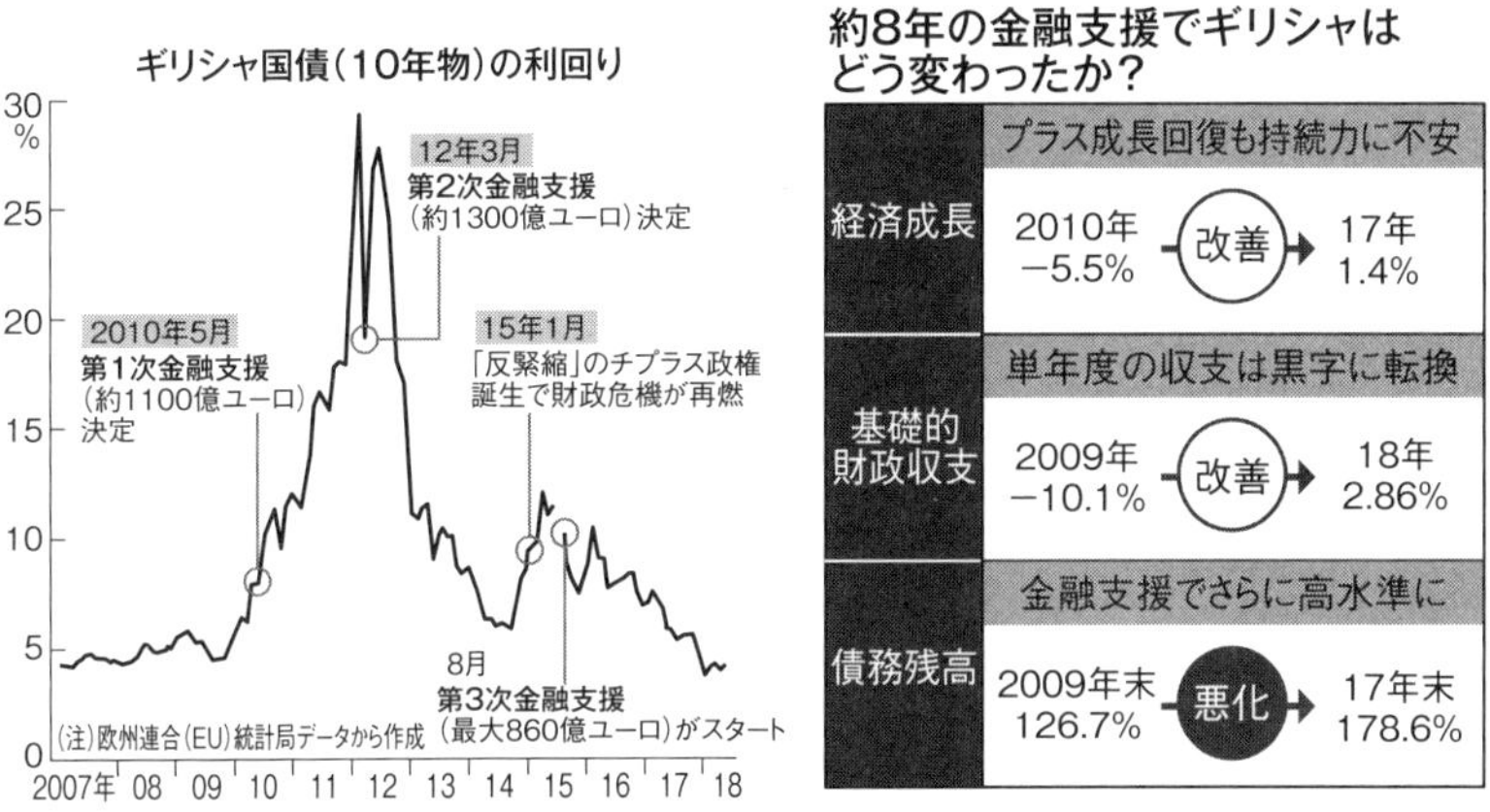

（出典）『日本経済新聞』2018年6月23日。

このＩＭＦカードは思わぬ方向に転んでいった。ドイツ国内でギリシャ支援にＩＭＦを活用する案を容認する声が強まっていった。ユーロ圏最大の経済大国で、ギリシャ支援を実施する場合は最も大きな負担を迫られる。第一に、ＩＭＦが融資に関与すれば、ドイツの負担額を圧縮できるという皮算用があった。第二に、ＩＭＦが関与することでギリシャの財政再建の実施プロセスの監視を強められるようになる。第三に、ＩＭＦが融資に参加すれば、「ギリシャ支援はＥＵ条約違反」と判断しそうなドイツの憲法裁判所の理解が得られやすくなるとの判断があった。

二〇一〇年三月二五日深夜のＥＵの記者会見場。ＥＣＢのトリシェ総裁（当時）が突然、記者会見室に入ってきて、ＩＭＦがギリシャ支援に関与する案を「重要な決定」とほめちぎった。その前にＩＭＦのギリシャ支援を「ベリー・ベリー・バッド」と繰り返して反対していた、にもかかわらずだ。

トリシェ氏はＩＭＦが関与することで結果としてＥＣＢの金融政策に干渉されかねないと強く警戒してい

たとみられる。ＥＣＢの独立性はドイツ連邦銀行の伝統を継承した金看板だった。それこそが通貨ユーロの信認を支えるとのプライド（威信）が背景にあったもようだ。ひとまずＥＣＢはギリシャ支援発動の是非を判断する地位を得たことで、ＩＭＦ関与への拒否を撤回した。

ＥＵなどによるギリシャ支援は第一次支援（二〇一〇年五月）、第二次支援（二〇一一年七月）、そして第三次支援（二〇一五年八月）まで続いた後、ギリシャは二〇一八年八月で支援策を「卒業」し、自力で金融市場から資金を調達するようになった。

皮肉にも、欧州側から参加を求められたＩＭＦは第二次支援を最後に、第三次支援への参加を見送った。それまでの金融支援の際に求めた財政緊縮策が想定よりも実体経済を大きく悪化させたことで、かえって財政健全化の道が遠のくことが判明した。ＩＭＦは、ＥＵ側にも現実的な財政再建策をつくるとともに、ギリシャの債務の持続可能性を確保するために金利の減免や返済期間の延長などを要求。それが満たされない場合はＩＭＦは第三次支援に参加できないとの立場を鮮明にしていった。米国など欧州以外の出資国からもギリシャにこれ以上深入りすることは納税者の理解が得られないとの判断もあったのだろう。危機時の「最後の安全網」と期待されていたＩＭＦといえども、「魔法のつえ」ではあり得ないことが改めて明確になったといえる。

3　アジアと欧州の経験から

共通点～地域の自前の安全網創設

域内の一カ国の危機が地域全体に伝染する事態を憂慮し、地域自前の恒久的な金融安全網の構築に動いた。こうした点で金融危機を経験したアジアと欧州は同じ歩みをたどった。

アジアでは、実現はしなかったものの、日本がアジア通貨基金（AMF）を提唱し、のちのチェンマイ・イニシアチブの発展の礎をつくった。欧州のユーロ圏では、欧州金融安定基金（EFSF）を経て、恒久的な安全網である欧州安定メカニズム（ESM）が設立された。

チェンマイ・イニシアチブも、第一次ギリシャ支援も、当初は危機に陥った国に二国間の融資を提供する枠組みだった。その後の経緯をみれば、こうした2国間の支援の束が、多国間の支援の枠組みへと発展した経緯もまた同じである。

IMF関与の差

国際通貨基金（IMF）の支援や安全網への参加は常に賛否両論があった。アジア通貨危機の場合、米国はAMF構想をめぐり日本やアジア主導で枠組みがつくられ、米国が覇権を脅かされると強硬に反対した。少なくとも日本の当局者らはそう感じた。

当時のアジア各国は自国通貨を米ドルと連動（ペッグ）させていたが、IMFはペッグ制が原因で自国通貨買い支えのために外貨準備を使う政策は持続不可能と判断。各国は変動相場制に移行していった。

同時に、IMFは支援の見返りとして、過度な増税や歳出削減といった財政再建策、規制緩和と自由化を推進していった。財務官だった榊原英資氏は「自由な資本取引と、それに基づく自由な価格（為替レート）の変動が常に望ましいという正統派経済理論は、グローバル化した資本主義のもとでは有効ではない。IMFとG7関係者をはじめ多くの人々が、この正統的あるいは新古典派的理論を信じ、タイやインドネシアにあてはめようとしたことが『アジア通貨危機』の一つの直接的原因ではなかったか」と著書「日本と世界が震えた日～サイバー資本主義の成立」で振り返っている。こうした背景も、日本をはじめとするアジア各国・地域が自前の金融安全網が必要という認識を深めた事情といえる。米国と同様、日本の「覇権」を警戒した中国はAMF構想に慎重だったとされるが、チェンマイ・イニシアチブには積極的に参加した。

これに対し、先進国の集まりであるEUに対して米国は一貫して「欧州が自ら火事を消せ」の立場で、距離を置いていた。新興国や途上国を含むアジアと、先進国の集まりであるEUへの対応は自然と異なる。IMFの関与についてアジアでは「ワシントン・コンセンサス流の硬直的な対応では危機を深める」との認識が広がったのに対し、欧州では「構成で客観的な監視役・アドバイザー」として期待された。

それ以上にアジアと欧州では、危機当時の経済力に彼我の違いがあった。

日中韓と東南アジア諸国連合（ASEAN）の計一三カ国の国内総生産（GDP）は二〇一一年に約一七兆ドルと、米国を初めて上回る。いうまでもなく中国が改革・開放後の急速な経済成長によって世界第二の経済大国に躍り出たのが大きい。しかし、アジア危機直後の一九九八年時点では一三カ国のGDPは米国の約三分の二程度しかなかったのだ。

ASEAN一つとってみても、一人当たりGDPは日本をも上回るシンガポールから、もっとも発展段階の遅れているミャンマーやカンボジア、ラオスまで域内の経済格差は極めて大きい。一方でユーロ圏は各国の経済力に差があるといっても、アジアと比べれば一定の範囲に収束している。IMFへの関与が「他に選択肢がなかった」というアジアと、関与させる必要はなかったものの、公正な監視役として選択的にIMFに頼った欧州とでは、置かれた状況は異なっていたといえる。

危機は次の危機を生むか

「危機は統合の母である」という欧州の格言があるが、「危機が次の危機を用意する」という市場関係者の言葉もある。たしかに一九八〇年代のメキシコ危機、一九九七年のアジア通貨危機、一九九八年のロシア・ルーブル危機、そして二〇〇八年のリーマン危機、二〇一〇年からのユーロ危機と、危機はほぼ周期的に現れる。

危機後の変化についてまずアジアをみてみる。IMFに支援を要請したタイ、インドネシアだけでなく、マレーシア、フィリピン、シンガポールを加えたASEAN五カ国の危機後の変化は明確である。一九九七年まで域内の経常収支は赤字、つまり他の国・地域からお金を調達して資金不足を賄っていた。ところが、一九九八年以降は一貫して経常収支は黒字に転じている（もちろん個別にみればインドネシアはいまだに経常収支が赤字で、通貨ルピアは金融市場で時に攻撃の対象となっている）。

これは危機の一つの重要な教訓となっている。外貨準備が足りなければ、市場の動向によって簡単に流動性が枯渇して通貨危機が起きかねない。だからこそ輸出で得たお金を投資にバンバン使うのではなく、貯蓄として積み上げていった。いわば「転ばぬ先の杖」として外貨準備として積みあげていったのである。

実はこうした傾向はユーロ圏でも同じだ。ユーロ危機後は域内の経常収支が赤字から黒字に転じた。これはギリシャなど危機に陥った国が財政を急速に引き締めていったからである。結果としてギリシャの場合、経済は大幅に収縮し、マイナス成長が続いたのである。こうした経験もアジアと欧州は共有している。

著名な経済学者で金融恐慌の研究で有名だったベン・バーナンキ前米連邦準備理事会（FRB）議長はのちに、二〇〇八年のリーマン危機の遠因はアジアの過剰な貯蓄（Savings Glut）と指摘した。危機を経験したアジアの国・地域が投資をせずに貯蓄を蓄えて巨額の経常黒字を生み、そこで余ったお金が米国に大量に流れていった。そのマネーが信用力の低い住宅ローンを元手にした複雑な金融商品などに向かい、リーマン危機の導火線となった、というのがバーナンキ氏の主張である。リーマン危機に続くユーロ危機は、そうしたグローバル・マネーの巻き返しの余波だった可能性がある。だとすれば、危機は世界的な規模で常に連鎖していくかもしれない。Ｇ７やＧ20といった場での国際的な政策監視や、政策協調の必要性は今後も弱まることはないだろう。

経済や金融のグローバル化は進み、そしてこれからもその動きが止めることはないだろう。トランプ米大統領による「米国第一」政策がグローバル化に背を向けるものだとしても、グローバル化そのものを止めるのは至難だ。

皮肉にも、米国でのトランプ政権の誕生により、日本と欧州は「保護主義への対抗」「ルールに基づく世界秩序の維持」などといった点で足並みをそろえた。二〇一八年には日本と欧州連合（ＥＵ）は経済連携協定（ＥＰＡ）に署名した。自由貿易に反対する動きは出ても、それに対抗する反作用の動きは常に存在するとひとまず楽観しておきたい。

足元ではトランプ政権は米国にいわゆる「貿易戦争」を挑み、世界第一と第二の経済大国による覇権争いが激しくなっている。日本を含むアジアも、欧州もこうした動向から無縁ではあり得ない。次の金融・通貨危機が生まれる芽もまた大きなグローバル経済や国際金融市場の中で生まれ、そのための対応策も不断に改善を求められていくだろう。

瀬能　繁

第4章 AEC（ASEAN経済共同体）の発足と広域経済連携協定の可能性

1 ASEANのプレゼンスと特徴

(1) ASEANのプレゼンス

ASEAN（東南アジア諸国連合）は、一九六七年に設立された地域統合の枠組みであるが、一九九九年にカンボジアが加盟して、現在の一〇カ国（「ASEAN10」と呼ぶ）になっている。その後、東ティモールが二〇〇二年にインドネシアから独立しているが、人口一二〇万人程の小国である。東ティモールを除けば、東南アジア地域に位置する国とASEANメンバーは同じである。よって、東南アジア諸国とASEAN諸国はほとんど同じと考えてよい。

表4-1から、世界におけるASEANのプレゼンス（存在感）を見てみよう。他の地域統合と比較すると分かりやすい。世界における大きな地域統合は、EU（欧州連合）とNAFTA（北米自由貿易地域）であるが、それと比べるとASEANの経済規模はまだとても小さい。名目GDPでは約二・五兆ドルで、EUの一五％程度、NAFTAの一二％程度（いずれの数値も二〇一六年の値、以下同様）である。ASEANと同様に、主に発展途上国と中所得国の地域統合であるMERCOSUR（南米南部共同市場）と比較すると、ほぼ同水準である。しかし、ASEANの人口は約六・四億人であり、約三億人のMERCOSURの二倍以上、EUとNAFTAの約五・一億人を大きく上回る。経済規模が小さくて人口が多いため、国民の豊かさの指標とされる一人当たり名目GDPは四、〇〇〇ドルで、とても低い値となる。この値は、NAFTAの一〇％未満、MERCOSURの半分にも及ばない。貿易額は輸出入の合計で約二・二兆ドルになり、MERCOSURの四倍以上、EUの二一％、NAFTAの四三％となり、経済規模の割には相対的に貿易規模がかなり大きいと言える。実際、名目GDPでは、世界の三・四％しか占めないASEANであるが、貿易総額では七・一％を占めている。貿易依存度（輸出入額／名目GDP×一〇〇）を比較すると、上からASEAN八八・二％、EU六四・七％、NAFTA二四・八％、MERCOSUR一九・七％となり、域内関税がゼロで共通通貨使用により為替コストが極小のEUよりも貿易が盛んなことが分かる。以上、他の地域統合との比較から、ASEANのプレゼンスとしては、人口規模、貿易の相対的規模は大きく、経済規模は小さいということが分かる。

次に、東アジア内におけるASEANのプレゼンスも把握しておこう。ここでは、東アジアを「ASEAN＋3（日中韓）」として考える。IMFの二〇一六年の値で、名目GDPでは中国が東アジ

表4-1　ASEANのプレゼンス（2016年）

	加盟国	人口	名目GDP	一人当たりGDP	貿易（輸出+輸入）
ASEAN	10カ国	6.386億人	2.55兆ドル	4,000ドル	2.25兆ドル
欧州連合（EU）	28カ国	5.115億人	16.39兆ドル	3,205ドル	10.62兆ドル
北米自由貿易地域（NAFTA）	3カ国 米国 カナダ メキシコ	5.115億人	21.14兆ドル	43,423ドル	5.24兆ドル
南米南部共同市場（MERCOSUR）	6カ国 アルゼンチン ブラジル パラグアイ ウルグアイ ベネズエラ ボリビア	3.041億人	2.74兆ドル	9,019ドル	0.54兆ドル

（出典）World Bank : *World Development Indicators.*
IMF : *Direction of Trade Statistics* より執者作成。

ア内で五六％を占め、次いで日本二四％、ＡＳＥＡＮ一三％、韓国七％となる。ＡＳＥＡＮは日本の半分程度、韓国の倍程度の経済規模であることから、既に決して軽視できる規模ではない。また、今後も日韓より経済成長率が高く推移すると見込まれるので、東アジア内でのＡＳＥＡＮのプレゼンスが大きくなるのは間違いない。人口は中国の半分以下だが、先述したようにどの地域統合よりも多く、日本の約五倍の人口規模を有し、なおかつ若年層が多いため、潜在的な成長要因となり得る。

(2) ASEANの特徴

ここでいうＡＳＥＡＮの特徴とは、地域統合の機構としての特徴だけではない。ＡＳＥＡＮ諸国あるいは東南アジア地域の特徴という意味もある。既に、上述したＡＳＥＡＮのプレゼンスからもその特徴がいくつか抽出されているが、改めてここで主な特徴を述べる。

①ASEANという呼称は、NIEs（新興工業経済地域）やBRICsといった単なる呼称[1]ではなく、EUやNAFTAと同じ「地域統合の枠組み」の名称である。
②近接するまとまった地域としては世界でも稀な「多様性に富む地域」である。
民族や言語の多様性が元々あったのに加え、外部からの影響を強く受けている。紀元前から一二、一三世紀にかけての「インド化」の影響、一二、一三世紀からの島嶼部（多くの島々からなる現在のフィリピンやインドネシア、マレー半島の辺りを指す）へのイスラム教の影響、大陸部（タイやカンボジアなどが位置するインドシナ半島）への小乗仏教の影響、紀元前二世紀からのベトナムの「中国化」。これにより、島嶼部ASEAN諸国はイスラム教を国教とする国が多く、大陸部ASEAN諸国は小乗仏教を国教とする国が多く、二大文化圏が形成された。

これに加え、一六世紀後半からは欧米による植民地化の影響を受けて、更に多様性が増している。スペインと米国に支配されたフィリピン。オランダに支配されたインドネシア。イギリスに支配されたシンガポール、マレーシア、ブルネイ、ミャンマー。フランスに支配されたベトナム、カンボジア、ラオス。独立を保ったタイ。現在のインドネシア語にはオランダ語が、マレー語、ビルマ語には英語が、ラオ語にはフランス語彙が摂取されている。

こうして、東南アジア地域は、インド、中国の影響、イスラム教や仏教（インドオリジナルの仏教ではなく伝播の過程で変質しているためインドの影響とは分けている）の影響、さらには欧米の植民地化を経て、重層的で多様な文化を形成するに至った。一万八、〇〇〇もの島々からなるインドネシアの国家スローガンは「多様性の統一」であるが、それはそのままASEAN自体の課題でもある。というのも、多様性は「諸刃の剣」だからである。今でこそ、グローバル化の進展によって、多様性が経済発展の強みとなることが多くなってきたが、島嶼国家のインドネシアとフィリピンが長年「ASEANの病人」、「ASEANの落ちこぼれ」と呼ばれてきたのは、多様性の統一の難しさがその主因の一つである。多様性はいがみ合い、争いを生み、その結果、治安が不安定なことが外資系企業の進出を妨げ、経済的に後れをとる結果となってしまったからである。

③ASEAN加盟国間での経済格差が大きい。

前節で、ASEANのプレゼンスを考察し、一人当たりGDPが四、〇〇〇ドルで、他の経済統合と比較してとても低いと述べた。この数値は、ASEAN諸国の名目GDPを合算して総人口で割ったものである。四、〇〇〇ドルは発展途上国水準であるが、だからといってASEAN10カ国が発展途上国水準かというと、それは全く違う。ASEAN諸国は発展の段階が著しく違っていて、経済格差が大きいのも特徴であり、それも「多様性」を形成している。

図4-1は、ASEAN内の人口と名目GDPの内訳を表している。人口はインドネシアが二・六億人、フィリピンとベトナムが約一億人、タイとミャンマーも五、〇〇〇万人を超えており、市場として大きい。しかし、名目GDP（経済規模）は人口と比例していない。タイやシンガポール、マレーシアは人口比率よりも名目GDPの比率が明らかに高いことから、経済が発展していることが伺える。特にシンガポールが顕著である。これら三カ国は「ASEANの優等生」と呼ばれてきた。逆に、人口の割には経済規模のシェアが明らかに落ちるのがインドネシア、フィリピン、ベトナム、ミャンマーである。特にミャンマーが顕著である。

図4-2は、ASEAN内の一人当たり名目GDPの比較である。シンガポールは日本の数値をはるかに超えている。一人当たり名目GDPだけ見れば、シンガポールとブルネイは明らかに先進国レ

図4-1　ASEANの人口内訳（左）と名目GDP内訳（右）　2016年

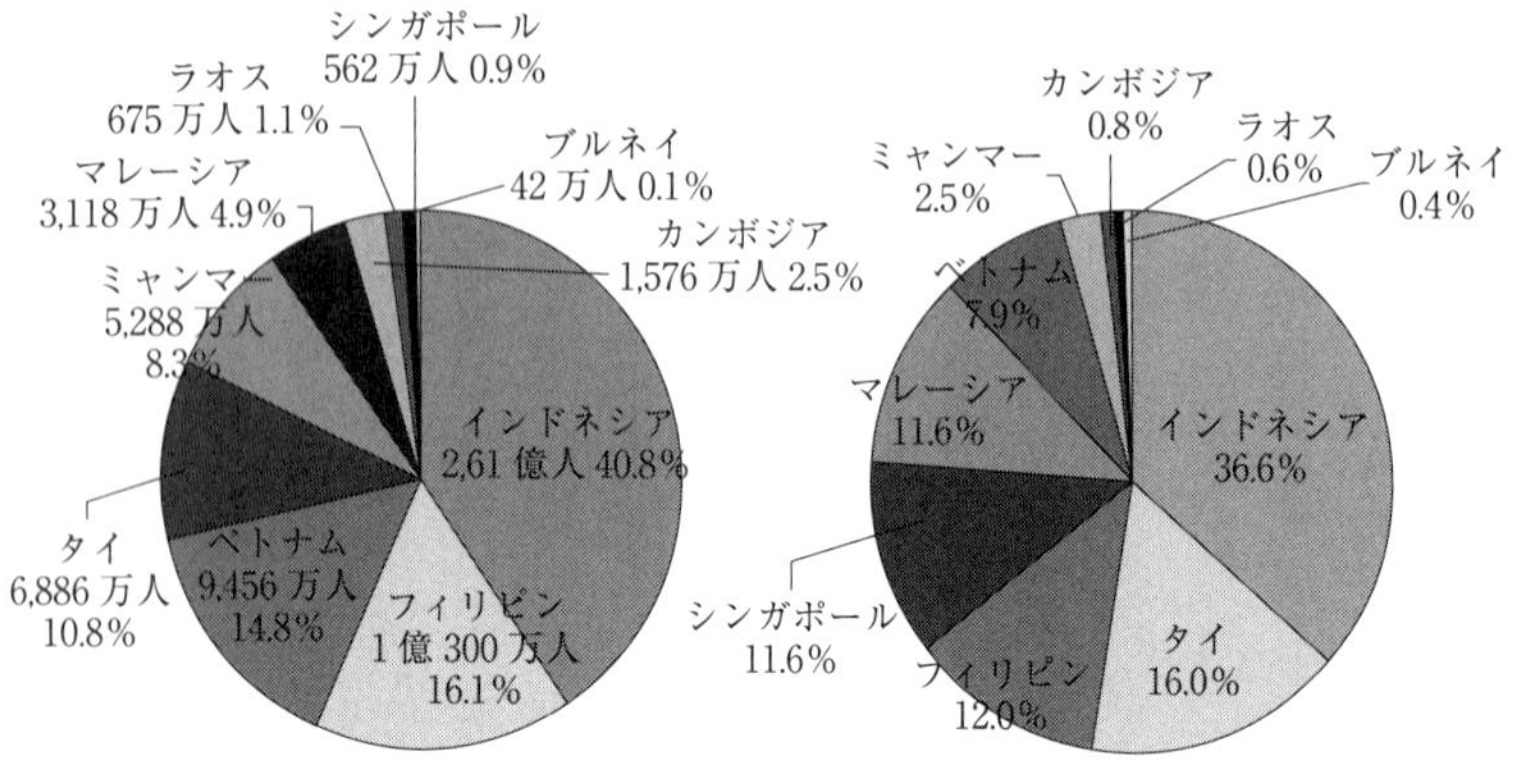

（出典）左図　UN：*World Population Prospect 2017 Revision.*
右図　IMF：*World Economic Outlook* よりそれぞれ執者作成。

ベルである。次いで、マレーシアとタイが高く、五、〇〇〇ドル～一万ドルの間で「中進国（中所得国）」と言える。それ以外は、発展途上国レベルであるが、中でも、ラオス、カンボジア、ミャンマーは頭文字をとってＬＣＭと呼ばれ、国連から「後発発展途上国（ＬＤＣ：Least Developing Countries いわゆる〝最貧国〟）」の認定を受けている。数値だけみればベトナムの方がラオスより低いが、一人当たり名目ＧＤＰだけではなく、産業構造や教育レベル等も勘案して認定されるため、近年工業化発展が目覚ましいベトナムは最貧国から脱している。このように、全体では一人当たり名目ＧＤＰが四、〇〇〇ドルであっても、ＡＳＥＡＮ内部を見れば、五万ドルを超える裕福な国もあれば、〝最貧国〟と認定される国もあり、バラつきが大きい。その差は四〇倍以上ある。ＥＵの発足時、構成メンバー間の経済格差はせいぜい一〇倍程度であった。ここまで地域統合内で経済格差が大きいのもＡＳＥＡＮの特徴である。逆に言えば、この経済格差がある状況でよく地域統合してきたものだと驚かされる。

図4-2　ASEAN内一人当たりGDP内訳　2016年

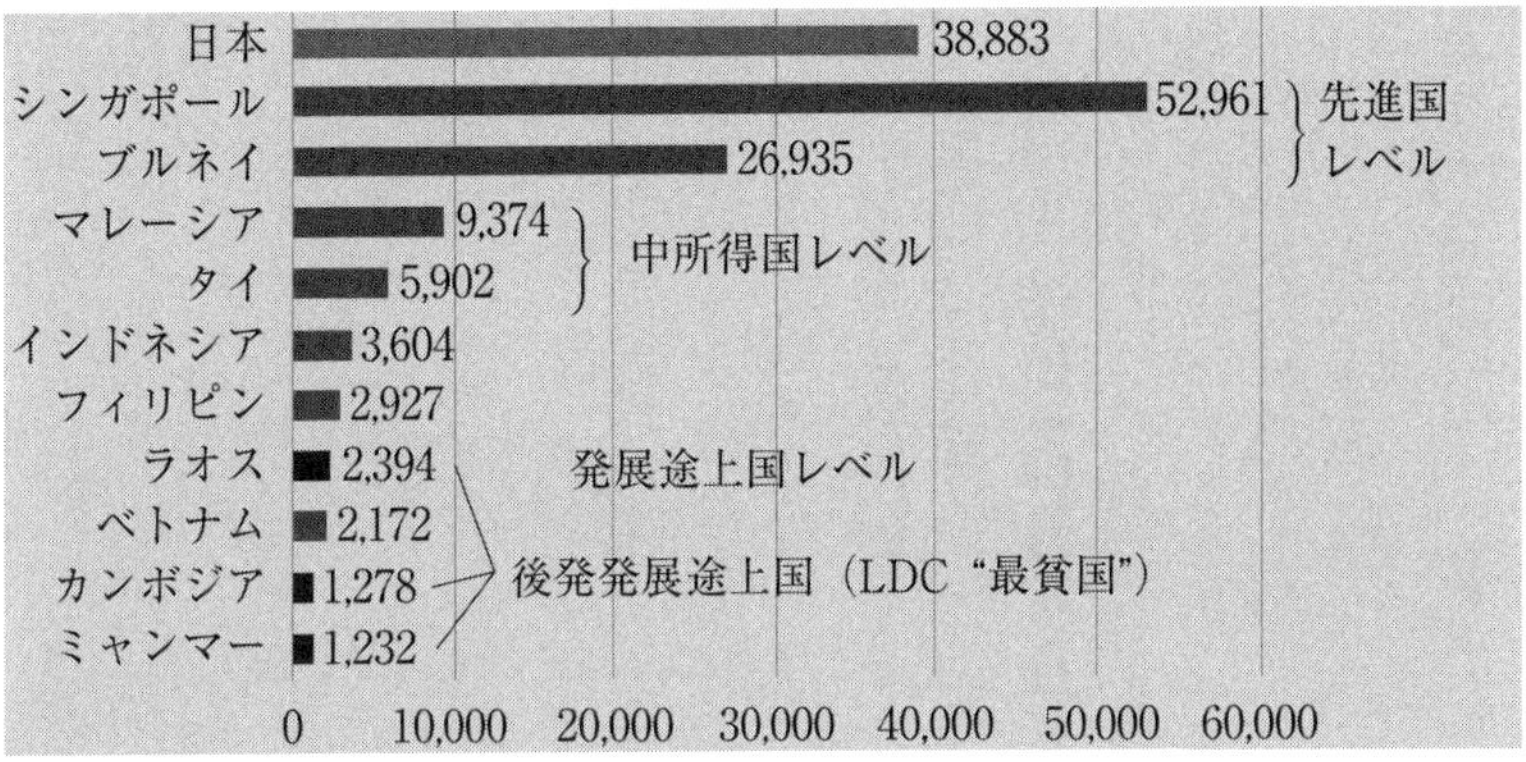

（出典）　World Bank：*World Development Indicators* より執者作成。

④発展途上国間の地域統合としては、最も自由化度が高い。

上記のようにメンバー間で経済格差が大きいＡＳＥＡＮであるが、地域統合としては自由化度が高いのも特徴である。一般的に、経済格差が大きいと関税の削減などは同時にはやりにくい。自由競争の結果、競争力のある国が競争力の弱い国を駆逐してしまう懸念があるからだ。しかし、ＡＳＥＡＮでは関税の削減と直接投資の自由化が進んでいる。理由は後述する。

⑤「開発独裁」国家が多い。

開発独裁とは、強権的な政府が国の経済開発を担い、自由競争とは違った形で開発を進める体制のことである。東南アジアに限らず、中国や韓国などにも当てはまる東アジア経済のキーワードである。二〇年、三〇年の独裁体制もあり、シンガポールに至っては、リー父子で連続してではないが、計四五年以上政権を担っている。一部、民主化弾圧によりダークなイメージの最高権力者もいるが、開発独裁体制を敷いた最高権力者には、民衆から尊敬の念を抱かれている「英雄」も多い。

⑥貿易依存度が突出して高い。

これは、先述した通りであるが、グローバル化が遅れている国も多く、それらの国の貿易依存度は低い。しかし、グローバル化が進んでいる国の貿易依存度は軽く一〇〇%を超えている。

⑦一方で、ASEAN内では「内政不干渉」、「全会一致」の原則により、政治統合の色彩は弱い。ミャンマーが軍事独裁政権で、欧米から経済制裁を受け孤立していた時も、ASEAN内では「内政不干渉」の原則により、機構としてのASEANがミャンマーに民主化を促すといった動きも殆どなかった。

⑧経済力に比して、外交力が強い。「ASEANイニシアチブ（主導権）」と言われる。経済力が弱いだけでなく、ASEAN内での政治統合力も弱い。しかし、ASEAN外部との外交力は強い。ASEAN＋3会合、ASEM（アジア・欧州首脳会議）、二国間・多数国間FTAなどでイニシアチブをとり、ハブ（軸）的役割を果たすことが多い。日中・日韓の間での歴史問題のような障害がなく、ASEANは中立的立場を活かしやすいポジションにある。

2　ASEANとAECの設立経緯と関係、現況

（1）ASEANとAFTA（ASEAN自由貿易地域）

地域統合機構としてのASEANが発足したのは一九六七年であることは先述した。ここではその設立目的と、その後の役割の変化を説明し、二〇一五年末に発足したAEC（ASEAN経済共同体）との関係性について述べる。

一九六七年にタイのバンコクで発足したASEANの初期メンバーは、タイ、マレーシア、インドネシア、フィリピン、シンガポールであった。設立目的は、域内における①経済協力、発展、②社会・文化協力、発展、③政治協力、安定であった。しかし、このうち重点は政治協力、安定にあり、冷戦下の「反共同盟」であったのは明らかである。ただし、「安定」の意味には、反共で結びつくだけでなく、メンバー間の領土問題を紛争に発展させないという意味もあった。具体的には、ボルネオ島の一部をめぐって、インドネシア、フィリピン、マレーシア、シンガポール間で領有権問題が生じていたので、その対立を先鋭化させないという目的もあった。しかし、単なる領土問題でも、対立が激化すれば、冷戦構造に巻き込まれないとも限らない。そう考えれば、やはり「反共同盟」としてまとまるということが機構設立の主眼であった。その後、一九八四年にはブルネイが加盟している。ここまでがいわゆる「先発ASEAN」諸国である。

一九九〇年代初頭に冷戦が終わると、資本主義陣営対共産主義陣営というイデオロギー対立がなくなり、共産主義陣営だったベトナムが一九九五年に、ミャンマーとラオスが一九九七年に、そして一九九九年にカンボジアが加盟して、現在のASEAN10となっている。九〇年代に加盟した四カ国を「後発ASEAN」という。図4-2からも分かるように、先発ASEANと後発ASEAN間でははっきりとした経済格差があり、それを「ASEANディバイド（格差）」と言う。また、先発ASEANの中でも、発展途上国段階のインドネシア、フィリピンと中所得国以上の四カ国（タイ、マレーシア、ブルネイ、シンガポール）の間で経済格差が大きい。

後発ASEANを受け入れ、ASEANは反共同盟という政治目的から、経済協力目的へと機構の性質を大きく変えた。一九九二年に先発ASEAN諸国間で、途上国間としては異例の早さでAFT

A（ASEAN FTA「アセアン自由貿易地域」[2]）を成立させた。その後、ASEANへの加盟と同時に後発ASEAN諸国も取り込んでAFTAを拡大させてきた。通常、発展段階が著しく違う国が入ると、FTA交渉は難しくなる。にもかかわらず、〝最貧国〟まで入れてAFTAを拡張してきた狙いは何であるのか。それは、ASEAN10内の関税を無くし、ASEANを「一つの国」のように見立て、ASEAN域外からの直接投資を多く呼び込むことである。直接投資とは、企業が海外進出する際の投資である。ASEAN内で関税がかからないのであれば、ある国にアセンブリーライン（最終組立工程）の工場を置き、他の国で部品を作って最終組み立て工程の国に輸出しても、関税コストの面からは、一国内で生産しているのと変わらない。こうして、ASEAN内に直接投資をするインセンティブ（経済的誘引）を外国企業に供与し、多くの直接投資を呼び込むことを企図したわけである。ASEANは近隣に中国、インドという大国があるので、このようなインセンティブを外部に供与しなければ、大国と渡り合えないという危機感を持っている。輸入関税の原則撤廃は、先発ASEANでは二〇一五年から二〇一〇年に、後発ASEANでは二〇一八年から二〇一五年に前倒しとなった。そしてその計画通りに関税の原則撤廃を実現している。これを早いと見るか遅いと見るかは、見解の分かれるところである。関税撤廃までの期間で見れば、たしかに「遅い」。しかし、発展段階の遅い国も多いことからすると「早い」。ASEANの歩みを表す妙な言い回し、「遅々として進む」という表現が妥当かもしれない。

(2) AEC（ASEAN経済共同体）

こうして、二〇一五年の末に後発ASEAN諸国の関税原則撤廃をもって、AEC（ASEAN経済共同体）が発足した。域内総生産三〇〇兆円、六・二億人の経済圏として始動したわけである。しかし、これまで見てきたように、ＡＥＣの発足は、ＡＦＴＡでの後発ＡＳＥＡＮ諸国の関税撤廃をもってなされたにすぎず、目新しい「共同体」が新設されたわけではない。

また、実は二〇一五年末にＡＥＣより上位概念の「ＡＳＥＡＮ共同体」も発足している。ＡＥＣは、形式的にはＡＳＥＡＮ共同体の三本の柱のうちの一つにすぎない。三本の柱とは、「ＡＳＥＡＮ安全保障共同体（ＡＳＣ）」、「ＡＳＥＡＮ経済共同体（ＡＥＣ）」、「ＡＳＥＡＮ社会・文化共同体（ＡＳＣＣ）」であり、この三つでＡＳＥＡＮ共同体が成り立っている。しかし、実際に進展しているのはＡＥＣのみなので、報道等では、「ＡＳＥＡＮ共同体が発足した」という扱いより、「ＡＳＥＡＮ経済共同体（ＡＥＣ）が発足した」という扱いが多かったのも無理はない。

ＡＥＣの現況を見てみよう。発足から二年以上経つが、二〇一五年末に域内で関税を原則撤廃し終えたとなると、域内貿易を促進するドライブ役がないということになる。強いてあげれば、通関手続きの簡素化、特に旧共産圏の国での煩雑かつ時間のかかる手続きの簡素化が課題として残っている。

域内貿易の進捗度を見てみよう。ＡＳＥＡＮ内の貿易額（国連統計）は、一九九七年の通貨危機後、二〇〇八年のリーマンショック後、二〇一五、一六年以外は順調に伸びてきている。二〇一五、一六年の減額は、中国経済の失速とエネルギー価格の下落によるところが大きい。しかし、域内貿易比率は、輸出では二〇〇〇年代前半の二五％程度から伸びずに横ばいである。輸入では二〇〇六年の約二四％をピークに漸減している。同じく域内の関税がゼロのＥＵでは、域内貿易比率は輸出入共に六〇％台であり、ＡＳＥＡＮと比較にならないほど高い。ＡＥＣの域内貿易比率は低位で、中間財（部品や仕掛品）の域内貿易は高水準にあるが、最終財（完成品）は外部（欧米や日本）の需要に依存して

図4-3　ASEAN域内貿易と対中貿易

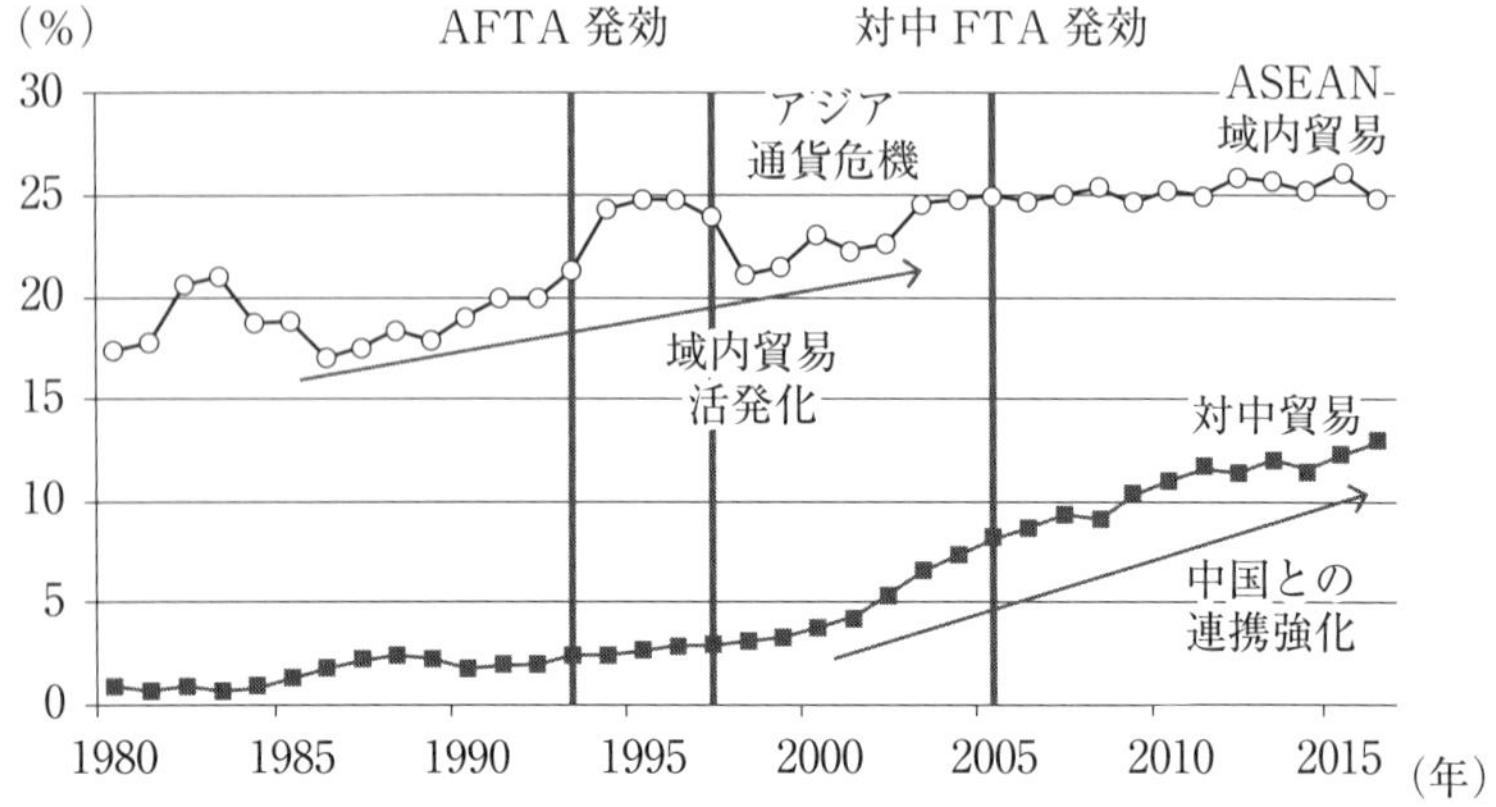

（資料）UN Comtrade
（出典）MIZUHO Research & Analysis 2017 no.12　に加筆。

いる状態が続いている。最終財の域内貿易比率も高め、ＥＵのようなある程度自立した経済圏を志すのは現実的ではないし、その必要もない。というのは、ＡＳＥＡＮは東アジアの他の国と重層的な生産のネットワーク、サプライチェーンを形成しているからだ。特に近年、ＡＳＥＡＮと中国間の貿易が急伸している（図４‐３参照）。ＡＳＥＡＮ域内貿易が二五％未満で頭打ちなのに対し、対中国貿易は、二〇〇〇年の四％程度から二〇一六年には一三％程度まで急伸している。よって、財貿易に関しては、ＡＳＥＡＮ域外特定地域（中国）との貿易シェアが急激に伸びているのが現状である。

　域内関税が原則ゼロになったことより発足したＡＥＣでの主な取り組みは、これまで一番力を入れてきた財貿易の自由化の他に、サービス貿易の自由化、投資の自由化、熟練労働力の移動の自由化、資本移動の自由化があげられる。ＡＥＣ発足から二年半以上経つが、そのいずれもが進捗状況は不十分である。特に熟練労働力の移動に関しては、ほとんど進んでいない。このように、AECは「経済共同体」と銘打っている割に、AFTAの延長の域を出ていないのが現状である。関税と並んで域内貿易促進のドライブ役を果たしたのが、インドシナ半島を縦横に結ぶ高速道路網であるが、既に「東西回廊」、「南部経済回廊」、「南北回廊」もほぼ整備済みである。したがって、今後は財貿易以外の上記の取り組みの進捗がAECの目標となってくる。

3　ASEANと日本を含んだ広域経済連携協定の可能性

ASEANで生産した最終財の需要を域外、特に欧米と日本に依存してきたASEANは、域外とも積極的にFTAを締結してきた。東アジア内では、より効率的な生産のネットワーク形成のために、中国、韓国、日本ともFTAを締結している。日中、日韓の間にFTAが成立していないため、東アジア内では、ASEANがハブ（軸）となってFTA網が張りめぐらされている。日・中・韓と大きな歴史問題などがないASEANがイニシアティブをとって東アジア大のFTAを成立させることが当面の課題となっている。順番としては、日中韓FTAの締結、続いてRCEP（東アジア地域包括的経済連携協定）の締結が期待される。あるいは、日中韓FTAを待たず、先にRCEPが締結される可能性も大いにある。RCEPは、中国提唱の「EAFTA（東アジア自由貿易圏）」と、日本提唱の「東アジア包括的経済連携協定」を、ASEANが仲立ちして統合したものだ。メンバーは日本が提唱したASEAN＋6（日、中、韓、インド、オーストラリア、ニュージーランド[3]）である。中国はASEAN＋3（日、中、韓）を想定していた。日中では、どちらがイニシアティブをとるかで揉めてしまうため、中立的にＡＳＥＡＮがイニシアチブをとることで不要な対立、摩擦が減じるわけである。「ＡＳＥＡＮイニシアチブ」の面目躍如といったところか。

ただし、このＲＣＥＰは日中韓ＦＴＡより早く妥結したとしても、日中韓ＦＴＡでの障害がクリアされることにはならない。日中韓でのＦＴＡ締結の最大の障害は、工業分野における競合関係である。特に、中国と韓国の中間財メーカーが、日本から無関税で入ってくる中間財を受け入れられないことが障害である。中国、韓国はこの分野で関税を保ったまま、自国企業の競争力をつけたいわけである。いわゆる「幼稚産業保護」である。一方の日本は、既に一九七〇年代から工業品の関税は完全にゼロである。もし、日本からの工業品への輸入関税を撤廃したら、中国や韓国では、地場系企業が多く淘汰されてしまうだろう。中国、韓国ともそれは容認できない。だからこそ、今日まで日中、日韓ＦＴＡは締結されていない。韓国とは一九九八年からいち早くＦＴＡの勉強会を開始したが、その後完全に頓挫し立ち消えになってしまった。

また、中国は、多数国間の公正かつオープンな協定よりも、ＡＩＩＢ（アジアインフラ投資銀行）[4]を使い、中国から欧州を陸路と海路で結ぶ一大経済圏「一帯一路構想」（新シルクロード構想とも呼ばれる）に周辺国を参加させ、それらの国との間に「伙伴（フオバン）関係」を結んでいくことに力を入れている。伙伴関係とは、中国語でパートナーシップを意味する。「建設的協力関係」とか「互恵関係」とか抽象的な文言が並ぶだけで、ＦＴＡのような具体的数値規定はない曖昧さを残すパートナーシップである。このような「緩いＦＴＡ」を個別に結んでいく方が得策だと考えている。実際に、中国政府は「一帯一路ＦＴＡ」という言葉を使っている。援助をチラつかせながら「チャイナスタンダード」で交渉をできることからも、中国は一帯一路ＦＴＡの方に注力し、日中韓ＦＴＡやＲＣＥＰ

交渉には熱が入らないことが予想される。

このような状況であるから、仮にRCEPが早期に成立したとしても、それは自由化度の低い、すなわち「次元の低い」FTAになる可能性が極めて高い。原則「例外品目（関税を下げない品目）なし」を謳って厳しい交渉を強いられたTPPとは異質のものになるだろう。それはFTAというよりも、チャイナスタンダードの伙伴関係に近いものになる危惧すらある。

仮にRCEPが成立したとして、そこで終わりではない。RCEPとTPPが合わさって、環太平洋地域でのFTAである「FTAAP（アジア太平洋自由貿易圏）」を形成する構想がその先にある。そのためには米国のTPP復帰が必須条件であるが。米国が入らないままFTAAP構想が進んでも意味がない。

このように考えると、AECが広域経済連携協定に拡大していく、あるいはその起爆剤になる可能性は低いと思われる。というのも、AECですら財貿易における関税の削減でしか進展していない状況なのに、日・中・韓を入れた東アジア大の広域経済圏となると、AECで実現している自由化度からも程遠いものになってしまう可能性が高いからである。それに加えて、中国がイニシアチブをとる一帯一路FTAに、東南アジア諸国も参加せざるを得ない状況がある。というのも、東南アジアでは、インフラの整備がまだ十分でなく、AIIBの投資が必要な国が多いからだ。それらの国はグローバルスタンダードのFTA基準よりも緩い（自由化度の低い）伙伴関係を中国と結び、それを反故にするような自由化度が高いRCEP交渉には及び腰になる可能性が高い。中国からの援助、投資が多い国ほどその傾向が強い。中国が大規模にインフラ開発をし、その際の債務が返済できず、そのインフラ設備の所有権もしくは使用権を中国側に明け渡してしまう状態に陥る、いわゆる「債務の罠」が指摘されている。当事国はそれでも中国依存を強め、政治体制までもがチャイナスタンダードに寄っていく動きもみられる。近年のカンボジアのフンセン政権がその典型であり、民主的な選挙もできず、言論の自由も脅かされるようになってきている。

中国やロシアに見られるような、アメリカンスタンダードとは違う「国家資本主義[5]」的な体制を中国がとり続ける理由は、二〇〇八年のリーマンショックによる米国の信頼の失墜である。中国はWTOに加盟した当初、周りからは漸進的に自由資本主義へと移行するものと思われた。ところが、米国発の世界同時不況期に、四兆元の景気対策で世界経済の成長エンジンとなり、国家資本主義に自信を深めた。もちろん、その後に四兆元の景気対策（公共投資中心）の副作用に苦しむことになるが、その解決方法も国家資本主義的なやり方で、しかも一帯一路構想で投資対象を外部に向けて乗り切ろうとしている。その影響は近接するASEAN諸国に対して大きく、AEC内でも中国寄りの国とそうでない国にスタンスが分かれてくるだろう。元々ASEANは一枚岩ではないが、近年強まる中国の影響が、今後のRCEPの見通しだけでなくAECの見通しをも不透明にしている。

かつて一九九〇年代にマレーシアのマハティール首相が提唱した「東アジア共同体構想」では、日本も二〇〇二年、小泉首相が「東アジア共同体」という言葉を公の場で使い、二〇〇五年からの「東アジアサミット」に繋がり、東アジア共同体創設を目指す「クアラルンプール宣言」の採択にまで至った。しかし、その後の統合への歩みは遅々として進まず、現実的には東アジア大のFTAであるRCEPの創設が当面の目標となっている。そこでASEANはAEC創設にこぎつけた経験と、日・中・韓との歴史的軋轢問題を持たない中立的立場を活かし、RCEPを先導するはずであった。しかし、先述したように中国の一帯一路FTA構想に巻き込まれ、難しい舵取りを迫られている。

参考文献

イアン・ブレマー『自由市場の終焉―国家資本主義とどう闘うか』日本経済新聞出版社、二〇一一年。

石川幸一・清水一史・助川成也編著『ASEAN経済共同体の創設と日本』文眞堂、二〇一六年。

石原伸志・魚住和宏・大泉啓一郎『ASEANの流通と貿易―AEC発足後のGMS産業地図と企業戦略』成山堂書店、二〇一六年。

浦田秀次郎・牛山隆一編著『躍動・陸のASEAN、南部経済回廊の潜在力―メコン経済圏の新展開』文眞堂、二〇一七年。

黒岩郁雄『東アジア統合の経済学』日本評論社、二〇一四年。

唱新『AIIBの発足とASEAN共同体』晃洋書房、二〇一六年。

鈴木早苗編『ASEAN共同体―政治安全保障・経済・社会文化』アジア経済研究所IDE-JETRO、二〇一六年。

末廣昭『新興アジア経済論―キャッチアップを超えて』岩波書店、二〇一四年。

東アジア共同体評議会編著『東アジア共同体二〇一〇』たちばな出版、二〇一〇年。

深沢淳一・助川成也『ASEAN大市場統合と日本―TPP時代を日本企業が生き抜くには』文眞堂、二〇一四年。

注

（1）　BRICsは当初はブラジル、ロシア、インド、中国の四つの新興国を指す単なる呼称であったが、後から「BRICs会議」が開かれるようになり、地域統合ではないが、新興国連合として経済協力の枠組みとなっている。Sは当初複数形を意味する小文字であったが、現在は南アフリカ共和国の頭文字として大文字になっている。

（2）ＦＴＡを「自由貿易協定」と訳しても「自由貿易地域」と訳しても結果的には変わらない。原語のＡがAgreementであれば「協定」で、Areaであれば「地域」である。しかし、agreementの結果できたareaであるので実際には変わらない。

（3）このメンバー構成は、「東アジア共同体」構想と同じである。東アジア共同体構想は、米国が東アジアだけで閉じた経済圏を構想することに反対したため、日本も積極的には主導できなかった。米国が強気なわけは、東アジアで生産した最終財（完成品）の一番の買い手が米国であったからだ。日本は、米国にも配慮してか、東アジアだけの閉鎖的な経済圏ではないということを示すため、インド、オーストラリア、ニュージーランドも含めた経済圏を提唱している。

（4）中国が提唱し、二〇一五年末に発足した国際開発金融機関。アジアのインフラ整備に投資する銀行。欧州の主要な国も参加し、メンバーは七〇カ国にのぼる。日米は参加していない。業務が被るＡＤＢ（アジア開発銀行）は、日米が主導している機関である。

（5）イアン・ブレマーが二〇一一年の著書で使った言葉で、自由競争的な資本主義でなく、国家の経済への介入が強い資本主義体制。基本的に意味するところは、従来からアジア経済のキーワードである「開発独裁」と大差ないが、欧米の資本主義体制と対立するものとして捉えられている。

第5章　国家横断的アイデンティティーの形成
――EUとASEAN

「ASEANの国々は多様だ。様々な民族、異なる宗教をかかえ、社会や経済の発展レベルも進み方も違う。ASEANの国々がバラバラになろうとするところを持ちこたえているのは評価に値する。私達は共同体として、国際礼譲を尊び、そして協調のかけはしとならなければならない」グロリア・アロヨ　フィリピン大統領、第一三回日経国際交流会議「アジアの未来」（二〇〇七年）にて。

1　はじめに

ジョン・レノンの名作「イマジン」を歌ったことがあるだろうか。

その歌詞は「国境などない地球を想像してみよう」、「いつか世界はひとつになる」と続く。レノンはこの曲の中で、人々が価値観と権利を共有する一つのアイデンティティーを発展させていくことを希求している。

最近では、地球のこちら側、アジアでも、当時の『ジャカルタ・ポスト』の主幹、エンディ・バユニが次のように問いかけている。

「東アジアに生きる私達が国境のないひとつの世界、コミュニティーに住んでいると想像してほしい」。彼はさらに問いを続ける。「この地域は、何世紀にもわたって対立、抗争、苦い戦争をくり返してきた。そんな国々が一緒になって単一の共同体を構築し生きていくことができるだろうか[1]」と。「国境なき共同体」などと口にすれば、「ユートピアだね」と苦笑いされてしまうかもしれない。それではなぜこのような考え方が人々の関心を引き付けるのだろう。

つまりそれは、国民国家のレベルを超えたアイデンティティーの構築が可能かどうか私たちに考えてみるよう問いかけているのだ。これは翻って、アイデンティティーとは付加できるものなのかという問いにもなる。言い換えれば、アイデンティティーはタマネギのように多層構造を持つのか、あるいは、国民国家のレベルにしばられた、単一の層として存在するのか、我々に問うているのである。

国民国家レベルを超えたアイデンティティーを構築しようとする試みの最前線にあるものといえば、何よりEUをあげることができる。

EUは一九五七年のローマ条約公布以来、規範性の実現を優先する組織として長年にわたり、ヨーロッパの人々に、今だかつてなかった緊密な同盟を創造する努力を求めてきた。そして時がたつにつれて、法的に執行可能なEUレベルの市民権を広い範囲にもたらした。EU司法裁判所（ECJ）の有名な二〇〇一年のグルゼルチク判決は、この発展がもたらしたEU市民権は加盟国国民の基本的な地位となるだろうと述べている。

これに加えて、ＥＵ共通通貨であるユーロやシェンゲン協定など一連のＥＵ主要政策の設計過程においても、ＥＵ市民がＥＵに対し積極的な感情や親しみを育むという規範的な目標も組み込まれた。

ここアジアでも、自らの共有規範を実現しようとする組織ＡＳＥＡＮにおいて、その中心となる目的は国家横断的なアイデンティティーの構築にある。

例えば、二〇〇九年の「ＡＳＥＡＮ社会文化共同体」（ＡＳＣＣ）ブループリントは、「ＡＳＥＡＮのアイデンティティーの導入」という目標を掲げた。[2]「ＡＳＥＡＮ　２０２５」によると「ＡＳＥＡＮは単に一つの共同体をめざしているだけでない。それぞれの地域の特色、規範、価値観、信念、そして人々の願いを反映したＡＳＥＡＮとしてのアイデンティティーを持ちつつ、ダイナミックでオープン、創造的かつ適応性のある共同体[3]であることに基礎を置く」と記している。

本章の目的は、ＥＵとＡＳＥＡＮにおける、国家横断的アイデンティティー構築の現況、可能性を考察することである。共通アイデンティティーの構築については強い感情を伴う議論が絶えない。本章ではそのような努力が実現可能か、望ましいものなのかを考えよう。

論点1

例えば、一国民としてのアイデンティティーをすでにもっているフランス人やマレーシア人が、ＥＵやＡＳＥＡＮの一員としてのアイデンティティーも持つことができるだろうか。

この章で、ＥＵとＡＳＥＡＮの直接的な比較を行うつもりはない。ただし両者にはいくつかの点で重要な相違があることを認識しておくことは重要である。

第一に、ＥＵとＡＳＥＡＮは、全く異なる歴史的経験に発しており、特にナショナリズムという点では対照的な経験をしている。第二に、ＥＵとＡＳＥＡＮの発展の過程には、あい異なる組織の構築と一連の実践に依拠してきた。第三に、ハンガリーやポーランドのように、民主主義の方向性に関し懸念がある地域もあるが、おしなべてＥＵは民主主義国家から成る集団である。対するＡＳＥＡＮは、軍事政権、一党独裁国家、共産主義の支配と民主主義という対照的な政治組織のモザイク状況に常に対処しなければならなかった。

本章では各節において、海外から帰国した際に、国際空港での入国審査（パスポート・コントロール）で目にする様々な状況を例に挙げて考えてみよう。そしていくつかの議論のポイントをあげる。

次に、市民権とアイデンティティーをめぐる法的手続きや哲学的問い、議論のいくつかを簡単に紹介しよう。

2　市民権とアイデンティティーを考える

入国審査1　海外旅行から帰国し、羽田空港での、再入国の手続きについて考えてみよう。

日本国民用の長い列に並んでいるあなたは、やっと順番が来てパスポートを入国審査官に示す。一方、外国からの観光客は別の列に並んでいる。世界中どこの空港でも、パスポートを示して自国民と外国人を区別する同様の光景が見られる。それでは、一人の人間が二つの異なるパスポートを所持することは可能なのだろうか。

この場面は、国民国家社会において、相互にその市民を認識し、区別するようになった方法が存在していることを例示している。パスポート、つまり付与された市民権を目に見える形にしたものである。各国はまた、国民への市民権の付与に関して、異なる法的措置を実施しており、ある国では他の国より厳格に執行されることがある。

市民権の付与、つまり国籍の決定は出生時にまず、jus soli と jus sanguinis という出生地と血統という二つの主要なカテゴリーにおいてなされる。そして第三は生まれた後の手続き、すなわち、「帰化」である。(4)

Jus soli とは出生地というラテン語であり、両親の本籍に関わらず、市民権や国籍が、自国の領土で生まれたことに起因するという考え方である（出地主義）。最も有名なのは、合衆国憲法修正第一四条であり、次のように規定している。「合衆国に生まれ、または帰化し、その管轄権に服しているすべての者は、合衆国およびそれぞれの居住する州の市民である」。

Jus sanguinis とは「血統」という考えに派生するラテン語であり、市民権や国籍は系統・家系に由来するという考え方である（血統主義）。つまり、子どもは、父母のいずれか、あるいは両親の市民権に由来し、国籍を付与されることになる（父親の血統のみを認める国もある）。

「帰化」は、自らの意志で後天的に特定の国の国籍を得てその国の国民になることである。その申請を行うに際し対象国での一定の居住期間を必要とする。また対象国の国語と市民権獲得のための試験に合格することもしばしば求められ、新しい受け入れ国に忠誠を誓うことによって、最終手続きが完了する。

また、二重国籍を認め、二つ以上のパスポート携行を許す国もある。EU加盟国の中には、無制限の二重国籍を認めている国もあれば、条件付きでそれを認めている国もある。一方、ＡＳＥＡＮ諸国では、過半数の加盟国で二重国籍は認められていない。

(1) アイデンティティーと帰属

入国審査2　羽田空港での入国審査の際に、同じ列に並んでいる人々を見たり、話すのを聞いたりするとき、自分と彼らとのつながりを感じるだろうか。外国人のための列で順番を待っている人々についてはどうだろう。彼らと何らかのつながりを感じるだろうか。

「国民国家のレベルを超えたアイデンティティー」についての議論を検証するにあたっては、次の二つの基本的な問いがある。第一は人々を結び付けるのは何か。第二は「共通性を超えた差異」または「差異を超えた共通性」をどの程度まで人は認めるのかというものである。

ここでは、コスモポリタン主義（cosmopolitanism）と自主独立主義（particularism）についての考察が役に立つだろう。

一般的な言葉でいえば、コスモポリタン主義とは、すべての人間が共通の道徳に基づいて、単一の共同体に属しているという考えである。これとは対照的に自主独立主義とは、「自分が所属する集団、党、または国家や民族への排他的な執着をもつこと」と定義されている。

アイデンティティーの本質を突き止めようとすると、それぞれの立場には多数の異なる視座があり、多くの議論が生まれる。論点2を見てみよう。

マックス・フィッシャーは、EUアイデンティティーの構築にブレーキをかけ続けていると考える「深く根ざした国家的な本能」について冷静な立場で論じている。

他方、カルロ・ラヴェッリは、私たちは複数のアイデンティティーから成っており、国籍によってのみ規定されるものではないと述べている。

EUのスローガンである「多様性の中の統一」とASEANの「文化多様性の中の統一」に注目すれば、どちらもそれぞれの加盟国の独自性を尊重する「自主独立主義者」(particularist)と単一の組織内で一体化する「コスモポリタン主義」(cosmopolitanism)を共存させようとしている。それは実現可能なのだろうか。二元論で考えるならば、その答は確かにノーである。しかし、より柔軟なコスモポリタン主義者と同じく柔軟な自主独立主義者が、互いに「パンを分け合う」という第三の方法を模索するなら、答えはイエスとなる可能性はある。

例えば、コスモポリタン主義に立つ哲学者クワーム・アンソニー・アッピアは、ナショナルアイデンティティーと国境を超えたアイデンティティーの共存について何の矛盾も見ていない。

「ヨーロッパ人は、彼らの国家においての市民権が、物事を成し遂げるための主要な手段であると

論点2　アイデンティティー、それは国境によって制限されるのか、あるいは国境を超えて存在しうるのか。

「私のアイデンティティーは、誰にとってもたった一つの大切な家族、幼いころからの友人、青春を分け合った友、世界各地にいる友達によって作られている。そして、彼らと共有し、育みつかみ取った価値観、思想、購読する本、政治的な理想、守りたい文化、同じ目的の集合体なのだ。そして私達はそれらを共同体の中だけでなく国境を超えて分け合ってきた。絶え間なく変化する多様な文化のなかで、何層にもなり交差し紡がれているネットワークが私達を作り上げているのだ」。カルロ・ラヴェッリ「ナショナルアイデンティティーよりももっと大切なもの」『ガーディアン』（電子版）二〇一八年七月二四日。

「ヨーロッパ人にとって、これまで数々の問題をひき起してきた昔ながらの民族や言語に基づく国民としてのアイデンティティーを放棄するのは容易なことではない。人間は、強い集団のアイデンティティーを持ちたいと願う。そしてその中で同じ様な人々と一緒にいたいと思う気持ちは根深い。ドイツ人にはドイツ語、カタロニア人にはカタロニア語。自分と同じような外観を持ち、同じ言語を話し、大切な遺産を共有する人々のための国。これらの民族主義的な衝動は一種危険ではあるが、基本的な人間の本能に発するものだと言える。その集団に属していれば我々は安全だと感じることができ、もしそれを失うと、自分の存在が脅かされるようにさえ感じる。それは我々を取りまく文化によってさらに強化され、国際秩序にも組み込まれていく」。
マックス・フィッシャー「なぜヨーロッパは国境に翻弄されるのか」『ニューヨーク・タイムズ』（電子版）二〇一八年七月六日。

わかっている上でヨーロッパ人としての運命も感じることができる。ヨーロッパ人が自国の愛国者でもあることを止めることはできない」と述べている[6]。

また、民族や民族に基づく閉鎖的かつ排他的な帰属意識をもつ「エスニックナショナリズム」（ethnic nationalism）とは対照的な「シビックナショナリズム」（civic nationalism）が、柔軟なコスモポリタン主義者と柔軟な自主独立主義者に共通の基礎を提供しうると考える人々がいる。

例えばポール・ヘイウッドは、シビックナショナリズムを、「中核となる市民としてのアイデンティティーはそのままで、民族や文化の多様性を尊重する平等な市民社会というビジョンに基づく政治的忠誠を強調するナショナリズムの一形態[7]」と定義する。

例えば、スコットランドの政府与党であるスコットランド民族党（SNP）によって展開されている考えである。SNPは、スコットランドが掲げる進歩的で、開放的、かつ包摂的なヴィジョンに反するとしてエスニックナショナリズムを否定している。

ファン・デア・ズベットは、「スコットランドに新たに移り住む人々は、スコットランド社会への貢献によってスコットランド人になるとみなされる。スコットランド人としてのアイデンティティーは、領土という側面が重要視される」[8]と指摘している。

ＥＵ内でのアイデンティティーの発展に注目してみよう。ＥＵは、第二次世界大戦を引き起こした攻撃的で破壊的なエスニックナショナリズムを反面教師として誕生した。国民国家の終焉とヨーロッパ合衆国の創設を切望してきた人々がいる一方で、ＥＵは加盟する「国家」を構成単位とする組織として進化してきた。

しかし、他の国際組織とは異なり、ＥＵの加盟国は国家主権の幾つかをＥＵという超国家機関に移譲することを選択している。ＥＵが目指してきたのは自国での市民権に加えて、ＥＵ市民としての権利を確立し、民主主義、法の支配、人権尊重といった共通する一連のヨーロッパ市民権の観念の上に単一ヨーロッパとしての「国家を超えた」アイデンティティーを確立することにあった。

3　ヨーロッパ市民の育成と単一のヨーロッパ・アイデンティティーの育成

入国審査3　オランダのスキポール空港に到着すると、オランダ国民と他のＥＵ加盟国民が同じ入国管理の列に並んでいることに気づく。その乗客達が共通して持っているワインカラーの（クロアチアでは青色）パスポートの表紙に目をやれば、上部にＥＵと記載され、その下に、各国の名前や象徴シンボルが続いている。

表5-1　ＥＵの市民権（リスボン条約2009年）

条　文	規　定
第20条	1）EU市民権はここに樹立される。EU加盟国の国籍を持つものはEU市民でもある。EU市民権は付加的なものであり、EU加盟国の市民権に代わるものではない。 2）EUの市民はこの諸権利を享受し、条約に規定された義務に服する。それらは以下である。 (a)EU加盟国の領土内を自由に移動し、居住できる権利 (b)欧州議会の選挙、および自国の地方選挙において加盟国の投票権を行使し、かつ立候補する権利 (c)EU加盟国の国民がEU以外の第三国領土内では、他の加盟国の国民と同じ条件で、外交および領事当局の保護を受ける権利 (d)欧州議会に嘆願する権利、オンブズマンに申し立てる権利、EUの機関および諮問機関に、条約に規定された言語のいずれかで質問し、同じ言語で回答を得る権利

（注）第25条によれば、欧州委員会は3年ごとに報告書を発行し、全会一致で欧州理事会が新しい規定を付加できることが明記されている。

（注２）a-d項は、本条約第21条～第24条でさらに詳述されている。

（出典）https://eur-lex.europa.eu/legal-content/EN/ALL/?uri=OJ:C:2007:306:TOC

この現実はどのように起こったのか。第一に、すべてのＥＵ市民は国籍によって異なる扱いを受けるべきではないという考えがある。第二にはこれは一連の明示的な市民権の一つであり、第三にそれはヨーロッパ人としてのアイデンティティーを育成するための政策がもたらした成果である。

当初、欧州石炭鉄鋼共同体（ＥＣＳＣ）の法的な根拠であったパリ条約（一九五一年）第六九条は、「石炭産業における雇用に際して国籍に基づく制限を防止する」と明記していた。その後、欧州経済共同体（ＥＥＣ）を形成したローマ条約の第七条（一九五七年）で、この第六九条の適用範囲を「国籍に基づくいかなる差別も禁止する」と拡大した。今日のＥＵ運営条約（ＴＦＥＵ）の第一八条にも同じ表現が受け継がれている。(9)

次に、一九九三年に発効したマーストリヒト条約（現在、ＥＵ運営条約の第二〇〜二五条―表5-1参照）によって、ＥＵ市民権は法的に承認されることが明示されている。マーストリヒト条約は、このような具体的なＥＵの法的措置だけでなく、統合促進の過程にも重要な影響を及ぼした。ポール・クレッグとグレインヌ・デブルカはそれについて次のように語っている。

「ＥＵ運営条約の第二〇〜二五条はＥＵ加盟国の国民の移動、居住、平等な権利を強化する条約の基礎を提供し、市民権の下に既存の権利を集約し、加えて幾つかの新しい政治的権利および選挙に関する権利を創設した。（現行ＥＵ条約である）リスボン条約は、ＥＵ市民権に関する条項に大きな変更を加えることはなかったが、これらの権利は国籍を理由にした差別の禁止に一層密接に結びついた」[10]。

ＥＵ市民としてのアイデンティティーを育成しようとする試みは、これら前述の明示された数々のＥＵ市民権に加え、間接的な経路を介した中にも見られる。

例えば法案の起草者の意志でＥＵ市民に肯定的な心理的影響を与える一連の政策措置をあげることができる。共通通貨ユーロ、シェンゲン協定と共通パスポートに関連する以下のコメントを見てみよう。

(a)トーマス・リッセは二〇〇三年に「ポケットの中にあるユーロコインと、アイデンティティーとの相関関係を考えると、単一通貨ユーロの導入には明確な心理的影響がある。あなたが使う通貨がヨーロッパを語るとすれば、それはとてつもなくシンボリックな意味を持つことだろう。ヨーロッパ人としてのアイデンティティーを抽象的に感じることは難しい。実生活において目にする具体的な何かを必要とするのだ」[11]と述べている。

実際、ユーロ危機が進む中で、ユーロ支持率は五一対四二（ユーロ圏では六二対三一）と下落したが、二〇一八年には六一対三二（ユーロ圏では七四対二〇）に上昇した。[12]

(b)パスポート無しでEU圏内を移動できるシェンゲン協定は、単なる実用的な旅行政策ではない。二〇〇七年のイギリスの『タイムズ』紙は、「シェンゲン協定は自由に行き来ができることを通じて欧州は一つであるという意識を作り上げるという、ヘルムート・コールやジャック・ドロールのような、第二世代のEU構築者が希求した夢であった」[13]と述べている。

しかし近年、英紙『ガーディアン』の「国境なきヨーロッパというシェンゲンの夢は、もはや過去のものとなりつつあるのか」という記事が示すようにその理想はますます圧力に曝されている。シェンゲン協定の意欲的目標とはうらはらに、国境に検問所を再び導入する加盟国が出てきたというのだ。

博物館の壁に刻まれたシェンゲン協定の希求する目標とは、以下の通りである。

「EU内の国境を取り払うことでEU加盟国の国民全員が一つの空間に属し、共通のアイデンティティーを共有する」[14]。

(c)一九八五年に開始された「共通パスポート」の導入はもう一つの重要な措置であった。ここでも再び、実益と同時に心理的な側面への働きかけについての立法者の意志が反映されている。ティースデールとベインブリッジによると、共通パスポートは、「象徴的でかつ実用的であるよう意図されている。すべてのEU市民がEUとEU外との国境に置いて即座に認識され、かつ平等な扱いを受けることを保証することと同時に共通のEU市民権の概念を強化すること」を意図している。[15]

4 ASEAN――単一の共通アイデンティティーを形成することの難しさ

入国審査4 バンコク国際空港に到着すると、ASEANレーンの存在に気付く。ASEAN加盟国の市民は、短期間のビザなしの旅行ができる。だが、よく見れば、彼らはいまだに自国のパスポートを使用していることに気付く。ASEANの共通パスポートが発行される日は来るのだろうか。

ASEAN市民としてのアイデンティティーを育成し、ASEAN全域の共同体を構築するという目標は、現在二つの法的措置に明示されている。「アセアン憲章」（二〇〇八年一二月制定）と「ASEAN統合への三つの柱」がそれであり、第一段階は二〇一五年に完了した。

「アセアン憲章」の前文は、ASEANの理想の遵守を強調し「民主主義の原則、優れたガバナンス、人権と基本的自由を尊重し、保護する」と述べている。[16] また加盟国が共通の文化的シンボルを使用することを推進し（表5-2）、ASEANの諸国民が力を合わせて一体化することを望んでいる。

三つの柱アプローチは、平和を確保し、維持するという目標（ASEAN政治・安全保障共同体ブループリント）で始まる。平和であるという環境は、単一市場（経済共同体ブループリント）の構築に必要な前提条件である。これは、物品の自由な移動、サービス、資本のより自由な移動に加え、い

表5-2　アセアン憲章（2008年12月）

アセアン憲章
第11章　アイデンティティーとシンボル ASEANは、共通の運命、目標、および価値を達成するため、加盟国の国民に、共通するASEANのアイデンティティーと帰属感を促進する。 第36条ASEANは「一つのビジョン、一つのアイデンティティー、一つの共同体である」ことをモットーとする。 第37条　アセアン旗 第38条　アセアン紋章 第39条　アセアンの日（8月8日） 第40条　アセアン歌

（出典）https://asean.org/treaty-amity-cooperation-southeast-asia-indonesia-24-february-1976/

くつかの職業に限定されてはいるが、熟練労働者の自由な移動を目指している。

これらの措置によって、加盟国の経済発展を促し、加盟国間の経済的格差を縮小し、富の「分配」をもたらすことが期待されている。[17] 単一のアイデンティティーと社会文化を共有する共同体の発展基盤を築くと期待されている。「ＡＳＥＡＮ社会文化共同体ブループリント（ＡＳＣＣ）」の第一の目標は、共通のアイデンティティーを形成することで、ＡＳＥＡＮ諸国とその国民の間に永続的な結束と団結をもたらすことのできる単一の共同体の実現することなのである。[18]

これを実現するための強い政治的意思と組織の力があるかどうかは、今のところ不明であり、大きな課題でもある。

ＥＵとは異なり、ＡＳＥＡＮは国家主権、内政不干渉、全会一致の合意形成の原則に基づいて構築された政府間組織である。これは、一九七六年の友好協力条約（表５-３に示されている）の第二条に明示されており、「ASEAN Way」として広く知られるようになった。

アミタブ・アチャルヤは「組織構造を最小限に簡略化し非公式で法を伴わない協力を得るための近道である」と述べる。[19]

表5-3　1976年の友好協力条約

第2条
(a)主権・領土保全等を相互に尊重－外圧に拠らずに国家として存在する権利
(b)締約国相互での内政不干渉－紛争の平和的手段による解決
(c)武力による威嚇または行使の放棄－締約国間の効果的な協力

（出典）https://asean.org/treaty-amity-cooperation-southeast-asia-indonesia-24-february-1976/

確かに、業務遂行のために正当な方法であろう。しかし意思決定には最小共通項アプローチを用い、決定事項の不履行（ノンコンプライアンス）は罰されることがない。この組織モデルがうまく機能しているかといえば、レトリックの多くと現実が一致していないと批判されても仕方がない。

とはいえジョアンナ・ソンは、次のように指摘する。「世界の他の地域から見ればこれは小さな一歩かもしれないが、ＡＳＥＡＮにとっては大きな一歩である。なぜなら、ＡＳＥＡＮでは、議長が一つの合意を得る政治的手腕を発揮するまで、何年も議案は待たなければならないのだから」。[20]

これらは進行中の二つの最近の事例がそれを説明している。一つは熟練労働者の自由な移動。これは経済共同体計画の不可欠な部分であるが、実際には、それぞれの国による規則に阻まれ、加盟国間で共通の基準が認定されないままである。

もう一つの例は、二〇〇七年の「移住労働者の権利の保護と促進に関する宣言」の進展に見ることができる。二〇一七年に、この宣言は、「移民労働者の権利の促進と保護に関する合意」と改められた。

この合意の一般原則第一節、セクションＤの文言を見てみよう。

「移住労働者の基本的権利と尊厳を守る必要性を強調する」という文で始まり、移住労働者の保護に非常に前向きであることがうかがえる。

しかし「法律、規則、政策については、受け入れ国の適用を損なうことなく」という文言が続く。これは、受け入れ国が「移民労働者の権利の促進と保護に関する合意」に従わない選択もあることを意味している。当の移住労働者達は、これに対処しようにも、法的に闘う手段を持たない。[21]

5　結論

入国審査5　パスポートコントロールを完全に廃止してしまったらどうだろう。国境のない世界で生きることは不可能なのだろうか。一〇〇年少し前は、パスポート不要な旅行が普通だった。ただ、その当時は、海外旅行の機会もほとんどなかった。今日のニュースを見れば、より安全な自国にとどまっていたい、国境国家のアイデンティティーに守られていたいという強い人々の欲求も否定できない。

この章の目的は、国民国家レベルを超えたアイデンティティー構築に関する認識を深めることであり、主にEUとASEANの発展に焦点を合わせてきた。EUにあってはEU市民権、ASEANにあってはASEANのアイデンティティーを確立するという二の思想はそれぞれの加盟国で支持を得つつある。

しかしながら、日々変化する政治情勢の中で、国境を超えた市民権やアイデンティティーが基礎とするコスモポリタン的理想は現在、多くを問われている。柔軟なコスモポリタン主義者や柔軟な自主独立主義者を結集させるようなシビックナショナリズムという形態が、これまでに築いてきたものを守りつつ、将来の発展につながる最良の希望を有しているかもしれない。

EUにおいて、EU市民権とアイデンティティーの構築は、ヨーロッパ統合計画の中心であり最前線の課題である。

ベラ・ヨウロバ（司法・消費者・男女平等問題担当欧州委員）は二〇一七年に「EU市民権とそれが付与する権利こそEUの核心にある」[22]と述べているが、このように、EUが果たしてきた実践と理念こそがEUの成功のカギであろう。

中でも欧州司法裁判所（ECJ）はEUの市民権の発展に大きな影響を与えてきたが、民主主義の重要性と超国家的機関が果たす役割がEU市民権の発展を促す環境を作り出してきたのである（論点3参照）。ただし、実際にEU市民がそれをどの程度積極的に受け止めているかは、人によって異なる。

論点3

国家を超えたアイデンティティーを形成するには、地域の組織化を進めるための特殊な機構が必要だろうか。例えばコンプライアンスを確実に実現させるための民主主義に根差した裁判所のような地域的組織を必要とするのだろうか。

単一のアイデンティティーを育み、単一の共同体を構築するというASEANの野心的な目標の実現には、深刻な問題が立ちはだかる。

合意したはずの規則を遵守しない数々の事例や、一般民衆の日常生活からの隔たり、そして実現に向けての強い意思を明示しない政治指導者たちなど、ＡＳＥＡＮの成功への道のりはまだまだ遠い。ＡＳＥＡＮのマイナスＸ公式と呼ばれる柔軟な意思決定プロセスも発展は必ずしも全ての期待を満たすものではない。だが、より楽観的に考えるとすれば、例えどんなものであれ、前進への一歩は歓迎すべきだろう。

ミヤンマー・タイムズ紙のカビ・チョングキタヴォルンは、国際空港での全てのＡＳＥＡＮ加盟国の国民用の「ＡＳＥＡＮレーン」の設置に関し、次のように述べている。

「空港の入国審査でＡＳＥＡＮレーンを持つ国々は、ＡＳＥＡＮ市民六億三、〇〇〇万人を共同社会の一員として認識し、尊重している。一方、この特別なレーン設定をあまり大切に考えていない加盟国もある。熱意や連帯を形成していくというＡＳＥＡＮの公約の実現の見込みは明るくない[23]」。

ジョン・レノンの歌詞から始まったこの章は、アイルランドのロックバンドＵ２のリードボーカル、ボノが述べた次のスピーチで終わろう。

「ローマ条約からほぼ六〇年もの時が経っているのに……人々の心はヨーロッパは一つだという感情レベルに達していない。統一すべきだという思想にとどまったままだ[24]」。

もしも国境を超えたアイデンティティーの構築がＥＵとＡＳＥＡＮの双方の地域において不可欠で確固たるものであるならば、ボノの考えは正しいといえる。単なる机上の空論ではなく、人々の心に深く根づいた感情となるために、国家の指導者達は、国家と国境を超えて手をとり、そして加盟国の市民が自らをＥＵやＡＳＥＡＮの市民であると心から自覚することこそが不可欠なのである。

＊本章は「地域アイデンティティの形成―EU・東南アジア・東アジアにおけるアイデンティティ形成の阻害要因と促進要因」『はじめての地域学―地域が映し出す社会と経済』ミネルヴァ書房、二〇一一年、九一～一〇八頁に加筆修正をしたものである。

注

（1）'A borderless East Asia? It takes imagination', *The Jakarta Post*, December 16, 2005.

（2）*ASEAN Socio-cultural Community Blueprint*, ASEAN Secretariat, Jakarta, 2009, E4: 46, p.23.

（3）*ASEAN 2025: At A Glance*. As at http://asean.org/asean-2025-at-a-glance/.

（4）例えば、幾つかの国で、基準は血統主義でも、市民権が出身地を通じて付与される場合（両親が無国籍者である場合など）もまれにある。帰化の際には、帰化する前のパスポートの返却を要求される場合もまた要求されない場合もある。また富裕層の投資家が市民権（パスポート）を購入できる国もあり、興味深い。

（5）これは以下参照: https://en.wikipedia.org/wiki/Cosmopolitanism.

（6）'Mrs May, we are all citizens of the world', says philosopher', *BBC News website*, October 29, 2016. https://www.bbc.co.uk/news/uk-politics-37788717.

（7）Andrew Heywood, *Political Ideologies*, Palgrave, Macmillan: Houndmills, 5th edition 2012, p.176.

（8）Arno van der Zwet, 'To see ourselves as others see us: identity and attitudes towards immigration amongst civic nationalists', *Journal of Ethnic and Migration Studies*, Vol. 42, No. 8, 2016, pp.1242—1256. 1252.

（9）ＥＵ運営条約第一九条は「性、人種もしくはエスニックな背景、宗教や信条、身体的ハンディキャップ、年齢もしくは性的志向」を基にした差別を違法とするようその範囲を拡大した。加盟国による第一八条、一九条の一時的停止は極めて限定されていることが記されねばならない。

（10）Paul Craig and Gráinne De Búrca, *EU Law*, Oxford University Press: Oxford, 5th Edition, 2011. p.819.

（11）Source: Stephen Mulvey, 'The euro and Europe's blurring borders', *BBC News*, December 17, 2003. As at: http://news.bbc.co.uk/1/hi/world/europe/3254764.stm.

（12）'Public opinion in the European Union', *Standard Eurobarometer 89*, Spring 2018, p.34.

（13）'Raw nerves meet across a bar on Europe's new border', *The Times in the Daily Yomiuri*, December 30, 2007, p.11.

（14）'Is the Schengen dream of Europe without borders becoming a thing of the past?', *The Guardian*, January 5, 2016. https://www.theguardian.com/world/2016/jan/05/is-the-schengen-dream-of-europe-without-borders-becoming-a-thing-of-the-past. シェンゲン協定の規則によれば、一定の状況下で国境の一時的な再導入は認められていることに注意されねばならない。

（15）Anthony Teasdale and Timothy Bainbridge, *The Penguin Companion to European Union*, 4th Edition, 2012. 追加の資料からとられており、これは以下で見ることができる。https://penguincompaniontoeu.com/additional_entries/european-passport/.

（16）以下のアセアン憲章参照。http://www.asean.org/asean/asean-charter/.

（17）*ASEAN Economic Community Blueprint*, ASEAN Secretariat, Jakarta, 2008, A9.

（18）*ASEAN Socio-cultural Community Blueprint*, ASEAN Secretariat, Jakarta, 2009, Section II: 4, p.1.

（19）Amitav Acharya, 'How Ideas Spread: Whose Norms Matter? Norm Localization and Institutional Change in

Asian Regionalism', *International Organization*, Vol. 58, No.2. 2004, pp. 239—275. 256.

(20) Johanna Son, ASEAN's Double Vision of Migration', *Reporting ASEAN*, January 25, 2018. http://www.aseannews.net/aseans-double-vision-migration/. に掲示。

(21) *2017 ASEAN Consensus on the Protection and Promotion of the Rights of Migrant Workers.*

(22) *EU Citizenship Report 2017: Strengthening Citizens' Rights in a Union of Democratic Change*, Luxembourg: Publications Office of the European Union, 2017. p.6.

(23) Kavi Chongkittavorn, 'ASEAN Lane Shows ASEAN Spirit – and Lack of It', *Reporting ASEAN*, June 10, 2015. As at: http://www.aseannews.net/asean-lane-shows-asean-spirit-lack/

(24) Bono, speaking at the party congress of the European People's Party (EPP), Dublin, March 7, 2014.

スティーブン・デイ

（児玉昌己、矢野英子訳）

第6章　東アジアにおける戦後秩序の一つの起源

1　はじめに

戦後のヨーロッパとアジアを比較するにあたり、以下の三つの視点を設定する。まず一つ目は、現在の経済制度である。経済制度において、ヨーロッパとアジアは対照的である。ヨーロッパにはほぼ全域にわたる経済共同体がある。ヨーロッパでは国家間経済連携の制度化が進展している。アジア諸国の間には、ヨーロッパと肩を並べうる経済共同体はない。しいていえば、活発的な経済交流があるが、これは貿易が中心であり、多くは二国間の物品や投資の取引として成立している。サービス、金融、通貨において類似したシステムも欠如している。しかし、この領域でも、多国間の地域連携が少しずつ形成されている。

二つ目は、社会文化史的な視点である。この視点でも、アジアとヨーロッパの状況は大きく異なる。ヨーロッパ統合は、経済統合のようにみえるが、このような統合の根幹には、経済的な利益よりも社会文化的な要素が潜んでいるとしばしば指摘されている[1]。すなわち、ヨーロッパのキリスト教による宗教的・価値的な寛容性、近代性を見出すと同時に、アジアには文化的・宗教的・民族的な分裂性や後進性があるとしている。

三つ目は、政治外交の視点である。現代のヨーロッパおよびアジアの政治秩序は第二次世界大戦にその起源を見出すことができる。大戦後に誕生した秩序は、概して冷戦の秩序であった。冷戦は、社会の経済的政治的な発展をめぐる二つの構想が厳しく対立していることを前提としていた。つまり、社会主義的な発展形態と資本主義的な発展形態である。この冷戦構造の枠組みは、社会の根底にまで浸透するほどの影響力を持っていたと同時に、社会的な関係から生み出されたものでもあった。ヨーロッパにおける冷戦とアジアにおける冷戦には国内的な段階と国家間の段階があった。両地域における冷戦体制とは、国内的には共産主義・社会主義勢力と保守主義・資本主義勢力の対峙に見出されてきた。同じく、国家間レベルでも、共産主義圏と自由主義圏の争いだった。もともとは政治および経済発展をめぐる思想だったが、第二次世界大戦後には二つの超大国を中心としたソ連東欧圏と西欧諸国圏の二極対立となり、思想および国内経済体制の枠組みよりも核兵器に武装した軍事強国を中心とした国際的な安全保障体制に転換した。冷戦における「冷たい」戦争の意味は、核抑止に基づいた世界安全保障の二極化にあった。思想だけであれば何度も「熱戦」を引き起こすことがあった。例えばボルシェビキ革命や第二次世界大戦はその一例であろう。大戦後は、冷戦が熱戦に転換しなかった理由は、核抑止の傘を前提とした二極の軍事同盟体制にあったと指摘されることが多い。

ヨーロッパにおける国内冷戦の構造は共産党の周縁化と穏健な社会民主主義と資本主義体制の両立の上で成り立っていた。また、東ヨーロッパにおける国内体制は保守主義・民族主義の周縁化と共産主義による全体主義的な政治統制だった。同じく、国際的なレベルではヨーロッパは東ヨーロッパと西ヨーロッパに分裂し、長年にわたって対立していた。つまり、ヨーロッパに国内の分断と地域内の分断という、二重の分断があった。しかし、二極の軍事同盟による世界秩序は、一九九〇年代に共産圏の崩壊によって終焉を迎えた。冷戦体制の崩壊とともに、ヨーロッパの「鉄のカーテン」はなくなり、東欧諸国が欧州連合に加盟し、欧州共同体は地域的拡大と機能的深化を成し遂げた。

同時期のアジアに目を転じてみると、どのような戦後史を描くことができるであろうか。アジアもヨーロッパと同様、分断の戦後史として描かれることが多い。ヨーロッパと同じように、戦後の冷戦体制に組み込まれたアジアであるが、冷戦の崩壊とともに直面したのは、統合ではなかった。むしろ紛争、分断の継続だったのである。以下、アジアにおけるベトナムや朝鮮半島の分断の中に、沖縄が日本本土から切り離される過程を位置づけ、検討を加えていく。

2　戦争終結と戦後分断の形成

アジアにおける戦後秩序が形成されたきっかけは、太平洋戦争の終結である。ガリキオやスペクターが指摘しているように、これはアジアにおける冷戦の始まりと重ね合わせられる(2)。第二次世界大戦後におけるアジアの秩序はカイロやヤルタ会談において連合国の間で協議され、ポツダム会談で具体的な形をとった。しかし、戦後秩序はポツダムの会談後にも変動し、最終的には日本の降伏においてはじめて現実のものとなった。

日本の無条件降伏には二つの側面があった。第一の側面は、降伏が二段階をとったことであった。第一段階では東京において日本政府および日本軍の代表が降伏文書に調印することにより戦争が終結することだった。東京における降伏のプロセスは、一九四五年八月一〇日に日本政府からスイスを経由して米国に届いた通知で始まり、翌日の米国の回答、八月一四日の日本政府の受諾の決定と一五日の玉音放送（大東亜戦争終結ノ詔書）を経て、九月二日のマッカーサー総司令官やその他の連合国の代表と日本政府と日本軍の代表による降伏文書の調印で終わりを迎えた。これは一般的に広く知られる戦争の終結過程であった。しかし、東京で降伏を調印しても、アジアや太平洋各地では戦闘が終わる保証はどこにもなかった。そこで導入されたのは第二段階の構想であり、無条件降伏の第二の側面であった。

第二の側面は、中央とは異なる地方における降伏のプロセスだった。戦争終結の準備段階で具体的な地方降伏領域が指定され、マッカーサー総司令官に指名された連合国軍の指揮官が現地の日本軍からの降伏を受けることとなった。その理由は、日本軍隊の部隊はアジアおよび太平洋の各地に広く点在していたからだった。米国は、東京から戦争終結の情報が届かないことや、戦争は終結しても最後まで抵抗する部隊が現れることを想定し、アジア各地において現地の降伏調印式が別に必要であると結論付けた。さらに、各地における降伏調印式は東京での降伏調印後に行われると決定された(3)。具体的に地方の調印式はフィリピン、中国各地、香港、太平洋の島々等、様々な地域や状況で多様な形式をもって行われた。このような降伏は短時間で終わると想定され、目的も限定的だった。しかし、短時間で終わるはずだった降伏は、現地勢力の配置図を定めることになり、その影響が長期間続くこととなった。以下では、このような戦争終結の過程によって分断されたベトナム、朝鮮および沖縄においてこの第二段階の降伏はどのようなものだったかを考察する。

(1) ベトナムの場合

地方における降伏調印の最大の問題は、米国よりも様々な利害関係国が降伏地域に深い関りを持っていたことだった。例えば東南アジアでは、戦闘に参加していたイギリスや蔣介石の国民党軍が関与し、参加の程度は低かったがフランスやオランダも関わっていた。これらの国は旧植民地宗主国であり、現地住民には独立を与えるのは時期尚早であると表明していた[4]。同国は一九四五年の春からアジアの秩序についての議論に積極的に参加しようとしていた。特に、欧州戦線がドイツの敗北で終結した五月以降に活発になった。第一段階の日本降伏は八月一五日以降に明らかになったが、その具体的な形は九月二日に調印された降伏文書と附属書類からなっていた。附属書類の最も重要で詳細なのは「一般指令第1号」だった。この指令の第1条a項には北緯一六度以北の仏領インドシナにある日本国の専任指揮官並びに部隊は蔣介石総帥に降伏すべきことが書き込まれ、また第1条c項の1では北緯一六度以南の仏領インドシナの指揮官は（並びに部隊）は東南アジア総司令部に降伏すべきと明記してあった[5]。北緯一六度に関する合意ができたのは降伏の直前であり、その要因は以下の二つに整理できる。

第一に、フランスの軍事努力であった。一九四五年三月にはフランスでヴィシー政権が倒れ、日本軍がフランス領インドシナの政権を罵倒し、バオ・ダイ皇帝を中心にベトナムの独立と帝国設立を宣

図6-1　ベトナム（インドシナ）における北緯16度の境界線[8]

言した。その際、大きな戦闘もなく、フランス軍部隊は中国に脱出し、ガブリエル・サバチエ北部集団軍司令官の下で、雲南省で引き続き駐留していた。フランスはその後この舞台を中心に、再び戦争に参戦しようとしたが、マッカーサーに却下された[6]。

第二に、フランスとイギリスの意思であった。米国は東南アジアにおける植民地の復権を望んでおらず、フランスやイギリスに抵抗しており、戦後処理として国連の信託統治構想を展開した。しかし、フランスやイギリスは信託統治に難航を示していた。軍事降伏や降伏後の治安維持が重要なテーマとなり、米国は英国の説得に応じ、ポツダム会談で北緯一六度線を境に仏領インドシナにおける降伏を二つに分けることとなった。北部では日本軍の降伏および治安維持を担ったのは蔣介石であり、南部は東南アジア地域連合軍総司令官ルイス・マウントバッテンだった（北緯一六度の降伏境界線については図6-1を参照）[7]。

日本軍の降伏および武装解除をめぐる境界線は暫定的なものと認識されていたが、連合軍の進駐が遅れたため北部を中心に全国では共産党系のベトミンが影響力を広げ、九月二日にはベトナム民主主義共和国の設立を宣言した。イギリスの後にフランスが進駐し、ベトナムの再植民地化を進めようとしたが、一九四五年末に第一次ベトナム内戦が勃発し、その後の和平の紆余曲折で境界線は北緯一七度線に変更されたが、ベトナムは長い間、分断の歴史を歩むこととなった。

（2）朝鮮の場合

朝鮮半島をめぐる駆け引きは、植民地・宗主国の関係は介在せず、ベトナムと状況は異なっていた。にもかかわらず、降伏文書の「一般司令第1号」、第1条b項では「満洲、北緯三十八度以北ノ朝鮮、樺太及千島諸島ニ在ル日本国ノ先任指揮官並ニ一切ノ陸上、海上、航空及補助部隊ハ「ソヴィエト」極東軍最高司令官ニ降伏スベシ」と記された[9]。また、第1条e項では北緯三八度以南の朝鮮にある責任指揮官および部隊はマッカーサー総司令官に降伏すべきことと明記された。なぜ植民地宗主国がなくなった朝鮮半島では二つの降伏調印式が行われたか。これには二つの出来事が関係している。

第一はソ連の参戦をめぐる戦争中の約束である。ソ連は太平洋戦争中に日本とは中立条約を締結しており、比較的に友好な関係にあった。しかし、ソ連の最高指導者スターリンが旧満州や朝鮮半島には興味を示していた。また、連合国はソ連の対日中立に異議を持ち、戦争終結を早める目的でソ連を太平洋戦争に引き込んで、早期の参戦を求めていた。スターリンはこの求めに対して一九四五年二月のヤルタ会談で前向きに答えた。ソ連の最高指導者は極秘にされた合意において英米の首脳にドイツの降伏か二〜三ヵ月以内の参戦を約束した。その見返りとして、ルーズベルト大統領とチャーチル首相が、モンゴル人民共和国の現状維持、日露戦争で喪失した利権（旧満州国での権益［南満州鉄道等や大連港の管理］、南樺太の返還）、および千島諸島の日本からの譲渡をスターリンに約束した。(10)朝鮮半島は合意文書には含まれていなかった。朝鮮半島については、ルーズベルトとスターリンの間で別の秘密会談が開かれた。両首脳は二月八日に戦後の国連体制について話し合い、その一部として信託統治制度にも言及した。交渉の中で戦後の朝鮮半島に話が及び、四ヵ国の共同管理による信託統治体制について言葉が交わされた。その時のルーズベルトの推定では統治は二〇〜三〇年かかるとのことだった。(11)このように、ヤルタでは朝鮮半島について具体的な議論は少なく、五ヵ月後のポツダム会談でも確実な前進はなかった。米国は朝鮮への上陸に消極的で、朝鮮半島の陸上作戦はソ連、海上と航空作戦は米国の任務となった。

第二の進展は、日本政府からのポツダム宣言受諾の通知だった。これにより米ソは朝鮮半島に関して曖昧な信託統治制度の実質化を迫られた。ポツダム会談ではソ連の早期参戦について米ソ間に温度差があり、長谷川毅が指摘しているように、原爆を獲得した米国はソ連の参戦にさらに消極的な態度を見せ、ポツダム会談の開催者スターリンを、ポツダムでの対日の宣言に招かなかった。(12)八月一〇日に、日本からの通知が届いたワシントンでは、降伏文書の修正作業に着手した。これらの作業の一つは「一般指令第1号」における降伏境界線の画定だった。陸海軍省および国務省の担当官は夜に集まり、朝

図6-2 「一般司令第２号」朝鮮半島を分断した北緯38度線[15]

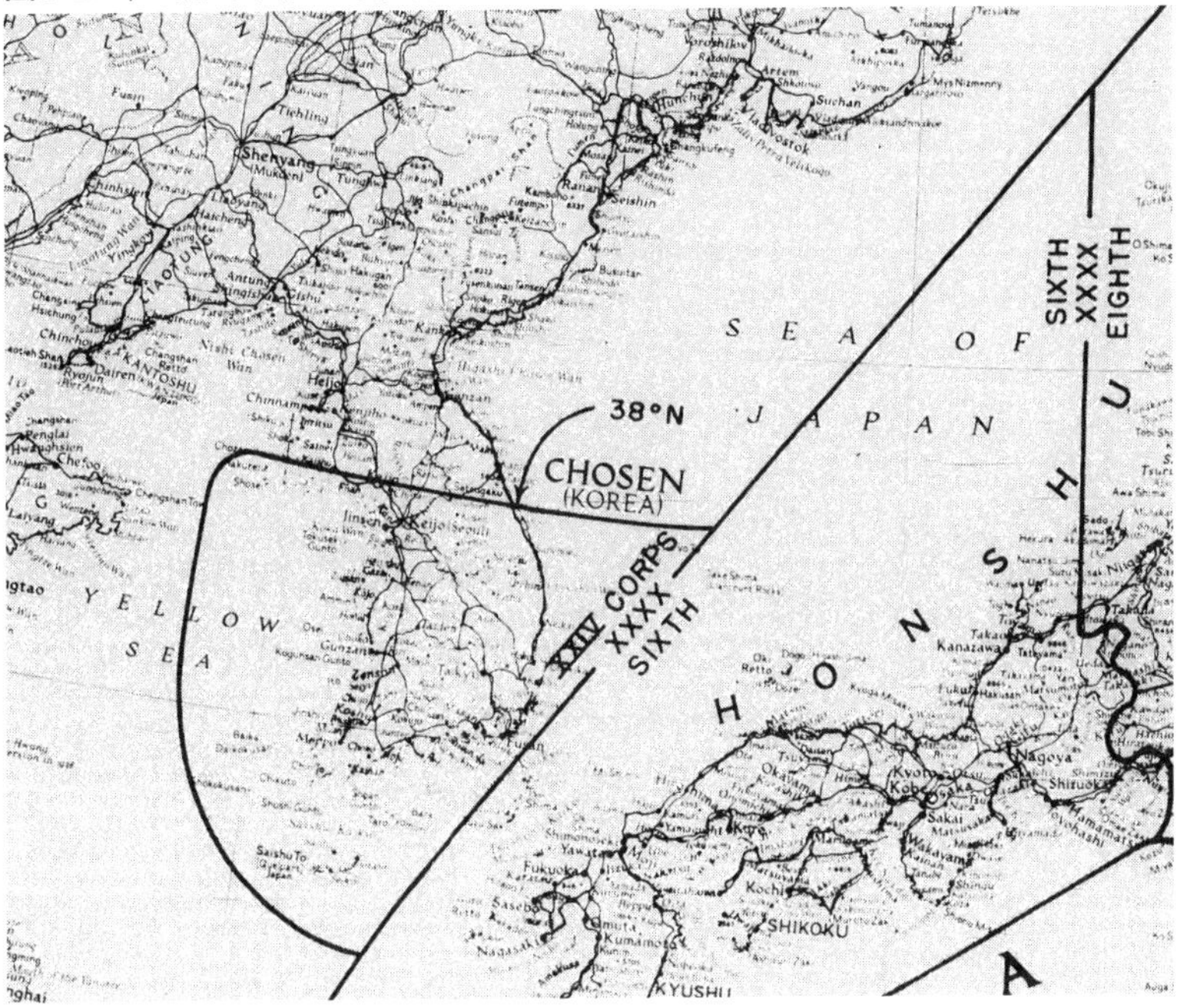

鮮半島の降伏および占領について熱い議論を交わした結果、朝鮮半島の真ん中を突き通る北緯三八度線に鉛筆で線を引いた。一〇年後に当時の状況を回想したディーン・ラスクは、米国は八月一〇日の時点では、日本の占領に集中しなければならず、朝鮮への上陸を迅速に実施できなかったと指摘した。[13] そのため、旧満州にすでに侵入していたソ連は早期に朝鮮にも兵を広げると予想され、米国が提案した三八度線でソ連が留まる保証は何もなかった。しかし、結果として八月一〇日の夜に書かれた米ソ間の一本の線は、その後の朝鮮半島の将来を大きく左右することとなった。「一般指令第1号」の判断を反映した「一般指令第2号」において描かれた地図は図6-2の

通りである。

結局、住民の意思とは全くかけ離れた理由で一瞬の間に、一時的な目的のために分割された朝鮮半島だが、信託統治案は具体化せず、半島住民の抵抗を招き、ソ連と米国の間の歩み寄りはなかった。むしろ、一瞬の便宜がその後既成事実化し、両地域の建国と朝鮮戦争にまで発展することとなった。朝鮮半島の情勢は、戦後東アジアの分断を物語る典型例となった。(14)

3　日本と沖縄における分断線の形成

分断された東アジアのもう一つの事例は、日本である。戦後の日本で描かれた現代史の物語は、ドイツのような分断を免れたことから始まる。しかし実際は、日本も講和条約締結後に二〇年間ほど分断されていた。沖縄は日本から切り離されていたからである。沖縄の分離は講和条約で確定したことから、この条約による日本の国際復帰には常に、沖縄の分離という汚点が付きまとっていた。しかし、沖縄の分離についてそのはるか以前からその徴候はあった。沖縄分離の切っ掛けを作ったのは、ベトナムや朝鮮半島と同じく、降伏文書の一般指令第1号だった。

(1) 米軍司令部間境界の形成

上述の一般指令第1号では各連合国の降伏管区が指定され、発令の前後に管区間の境界線の調整が行われていた。つまり、異なる管区を異なる国が管轄していた。例えばベトナムは英国と中国、朝鮮半島はソ連と米国だった。それでは日本本土の降伏については、どのように検討されていただろうか。

戦時中には、日本本土の降伏について連合国内外では様々な構想があった。これは降伏以後の体制、つまり占領とも連動していた。さらに、これらの構想は、戦争終結時の戦闘および兵力分布の実態にも影響されていた。だからこそ、例えばベトナムの場合、フランスが終戦の直前に連合国側の作戦に加わろうとしていた。また、欧州戦線では、ドイツ敗戦の最後の局面では、ソ連と西側連合国が慌ただしくベルリンに向かっていた。降伏時の現地における権力の分布がその後の決定に影響を及ぼすと思われていたからである。

日本占領の場合、連合国間の協力体制には一定の特殊性があった。米国が太平洋戦争を主導していたことである。一九四五年八月九日以降のソ連の参戦は、圧倒的な勢いで展開されたとはいえ、米軍のそれまでの進展とは比べ物にはならなかった。スラビンスキーが指摘しているように、スターリンはヤルタ会談で約束された条項を確実に手にしようとし八月一五日以降も、南樺太や千島などに作戦を転回し、さらに北海道の占領を目標に立てていた[16]。対日占領でも、ドイツと同じように占領管理区域を四地域に分割することが検討されており[17]、ソ連の北海道の統治構想は東ドイツの構想と似ていた。しかし、トルーマン大統領も最高司令官に指定されたマッカーサーも、四か国による協同管理を歓迎せず、対日占領は単一司令官の下での連合国軍の参入の形をとった。米国は最高司令官の権限を高めることで日本は分割を逃れることができた。

米国主導の占領ではこのような方式には一つだけの例外があった。沖縄に関する降伏および占領統治の方式だった。これらはそれまでの米国内部での戦争の展開と大きくかかわっていた。沖縄戦までは米国の対日作戦は二つの方面で展開されていた。米海軍が率いる中部太平洋の方面と米陸軍が率いる南西太平洋の方面だった。この二つの方面は沖縄で合流し、米陸海軍は指揮権について対立するようになった。そのような対立の結果、海軍に軍配が上がり、対琉球のアイスバーグ作戦はニミッツの総指揮の下で行われた。代わりに対日作戦ではマッカーサーが総指揮をするようになり、琉球と日本の間の北緯三〇度線の境界線の源流ができた。これは沖縄と日本を分断する境界線に関連性はあったが、八月一〇日前後の一般指令まではさらなる紆余曲折があった。九州方面の戦闘の長期化が想定される中、沖縄はマッカーサー率いる陸軍の主要な補給基地に変化していったことである。そして、沖縄の軍配をマッカーサーに奪われつつあることを懸念していた海軍が、マッカーサーに抵抗を試み、沖縄をめぐる指令は独自の展開を見せることとなった。

七月一八日、ポツダム会談での対日作戦の話し合いが連合国間で進められている最中、マーシャル米陸軍参謀長からマッカーサー宛てに一通の電報があてられた。マッカーサーが対日作戦において連合国の最高司令官となることを知らせる電報だった。この電報は、八月一日までに沖縄を管轄する命令系統をニミッツからマッカーサーに移行させることを命じていた(18)。

沖縄がマッカーサーの司令下に収まって僅か一〇日後に、日本の無条件降伏が、マッカーサーに沖縄の管理を委任させるもう一つの契機となった。八月一〇日に日本政府が条件付きでポツダム宣言を受諾することを米国側に打電した。これにより米国の進駐計画は急転直下した。長期戦を予測した「オリンピック作戦計画」は廃止され、代わりに平和的な進駐を想定した「ブラックリスト作戦計画」が発動した。この進駐計画とともに降伏の準備も急展開を見せた。

組織的戦闘が終結した沖縄における降伏はどのように受け止められたのか。沖縄の最高司令官となってわずか二週間のあいだマッカーサーは、八月一二日の段階で、「一般指令第1号」第1条第g項により、日本、フィリピンおよび琉球における降伏受諾の責任者となった。ここで注目すべきは、この指令が沖縄を「日本の領域内」に位置付けていたことである。[19] このように、終戦時には日本と沖縄の境界は米陸軍と米海軍の間の境界ではなく、マッカーサー指揮下にある二つの軍隊、つまり琉球における第一〇軍と西日本を管轄する第六軍の間の境界線に転じた。

(2) 日本でありながら、切り離された沖縄

米軍が日本から降伏を取り付ける過程で、沖縄の地位は日本の領域内に編入されていたが、しかしこの地位は安定したものではなかった。八月一三日、キング海軍作戦部長は、沖縄を海軍の総指令の管轄下に返還するべきだと主張した。[20] このような海軍の要求が認められ、八月一五日に大統領が署名した正規の降伏文書には、沖縄は第d項のニミッツ管轄領域内に移行された。[21] 一九日に降伏の準備のためマニラに移動した陸軍参謀次長河辺虎四郎中将団に渡されたのは、この「一般指令」だった。[22]

連合国側の降伏書類が日本側に渡されたが、実は、このことで沖縄の地位をめぐる対立が終着したわけではなかった。日本側が受け取った「一般指令」は米国側の最終的な要求ではなく、「マイナー・チェーンジ」が許されていた。大統領が「一般指令」を調印した際、文書には次の二点の留意が明記された。すなわち、一般指令の変更が許されるのは、①統合参謀本部から「更なる指令」が発信された場合、あるいは②連合国軍最高司令官に新任したマッカーサーが判断した「彼が承知している作戦状況に照らし合わせた上での詳細事項の変更」(matter of detail in the light of the operational situation as known by him) の場合だった。[23] 例えば、日本に台風が近づいたことで降伏の調印式が二日間延期

されたこともこの「変更」の一例であった。[24]

同じ時期に、マッカーサー司令部の作戦参謀は「ブラックリスト進駐計画」の実施指令の作成に念を入れていた。進駐軍の編成は第一〇軍、第六軍および第八軍の三つの軍からなり、それぞれの占領領域の画定は作戦参謀の任務となった。琉球に留まることとなった第一〇軍は琉球地域において降伏の受諾を取り付ける任務を担当した。その際、琉球の降伏地域を画定するに当たり、西日本地域に進駐する第六軍との調整が必要となった。当時の作戦地図は明確な境界線を示していないが、沖縄戦の「アイスバーグ作戦」の名残として、北緯三〇度線の可能性を示唆していた。[25]

降伏書類がフィリピンで日本側に手渡されて五日後の八月二五日、マッカーサーが沖縄の総指令を「マイナー・チェーンジ」として、太平洋陸軍の管轄内に差し戻したことを日本政府に打電した。スティルウェル司令官はマッカーサーに代わって沖縄の降伏を取り付けることになった。この通知はニミッツの指令系統には触れていないが、降伏調印式がニミッツの名の下で行われることを不可能とした。[26] 同じ通知は翌二六日に電報「CX３６８５６」号として、司令官のスティルウェル大将およびマーシャルに送信された。[27] スティルウェルは、「九月二日および直後に〈直ちに〉降伏を達成するために琉球地域において現地の日本軍司令官と連絡をし、予備交渉を果たす」よう命じられた。[28]

大統領がすでに調印した降伏文書ではスティルウェルが、ニミッツの下で琉球における降伏調印式を行うことと思っていた矢先、なぜこの段階でマッカーサー司令官の命令系統に変わったか、彼にとって不可解だった。スティルウェルがこの時、奄美および八重山における守備軍と連絡を開始する準備を進めていたが、日本軍の前で米軍が命令書を何度も書き換えたりする「占領軍としてきまりの悪い姿勢」を印象付けたくなかった。マッカーサーに明確な判断を望んでいたスティルウェルは、その

図6-3 「一般司令第二号」マッカーサー指揮下の2つの米軍間における北緯30度線[32]

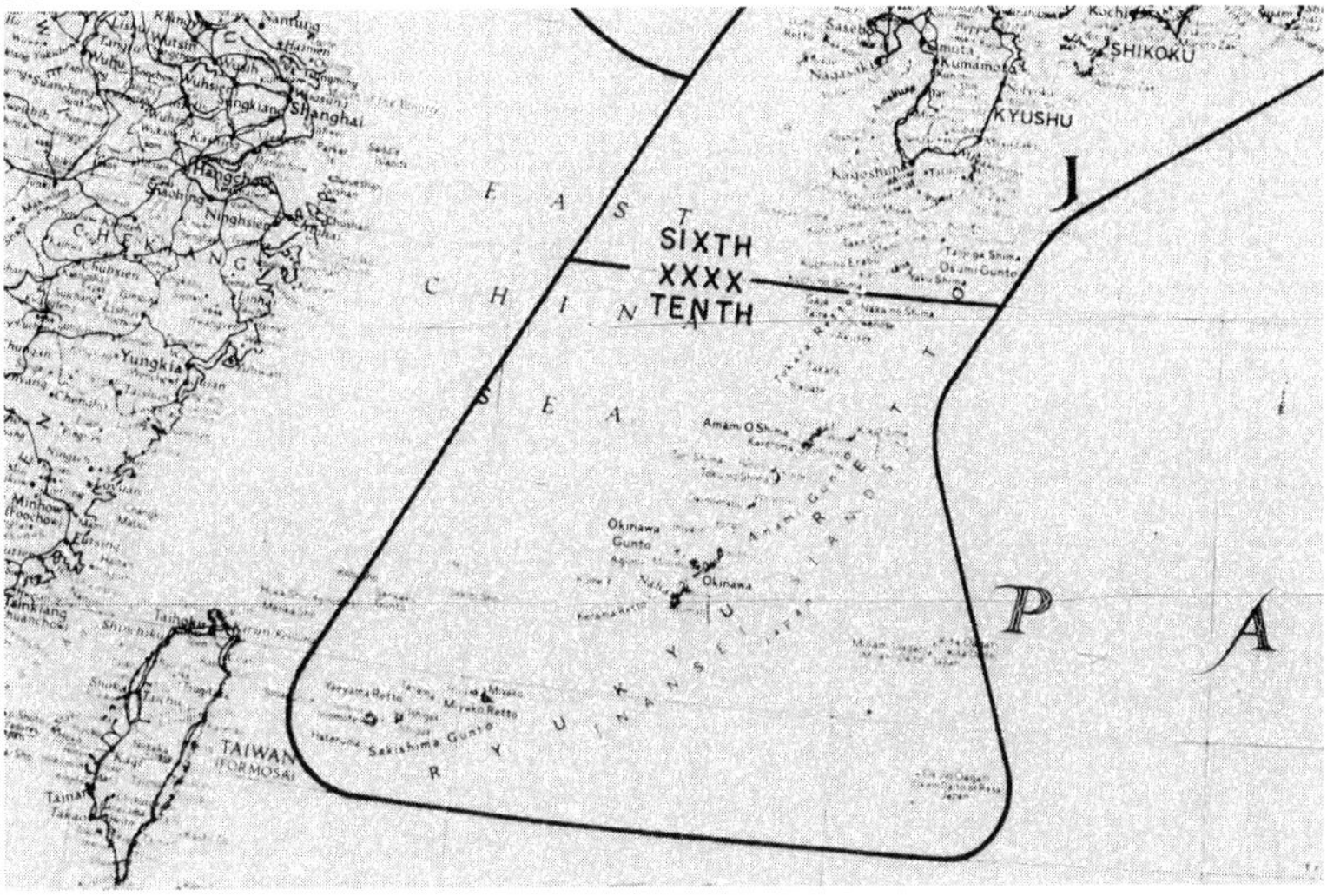

ため、関連指令の明文化を要請した[29]。スティルウェルの要望に応えるかのように、マッカーサー司令部のチエンバリン作戦参謀部長は翌八月二八日に日本政府宛の電報「Z－627」号で次のように一般指令の修正を命じた[30]。

太平洋陸軍のサザランド参謀長はこの変更を「マイナー・チェーンジ」と呼んだ[31]。八月一日にスティルウェルがマッカーサーの指揮下に移行したことで、ニミッツ指揮下への差し戻しはさらなる混乱を招きかねず、なお、戦後に琉球が陸軍の管轄下に納められるとの大原則にも反すると、サザランドは確信していた。

このように、米国側の終戦処理が、原爆投下および降伏条件の受諾によってのみ終結したわけではなく、沖縄をめぐるマッカーサーの指令組織の再編成は、その以前から「オリンピック」作戦をめぐる管轄権争いで展開されてきた論理を継続していた。この管轄争いこそ、米国側からみて、終戦過程が調印式で終結せず、終戦処理を「長引かせた」要因の一つとなったのである。このように米国側の見解や利害が統一していたわけでもなければ、政策に一貫性があったわけでもなかったといえる。

4　日本側の「終戦」過程

(1) 沖縄戦の「終結」と司令部の再編

沖縄戦の終結後には、日本でも日本軍の指令組織の再編が行われた。一九四四年三月二二日に設置された沖縄守備軍の第三二軍は、沖縄戦の終結まで海軍と共同して「十号作戦準備」、後には「捷号作戦」そして「天号作戦」、「菊水作戦」の実施に当たった。第三二軍の管轄区域の一部は北緯三〇度一〇分以南、東経一二二度三〇分以西であったとして鹿児島の奄美諸島およびトカラ列島をその管轄区域内に収めていた。

しかし沖縄戦は六月二三日の終結に伴い、第三二軍司令部が消滅し、米国の進駐の対象とならなかった先島諸島および奄美諸島における司令は変更され、それぞれ異なる指令組織の隷下に再編された。奄美群島における第六四独立混成旅団は九州方面に再編された。この再編により、宮古・先島との組織的なつながりが途絶え、互いの情報通信は困難になった。『戦史叢書』に所収された第六航空軍の青木喬少将および水町勝城中佐の回想に明らかなように、「聯合艦隊による名目上の統一では無理」であり、「陸海軍の航空兵力を、戦局の上からの要請とはいっても、統一指揮することは困難」であった。そして「協同作戦で連絡通報はしながら、個々の作戦は独自の指揮に任せるというのが、協力の限度」だったのである。[33] このような軍事組織の再編成、および司令統一化の不備は陸海軍官の協力を不完全にし、降伏に導く際に困難をもたらした。[34]

また、奄美守備軍が急遽「決号作戦」のため九州の管轄下に入ったことは、日本政府の奄美の地位に関する認識を改めさせた。琉球方面における降伏受諾の権限の変更は「一般指令」の修正以降日本政府を混乱させた。その結果、八月二七日に日本政府はマッカーサー司令部に、奄美の地位をめぐって次のように確認した。

往電第六十一号（降伏ノ地域区分及交渉当事者ニ関スル件）
大本営擬連合国最高司令官宛電報
第六一號（八月二十七日）
一、馬尼剌ニ於ケテ帝國代表ニ交付セル一般指令第一號第一項ノ地域及交渉當事者ニ關シ當方見解ニ左ノ如クニ付諒承アリ度　（中略）
二、琉球中與論島及ビ奄美大島ハ本土ニ含ム[35]

つまり日本政府の理解では、奄美は日本の降伏領域内に再編されていたのである。

(2) 現地軍による交渉の開始

現地での指令組織の再編は、スティルウェル司令官の交渉開始とその姿勢にどのように結びついただろうか。スティルウェル司令部は翌二八日に先島・宮古群島方面および奄美群島方面などに「通信装置並びにメッセージ第1号」をパラシュートで投下した[36]。奄美からの返答は即答に等しいものであった。奄美守備軍司令官高田利貞少将からは、翌二九日一〇時三〇分には返信があり、奄美側との「連絡経路」が確保された。一方宮古島守備軍および海軍からの連絡はその時点では届いていなかった。そのため石垣と宮古島には、スティルウェル司令部から「電信第2号」が送られていた。沖縄守備軍の消滅以降、台湾在中の第一〇方面軍の指揮下に編入されていた宮古守備軍の納見敏郎司令官からスティルウェル司令部に「準備の連絡」が届いたのは、八時間後であった[37]。納見司令官は大本営から「沖縄、大東島諸島、先島群島」の陸・海両軍の降伏調印の権限を委任されたと伝えていた[38]。

しかし、今度は高田司令官の奄美からの連絡が途絶えた。正確な理由は不明だが、スティルウェルが第2号の電報で、奄美方面に於ける「琉球の降伏領域」を定めたからであったと推測できる。なぜなら、スティルウェル大将からの「電信第2号」が発信されたのは二九日一二時三〇分であり、高田から連絡第1号を受信してから僅か二時間半後のことであった。この「電信第2号」では高田司令官による降伏境界線は「北緯三〇度東経一二八度、北緯二七度東経一二八度、北緯二七度東経一三一度、北緯三〇度東経一三一度」と明記してあり、高田に降伏文書の調印の権限獲得および沖縄への移動手段の確保を要求していた。そして降伏境界線を知った高田からの以下の返信を最後に、沖縄の米軍との連絡が途絶えたのである。

九州方面司令官「横山勇」中将との連絡が必要であり、「降伏の準備はできていない」[39]

高田からの「保留電報」は、東京での降伏調印式の三日前であり、「予想外」の展開となり、沖縄駐在の米軍を驚倒させた。また、この時点で高田と納見司令官はそれぞれ別の指令地区に所属したため、日本側の司令官の間の情報通信網は不十分であり、降伏における総合調整は存在しなかったことが窺える。

即ち、日本側における、沖縄戦終結以降の「南西諸島の南北への指令の分離」および前述の米国陸軍・海軍間との連絡の不備は、米国の降伏政策の「一体化」を損ね、この時点でのスムーズな「終戦」の展開を妨害していたと結論づけられる。

5　日米間の交渉の難航

戦争の終結に向けた交渉が佳境に入る中、日米両国における「終戦」をめぐる理解はどのようなものだったかを確認しよう。日本政府はポツダム宣言の受諾以後には、「戦争の円滑で早期な終結」を求めると推測され、米国もできるだけスムーズな戦争の終わりを望んでいた。つまり両国では、戦闘を早く終わらせることが共通の利益を生んだと歴史家の間では解釈されてきた。このような、戦争終結をめぐる日米の暗黙の合意には二つの側面があった。一つ目は、日本政府は八月一四日の米国へ最後の通知や一五日の「玉音放送」をもって戦闘の終結を決めたことであり、一度決定したことを、軍事的に圧倒的に不利な状況で再び覆さないと推測されていたことだった。二つ目は、東京における日本政府および天皇が決定した事項を、アジア太平洋の各地に散りばめられた日本軍の舞台は疑問視しないとの推測だった。

(1) 沖縄における地図上の交渉

沖縄および奄美について、降伏境界線をめぐる取引は、横浜の米軍総司令部と日本政府との間で交わされた。八月二五日に沖縄における降伏受諾の責任が米国海軍から米国陸軍へ転換したことを知らされた日本政府は、二七日に「一般指令第1号」における「奄美の地位」について、「日本政府の管轄下」にあることを促す電報を米軍あてに打電した。しかし、この理解は二九日には、次のように、マッカーサー総司令部により覆された。

来電第三十五号（米関係降伏受理責任地域区分ノ件）
連合国最高司令官撥大本営宛電報
日本側整理番号第三五號（八月二九日二二・四七時）
八月二七日付貴殿第六十一號竝ニ八月二五日附往電Z五八五號ニ関シ
米陸軍第拾軍最高司令官ノ責任地域ハ琉球奄美全諸島竝ニ北緯三十度ニ至ル其ノ他ノ諸島ヲ含ムモノトス。（後略）[40]

マッカーサー司令部の判断の結果、奄美全域が沖縄司令部の降伏地域となり、日本政府の希望には添わなかった。この時点での「誤解」はおそらく相互に食い違った作戦地図に基づいて展開された司令地区の設定に由来していると思われる。すなわち、米国は沖縄戦時の作戦地図を尊重し、日本政府の本土防衛作戦に基づく地図を受入れなかったのである。「一般指令第2号」にも明記されているように、日本側は軍事司令区域を米国側の軍事司令区域に合せて再編することを指示されたのである。[41]しかしだからといって、この決定により奄美が日本から分離されたとは必ずしも言えない。なぜなら、スティルウェル司令部はマッカーサー司令部の指揮下に入っており、いずれにしても奄美および沖縄はマッカーサー司令部の直轄に再編されていたはずだからである。

マッカーサー司令部の決定は日本政府の中央に知らされたが、それは必ずしも現地軍に伝わったわけではない。高田司令官は八月二九日に九州の第一六方面軍に打電し、降伏境界線についての指示を待っていた。しかし第一六方面軍からの返答は高田司令官に来なかった。[42]東京での降伏の調印式が近付くにつれて、沖縄のスティルウェル司令部では緊張とともに、苛立ちを隠せずにいた。九月一日になっても奄美からの返答が受信されていなかったからである。[43]

そのような中、九月一日午前九時四五分と九時四九分、与論島で米軍機による爆撃があったと通報される。[44]爆撃のおよそ二時間半後、一二時二五分に「高田司令官から返信があった」と、沖縄の米軍指令部は、横浜の調印式の準備をしていたスティルウェルあてに打電をした。[45]九月一日の時点では休戦状態が成立しており、極東陸軍は攻撃行為の禁止令を発していたため、武力行使には正当な理由が求められ、終戦後に米軍の内部調査の対象となった。[46]なお、高田司令官は米軍への連絡で、「軍事降伏の準備が完了した」と米側に報告していたわけではなかったので、以前の対立は解消されたわけではなかった。すなわち米国は、東京で降伏を調印する直前まで、奄美において日本軍はそのような降伏を受け入れるかどうかについて、十分に確認をとれていなかった。最悪の場合では、戦争を再開する事態に追い込まれるかもしれいないと、米軍は瀬戸際に立たされていたのである。

（2）境界線と調印式

九月二日、九時四分および九時八分に戦艦ミズーリにおける降伏調印式が行われた。第一〇軍司令官スティルウェルはこの調印式に参加していた。日本政府および米国太平洋陸軍の期待どおり、降伏調印の過程はマッカーサーのシナリオに沿ってスムーズに進展し、米国では視聴率の一番多いイブニングショーに間に合わせて放送され、トルーマン大統領は支持率を高めることになった[47]。

しかし東京では調印式が終わっても、これで戦争が「終結」したとは必ずしもいえない状況が続いていた。奄美における降伏の相克は続いており、「終戦」とはほど遠い状況にあった。それどころか、奄美をめぐる睨み合いは東京にまで波及していた[48]。大本営は、与論島以北の諸島において現地陸軍との連絡が断絶したため、現地の米国司令官が直接現地日本軍司令官と連絡を取るように勧めた。大本営は続いてマッカーサー司令官宛に次の電報を送った。

情報通信障害のため、米国第一〇軍司令官は代表者を沖縄から徳之島へ派遣するか、あるいは日本軍代表を沖縄へ派遣するために飛行機または船艇を用意せられるよう、強く望む[49]。

これは、東京における降伏の調印式後の新展開だったといえる[50]。

同日九月二日に高田司令官は第一六方面軍に琉球での調印式へ参加できるよう許可を求めた。更に、高田は同第一六方面軍の代表者を調印式に派遣するようにと勧告した。高田は、沖縄での降伏調印に合わせて、第一六方面軍の代表者が到着していなければ、「自分の権限に基づいて独自に行動する」と伝えていた。

二日後、九月四日に第一〇軍は次のようにマッカーサー司令部に報告した。

徳之島と沖縄の間のコミュニケーション断絶に関する日本の説明は、不必要だった。我々は、絶えず無線通信中だった。代表者は本日、沖縄へ到着の予定。[51]

不必要な遅れは、奄美群島で日本軍司令官への権限委譲を日本側が遅延したことに起因する。[52]

高田司令官以外、先島諸島司令官第二八師団長納見敏郎中将および沖縄方面根拠地隊司令官の加藤唯雄少将がスティルウェル司令部に、それ以前の連絡に基づき降伏調印の準備が整えられている旨を伝えていた。九月四日七時三〇分、前日に来島した日本軍三司令部から合せて一〇人の代表を収集した第一〇軍情報参謀エリーは、降伏の準備および武装解除に関する書類を彼らに渡した。スティルウェル司令官は代表者と会見しなかったが、メリル参謀長から情報を得ていた。スティルウェル司令官には高田司令官からの「奄美群島を第二のアルサス、ローレンたらしめぬよう」との手紙が届いていた。[53]スティルウェルは翌五日に受領の確認電報を送信しており、日記には「陸軍おだやか、海軍反抗的」と記している。[54]

九月四日の交渉に関しては、今日でも詳細な記録は明らかにされていない。ただし、AP通信のクリントン・グリーン報道員は九月六日付の『ニューヨーク・タイムス』紙に「琉球の降伏は延長」と題した見出しを打って、以下のように記事を書いた。

未だ日本軍の支配下に残っている琉球における各諸島からの使者は沖縄本島に派遣され、ジョ

セフ・スティルウェル将軍のスタッフと会談し、米軍の降伏条件について考え迷っている。(55)

この記事は東京に於ける降伏調印式の後に執筆されたものであり、日本側の「降伏条件」の熟考を紹介している点は興味深い。高田から届けられたアルサス・ロレーンの手紙が影響していたと想定できよう。同記事は更に降伏調印式の時期について次のように記した。

スティルウェル将軍は、指揮官に正式な降伏式のために九月九日に沖縄に来島するよう指示している。(56)

周知のように、沖縄での降伏調印日は九月七日である。日本軍三司令官が嘉手納基地に召還され、越来村第一〇軍司令部付近の森根において、一一時二〇分に始まり、一〇分後の一一時三〇分にスティルウェル司令官の調印によって終了した。厳粛な雰囲気に包まれる中、調印式は淡々と進められた。(57)

上述のスティルウェルの指令、および降伏直前に発行された『ニューヨーク・タイムス』紙の記事が、なぜ調印日を九月七日ではなく、九月九日と明記しているのだろうか。もし調印式が九月九日に計画されていたものであったとしたら、なぜこの計画は前倒しとなったのであろうか。この前倒しの理由については、史料的な裏付けがとれず、依然として謎につつまれている。(58)

琉球における降伏文書は、フィリピンおよび朝鮮の降伏文書と異なり、具体的な記述が少なく、降伏領域だけを詳細に画定していた。また琉球降伏領域の「北部琉球」および「南部琉球」という表現が、降伏過程において更なる波紋を招く恐れがあったため、スティルウェル司令部は日本軍指揮官の管轄領域である「奄美群島」および「先島群島」という表現を採用した[59]。

沖縄における「終戦」に関する米国側と日本側の思い違いがどこに起因していたのだろうか。その原因はまずポツダム宣言の理解にあったと思われる。ポツダム宣言における「領土処分」に関する条件は第八項と理解されてきた。しかし、第八項には「琉球」という言葉は登場していない。高田たちはおそらく奄美の処分を第八項の一環として理解したと考えられる。つまり、「奄美」は日本固有の領土であり、日本の「諸小島」であると捉えていた。そのため、「奄美」という言葉に拘りがあったのであろう。

しかし「一般指令第1号」は、ポツダム宣言第八項よりも、「第一三項の実施」をめぐるものだった。第一三項に基づいて設定された「軍事」境界線（連合国軍司令部間の境界線）に「日本軍が合わせる」必要があった。つまり、第一三項と第八項の解釈をめぐる思い違いが「不要な利害対立」を生み出し、結果的には沖縄で太平洋戦争の敗戦を一週間近く長引かせたのである[60]。

（3）周縁から日本の終戦への眼差し

琉球は、古代から日本本土と深い関わりを持ちながら、歴史的には日本から自立していた。そして明治維新以降、日本の「内地」でもなく「外地」でもないとされた沖縄の帰属問題は、沖縄戦およびアジア太平洋戦争の終結時に再浮上したのである。アジア太平洋戦争の「終戦」の過程については、従来の研究において取り上げられ、さまざまな論議を生んできた。しかしながら、多くの場合日本の「終戦」は降伏文書が交わされた「中央における終戦」と「日本の終戦」を同義としてきた。それゆえ「中央」から切り離された「周縁」における問題を見逃す傾向にあったといえる。沖縄にしても、また奄美にしても、「終戦」の過程は、本土での「終戦」ほど円滑なものではなく、組織や政策の一貫性も見られない。マッカーサー率いる陸軍は、沖縄の問題を「軍間の管轄争い」の一環としており、「指令の統一化」を目指していた。逆にニミッツは、この問題を「占領における軍民関係」として「指令の統一化」に反対し、「陸海軍間の協力」を求めていた。日本側では、奄美守備軍司令官であった高田は沖縄を、奄美との関係で「別々の自治体に分離した行政」として捉えており、「奄美は沖縄とは無縁の場所である」と主張した。他方、海軍沖縄方面根拠地隊司令官であった加藤は「軍間の役割分担」の一環、海軍領域として「沖縄と奄美は一体である」との確信をしていた。以上のような、沖縄および奄美をめぐる認識の複雑なパズルは北緯三〇度を基点に沖縄の日本からの分離に影響を及ぼすこととなったのである。

6　おわりに

本章の冒頭では、アジアとヨーロッパの地域統合の三つの視点について取り上げた。これらの視点を取り入れたことにより、結果的に、ヨーロッパは統合と平和の例、アジアは分断と紛争の例として描かれる。たとえば経済的な側面において、ヨーロッパは多国間協調として称揚される一方、アジアは自国中心主義、二国間主義として、しばしば非難を浴びる。キリスト教という視点からは、社会的・文化的な価値観の面において、ヨーロッパはキリスト教的な集合体、アジアはイスラーム教を含む様々な宗教や民族の混在と原理主義や権威主義の温床として描き出される。民主主義という視点からは、ヨーロッパが民主主義共同体として、アジアは弾圧、権威主義と戦争の枠組みで捉えられがちである。

無論、このような対照性を際立たせることが本章の目的ではなく、そもそもこのような描き方は必ずしも妥当ではない。例えばヨーロッパでは、ユーゴスラヴィア戦争、またロシア・ウクライナ戦争が起きたが、いずれも欧州統合と無関係な戦争ではなかった。しかしアジアに関して、実際に様々な分断が蔓延し、貧困、迫害、そして紛争が発生してきたこともまた事実である。その最も顕著な例は、朝鮮戦争とベトナム戦争だった。この二つの戦争こそ、アジアの分断を象徴する例である。まさに「冷戦」から「熱戦」へと転換した戦争だった。

本章の目的は、朝鮮戦争とベトナム戦争、この二つの戦争の起源について、沖縄と日本の枠組みで再検討することであった。事実を突き詰めていくと、アジアの分断は必ずしも、経済発展観の対立、宗教と民族の紛争、あるいは独裁体制の関係だけでは説明ができないことが明らかであろう。むしろ分断は、不完全な戦後処理における利害関係の固定化にあった。ベトナムでは英仏と中国が介入した戦後処理を許し、朝鮮半島ではソ連と米国の介入を余儀なくさせた。さらに、戦後日本のイメージと実態の懸隔も指摘できる。アジアにおいて経済発展、平和主義そして民主主義の象徴として取り上げられてきたが、実際は、ベトナムや朝鮮半島と同様、分断国家だった。沖縄の日本からの分離は、ベトナムや朝鮮のように、戦後処理の残物であったことが分かった。そして、固定化された戦後処理の失敗は長い間、日本を苦しめてきたのである。

日本はアジア諸国における分断を共有する側面があった。その側面を浮き彫りにすることが本章の目的であり結論である。日本の例は、沖縄と本土の分断を平和的に・民主的な方法をもって、曲がりなりにも「解決」に至った道筋を提示している。さらにここから歴史の糸を紡いでいけば、東アジア秩序の枠組みにおいて、日本は分断に終始したわけではない。沖縄の復帰は、沖縄と本土の分断を平和的、民主的な方法をもって、曲がりなりにも乗り越えた道筋を提示している。アジアの諸地域では、戦後欧米諸国によって分断されたがゆえに、「自分たちには何もできない」という無力感が蔓延している。沖縄復帰の事例は、欠陥付きではあるにせよ、このような無力感から抜け出す糸口を示唆するものではないだろうか。

注

（1） Samuel Huntington, *The Clash of Civilizations* (New York: Simon & Schuster, 1996); Christian Dawson, *Understanding Europe* (Washington, DC: The Catholic University of America Press, 2009).

（2） Mark S. Gallicchio, *The Cold War Begins in Asia* (New York, NY: Columbia University Press, 1981); Ronald H. Spector, *In the Ruins of Empire* (New York, NY: Random House, 2007); Mark S. Gallicchio, *The Scramble for Asia* (Lanham, MD: Rowman Littlefield Publishers, 2008).

（3） 降伏領域の設定に関して、SWNCC16 シリーズについて、例えば次を参照。Rudolf V. A. Janssens, "*What future for Japan?*": *U.S. wartime planning for the postwar era, 1942-1945* (Amsterdam: Rodopi, 1995) pp. 328–329.

（4） 宮里政玄『アメリカの対外政策決定過程』三一書房、一九八一年; T. O. Smith, *Britain and the Origins of the Vietnam War: UK Policy in Indo-China, 1943–50* (New York, NY: Palgrave Macmillan, 2007); Robert C. Cotrell, *Vietnam: The 17th Parallel* (Philadelphia, PA: Chelsea House Publishers, 2004); David Marr, *Vietnam 1945: The Quest for Power* (Berkeley, CA: University of California Press, 1995), pp.266-267; Mark Artwood Lawrence and

Frederik Logevall, eds., *The First Vietnam War* (Cambridge, MA: Harvard University Press, 2007); Stein Tonnenson, *Vietnam 1946: How the War Began* (Berkeley, CA: University of California Press, 2009).

(5) 外務省外交史料館「外務省外交史料館　戦後七〇年企画　「降伏文書」「指令第一号」原本特別展示　降伏と占領開始を告げる二つの文書」、二〇一八年八月三一日に参照、(https://www.mofa.go.jp/mofaj/ms/da/page22_002192.html)。

(6) "Memorandum by the Director of the Office of European Affairs (Matthews) to the State-War-Navy Coordinating Committee," 23 May 1945, 740.0011 P.W./5–2345, RG 59, National Archives and Records Administration II (NARA II), USA; also in *Foreign Relations of the United States (FRUS)*, 1945, vol. VI (Washington, D.C.: USGPO, 1969), 309.

(7) "President Truman to the Ambassador in China (Hurley)," 1 August 1945, *FRUS*, 1945, vol. VII (Washington, D.C.: USGPO, 1969), 143.

(8) "Revised boundaries of the Southeast Asia Command", 22 August 1946, CCS 323.361 (06–19–43) sec. 3, [box 58], CDF 1946–47, JCS records, RG 218, NARA II, USA.

(9) 外務省外交史料館「外務省外交史料館　戦後70年企画　「降伏文書」「指令第一号」原本特別展示　降伏と占領開始を告げる二つの文書」、二〇一八年八月三一日に参照、(https://www.mofa.go.jp/mofaj/ms/da/page22_002192.html)。

(10) "Agreement regarding entry of the Soviet Union into the war against Japan," 11 February 1945, *FRUS*, The Conferences at Malta and Yalta 1945 (Washington, DC: USGPO, 1955), 984.

(11) "Bohlen Minutes," Roosevelt–Stalin Meeting, February 8, 1945, 3:30 p.m., Livadia Palace 11 February 1945,

FRUS, The Conferences at Malta and Yalta 1945 (Washington, DC: USGPO, 1955), 770.

(12) Tsuyoshi Hasegawa, *Racing the Enemy* (Cambridge, MA: Harvard University Press, 2006), 137, 160.

(13) "Memorandum (from Dean Rusk to G. Bernard Noble), July 12, 1950, 740.00117 Control–(Korea)/7–1250" cited in "Draft Memorandum to the Joint Chiefs of Staff," n.d. (22 August 1945), *FRUS*, 1945, vol. VI (Washington, D.C.: USGPO, 1969), 1039.

(14) Mark Gallicchio, *Scramble for Asia: US Military Power in the Aftermath of the Pacific War* (Lanham, MD: Rowman Littlefield Publishers: 2008), 84; Mark Gallicchio, *Cold War Begins in Asia* (New York, NY: Columbia University Press, 2008), 63; Ronald H. Spector, *In the Ruins of Empire* (New York, NY: Random House, 2007), 139.

(15) Annex "A", Directive no. 2, 3 September 1945, Supreme Commander for Allied Powers Directives to the Japanese Government (SCAPINS), SCA–1, reel 2, 国会図書館憲政資料室所蔵。

(16) B. N. Slavinskij, *Sovietskaja okupatsija Kurilskich ostrovov (avgust–sentiabr 1945 goda): dokumentalnoe issledovanie* (Moscow: Lotos, 1993), 57.

(17) 五百籏頭真編『戦後日本外交史　第３版』有斐閣、二〇一〇年、二八頁。五百旗頭真『占領期—首相たちの新日本』読売新聞社、一九九七年。竹前栄治『ＧＨＱ』岩波書店、一九八三年、六六頁。

(18) "Message from JCS to CINAFPAC and CINCPAC," V73, 18 July 1945, CCS 383.21 (4–13–44) sec. 2, [box 343], CDF 1942–45, JCS records, RG 218, NARA II.

(19) Z505, "SCAP, Top Secret," AG 384.1, box 9, SCAP, RG 331, NARA II, USA.

(20) WX 49182 14TH, 14 August 1945, 荒敬編集・解説『ＧＨＱトップ・シークレット文書集成　第１期』柏書房、一九九三、二三四頁。

(21) 荒敬編集・解説『GHQトップ・シークレット文書集成 第1期』柏書房、一九九三、一三三頁。"Memorandum by the Joint Chiefs of Staff," 14 August 1945, *FRUS*, 1945, vol. VI (Washington, DC: USGPO, 1969), 659.

(22) Z 515, 19 August 1945, "SCAP, Top Secret," AG 384.1, box 9, SCAP, RG 331, NARAII, USA.

(23) WX 49961 15TH, 15 August 1945, 荒敬編集・解説、前掲『GHQトップ・シークレット文書集成 第1期』一三三頁。

(24) Dispatch 31 and 50, Receipt 17, 24-25 August 1945. 江藤淳編『占領史録（上）』講談社、一九九五年、一三五頁、一三七～一三八頁。

(25) 米国の駐留部隊間の境界は、連合国軍間の境界ほど重要視されていなかったと言える。しかし、特にソ連の場合、連合国の間では歩調が乱れることもあり、境界線の処理は降伏後にゆだねられた。他の境界線についてはFRUS 1945, op. cit., 658; also SWNCC 21/7, Martin P. Claussen, *Records of the State-War-Navy Coordinating Committee and State-Army-Navy-Air Force Coordinating Committee.* (Wilmington: Scholarly Resources, Inc.) reel 3 (SWN-1, 3); Futoshi Shibayama, "Franklin D. Roosevelt's Postwar Vision on the Pacific and Its Demise 1942–1945." *unpublished manuscript.*

(26) Z-585, 25 August 1945. AG(D) 03662, AG(A) 00209-211. 国会図書館憲政資料室所蔵、マイクロフィッシュ、以下同様。

(27) CX 36856, 26 August 1945, CCS 387, Japan (2–7–45), sec. 3, [box 137], CPF 1942–45, JCS records, RG218 NARAII, USA. キング軍令部長はこの決定に反対したが、統合参謀本部ではこの時点でマッカーサーの決定を差し戻す動きは見られなかった。

(28) C-10352, 27 August 1945, AG(D)03664.〈〉は筆者によるものである。

（29） WX 55352; J 50686; C-10352, 27 August 1945, AG(D)03664.

（30） Z-627, 28 August 1945, AG(D) 03662, AG(A) 00209–211.

（31） ニミッツとスースランド大将の関係については以下を参照。*The Bitter Years: MacArthur and Sutherland* (New York: Praeger Publishers, 1991), p. 281.

（32） Annex "A", Directive no. 2, 3 September 1945, Supreme Commander for Allied Powers Directives to the Japanese Government (SCAPINS), SCA-1, reel 2, 国会図書館憲政資料室所蔵。

（33） 防衛庁防衛研修所戦史室『戦史叢書　沖縄方面海軍作戦』朝雲新聞社、一九六八年、一七六～一七七頁、また七九四頁脚注１３７、１３８を参照。

（34） 同書。

（35） 往電第六十一号、一九四五年八月二七日、江藤淳編、前掲『占領史録（上）』、二一二頁。

（36） Nicholas Evan Sarantakes, ed., *Seven Stars: The Okinawa Battle Diaries of Simon Bolivar Buckner, Jr., and Joseph Stilwell* (College Station, TX: Texas A&M University Press, 2004), 108; 高田利貞『運命の島々　奄美と沖縄』奄美社、［一九五六年］一九六五年再版　八五～八六頁。

（37） J 50816, 31 August 1945, AG(D) 03671.

（38） 納見司令官からの電報を以て、スティルウェル司令部は琉球における正確な「降伏領域」について、米国の太平洋海軍、および太平洋陸軍にも同じ電報を打っている。スティルウェルの狙いは、大東島諸島の帰属が不明確であり、太平洋海軍の管轄下の伊豆・小笠原諸島領域と異なることを確認しようとすることであった。参照：J-50788 29TH, 29 August 1945, AG(D) 03664.

（39） 291230 Z (J 50787), 30 August 1945, AG(D) 03671.

（40） Z-641, 29 August 1945, AG(D) 03664; 江藤淳編、前掲『占領史録（上）』二一四頁。

（41） Annex "A", Directive no. 2, 3 September 1945, Supreme Commander for Allied Powers Directives to the Japanese Government (SCAPINS), SCA-1, reel 2, 国会図書館憲政資料室所蔵。

（42） 高田は終戦後に方面陸軍の司令部に奄美からの電報は受信されたか、確認しに行ったと回想している。しかし、回答は得られなかったという。高田利貞、前掲『運命の島々・奄美と沖縄』九九頁。

（43） J 50882, 2 September 1945, AG(D) 03668. スティルウェル司令官が東京における降伏調印式に出発した後は、第一〇軍のメリル参謀長が高田司令官に九月三日に降伏の準備のために沖縄に高田司令部の代表者を送るように要請している。しかし、この電信への答えも来なかった。

（44） JX 50907, 2 September 1945, AG(D) 03670.

（45） J 50882, 2 September 1945, AG(D) 03668. 総司令部からの回答は翌日に受信された。スティルウェル司令官は既に横浜を出発し、第一〇軍からのメッセージは東京から伝達できないとのことであった。CA 51624, 2 September 1945, AG（D） 03670.

（46） この件に関しては降伏後に極東陸軍で調査委員会が設置されたが、武力行使は問題視されなかった。JX 50907, 2 September 1945, AG（D） 03670.

（47） 加瀬俊一『ミズーリ号への道程』（文藝春秋新社、一九五一年）、『加瀬俊一回想録（上・下）』（山手書房、一九八六年）、『回想の戦時外交』（勉誠出版、二〇〇三年）、『ミズーリ艦上の外交官』（モラロジー研究所、二〇〇四年）。

（48） 米統合参謀本部は降伏書類を作成した際、日本軍の降伏に関して多くの懸念を抱いていた。そのため、現地に於ける降伏調印の責任司令官により現地の現状を反映して降伏条件の「マイナー・チェーンジ」を許可することにした。統合参謀本部は特に、朝鮮および中国北部の地域に関して、大統領が降伏書類に調印して後も、変更の可能性は出てくると想定していた。しかし、琉球はこの想定に含まれていない。"Memorandum by the Joint Chiefs of Staff," SM–2866, 14 August 1945, *FRUS*, 1945, vol. VI (Washington, D.C.: USGPO, 1969), 657–658

（49）原文は次の通りである。"Owing to the impossibilities of communication, earnestly desire that a representative of the Commander of the U.S. 10th Army, Okinawa, is dispatched to Tokunoshima or that an aeroplane or a ship is prepared to send a representative of the Japanese Army to Okinawa." この電文は米軍側の資料として複数の機関に保存されていることから、同じ内容のものが下位の司令部に転送されていたことを裏付けている。GHQ A. NO 2, 2 September 1945, AG(B)00588, AG(D)03670 (15:34, 2 September). 他の同様の電信は次の通り、AG(D)03670 – ZAX 5043, 040215Z, AG(B)00588 – ZAX 5043.

（50）「奄美群島の敗戦処理について」（防衛研究所戦史史料、①終戦処理　160）九頁。

（51）徳之島にあった高田の司令部との電信を、一部だけであるが、日本海軍が傍受している。陸軍の司令部は八月三〇日から九月二日までの四日間機能していたことを裏付けている。防衛研究所戦史史料、①終戦処理 077。

（52）040215 Z, 4 September 1945, AG（B） 00588.

（53）高田利貞、前掲『運命の島々・奄美と沖縄』八九頁。

（54）Seven Stars, op. cit., p.113.

（55）*The New York Times*, 6 September 1945, p.3.

（56）同紙。

（57）『スティルウェル日記』一九四五年九月、スタンフォード大学フーバー研究所所蔵。

(58) 沖縄の「終戦」に関する研究は近年増えているが、どれもがこの問題を追求していないようである。

(59) 各群島の名付けに関する問題は降伏後、日米間の厳しい瀬戸際交渉の引き金となった。外務省外交史料館マイクロフィルム、リールA―0146。

(60) 軍事境界線の選択に関しては、波多野澄雄の表現を借りれば、「「無条件降伏」を巡る日米政府間の争点は、その大将が軍隊であるか否かではなく、ポツダム宣言を勝者の理解に従って無条件に受入れるか否かにあったことを示している」。波多野澄雄「『無条件降伏』と日本」『法学研究』慶應義塾大学、73巻1号、二〇〇〇年一月、三一三頁。

コンペル　ラドミール

第7章　アジアにおける日本の地域協力とNGO
――ペシャワール会のアフガニスタン支援の事例を基に

1　はじめに

二〇一五年三月二七日、アフガニスタンの農村復興開発大臣であるナシール・アフマド・ドゥラニ氏が福岡県朝倉市の「山田堰《やまだぜき》」を視察した（図7-1参照）。山田堰は、農業用水の取水による灌漑面積の拡大を目的として、当地の庄屋であった古賀百工によって一七九〇年に完成をみた。江戸時代から現在まで二三〇年近く筑後川で使われている石堰である。そのような石堰をなぜ、アフガニスタンの農村復興開発大臣がわざわざ視察先に選んだのか。実は、山田堰は、福岡市のＮＧＯ[1]「ペシャワール会」がアフガニスタン東部のクナール川に建設し、砂漠地帯を緑地に変えたマルワリード用水路の「斜め堰」と「堰板《せきいた》式取水門」のモデルとなった堰であり、かねてよりドゥラニ大臣が視察を望んで

図7-1　ドゥラニ大臣の視察を伝える記事

（出典）『筑後川新聞[2]』2015年初夏号、Vol.95。

いたのである。

そして、ドゥラニ大臣の山田堰視察から三年近く経った二〇一八年二月二八日、『西日本新聞』（朝刊）に次のような記事が掲載された。

　アフガニスタンへの支援を行う福岡市の非政府組織「ペシャワール会」は27日、現地代表の中村哲医師（71）＝福岡県出身＝が同国のガニ大統領から国家勲章を受けたと発表した。長年にわたる現地での用水路建設や医療活動が高く評価された。外務省によると、日本の民間人が同国から勲章を受けるのは異例という。

　中村医師は1984年から隣国パキスタンで医療支援を始め、91年からアフガンでも活動。一時は両国で最大11カ所の診療所を運営した。アフガンを襲った大干ばつを受けて2003年に用水路の建設や補修を始め、事業で潤う土地は福岡市の面積の約半分に当たる約1万6千ヘクタールに上る。

同会によると、勲章は「長年、最善を尽くして専門的な支援を行い、保健と農業の分野でわが国の人々に多大な影響を与えた」として授与された。

7日に首都カブールの大統領官邸で行われた叙勲式にはガニ大統領や同国の農業大臣らが出席。大統領は中村医師が書いた用水路建設の技術書を6時間かけて熟読したと明かし、「あなたの仕事がアフガン復興の鍵だ」と何度も話したという。（後略）

一国の大統領に「復興の鍵」とまで言わしめたペシャワール会現地代表・中村哲医師の活動は、どのようなものなのか。次節では、日本の代表的NGOの一つであるペシャワール会のアフガニスタンにおける活躍の軌跡をたどることにしよう。

2　ペシャワール会[3]とアフガニスタン[4]

(1)　中村医師は、なぜアフガニスタンで用水路を建設したのか

一九八四年、ペシャワール会の医師としてパキスタンのペシャワールに渡った中村氏は、パキスタン、アフガニスタン両国山岳部の医療過疎地にて基地病院一カ所と診療所一〇カ所を開設し、スタッフと共にハンセン病治療を柱とした医療活動を展開していた。しかし、多くのアフガン人たちが二〇〇〇年から始まった大干魃によって飢えと渇きに苦しんでいた。中村氏を中心とする現地スタッフは医療活動のかたわら、清浄な水を供給するため、同年から飲料用井戸を掘り始め、その数は二〇〇六

年までに一、六〇〇本に達したという。さらに、灌漑用の井戸を一三本掘削し、三八カ所のカレーズ（伝統的な地下水路）も修復した。そうした彼らの尽力にもかかわらず、井戸水が枯渇するたびに数度に及ぶ再掘削を繰り返し、抜本的な解決策にならなかった。そのために大河川からの取水に切り替えざるを得ないと判断したのである。

しかし、そこへ追い打ちをかけるように、国連による経済制裁が二〇〇一年から開始され、さらに、いわゆる9・11テロ事件への報復として米国を中心とした空爆も同年から一四年まで行われたのである。命を危険にさらされたアフガン人たちは、大量に難民化した。同年一〇月、「アフガンいのちの基金」を設立し、空爆下、アフガニスタン国内避難民への緊急食糧配給を実施したが、翌二〇〇二年二月までに一五万人分の配給を行った。それを機に中村氏は田畑の復旧を決意し、総合的農村復興事業「緑の大地計画」を策定した。それを基に、二〇〇三年に全長約二七キロメートルに及ぶマルワリード用水路の建設に取りかかった。建設工事には連日、五〇〇人もの人々が従事し、のべ一〇〇万人以上の雇用が生まれたという。さらに言えば、もし、この工事が無ければ、作業にあたった人々は軍閥に入るか外国軍隊の傭兵となるかしかなかったという状況に置かれたはずであり、地域の治安の安定にも役だったということになる[5]。

こうして多くの苦難を乗り越え、二〇一〇年、ついに用水路の開通にこぎつけることができた。この用水路の供用によって、約三、〇〇〇ヘクタールの田畑が復旧し、一五万人もの人々が暮らしていけるようになったのである。因みに、総工費は一五億円に上ったが、全額、ペシャワール会会員の会費と寄附金によって賄われたという。

（2）筑後川の伝統的な治水技術とマルワリード用水路

中村氏は、マルワリード用水路を建設する際、日本の江戸時代に完成した「斜め堰《ぜき》」「堰板式取水門」「蛇籠《じゃかご》工[6]」「柳枝《りゅうし》工[7]（図7-2参照）」などの伝統的な治水技術を取り入れた。とりわけ、斜め堰と堰板式取水門については、福岡県朝倉市にある山田堰を参考にしたという（図7-3参照）。

では、なぜ山田堰なのか。実は、中村氏は福岡県出身で、アフガニスタンにも在来工法として斜め堰があることや、アフガン人が石積みの技術を持っていることから、用水路の完成後、アフガン人が大きな経費をかけずに、修復・保全していくことができると確信したからである。中村（二〇一八年、一二頁）によれば、気候・風土の異なる日本とアフガニスタンとの間には、「急流河川が多く、夏冬の水位差が著しい」「山間部の山麓や小さな平野に田畑があり、狭い土地で集約的な農業が営まれる」といった点が共通するため、「取水と灌漑の方法にある種の類似性がある」という。それ故、「近代工法がしばしば不可能なアフガン農村で、我々が古い日本の工法を参考にしたのは、決して懐古趣味ではない。維持補修を地域自らが行い、なるべく単純な工法で建設できる適正技術を考えるとき、平原が多い北米や欧州ではなく、日本の古い水利施設が実際に役立ったのである」（中村、二〇一八年、一二頁：傍点は筆者による）。こうした中村氏のアフガニスタンでの行動は、まさに適正技術論の実践そのものといえよう。

そこで次節では、適正技術論についてもう少し詳しく見ていくことにしよう。

図7-2　柳枝工

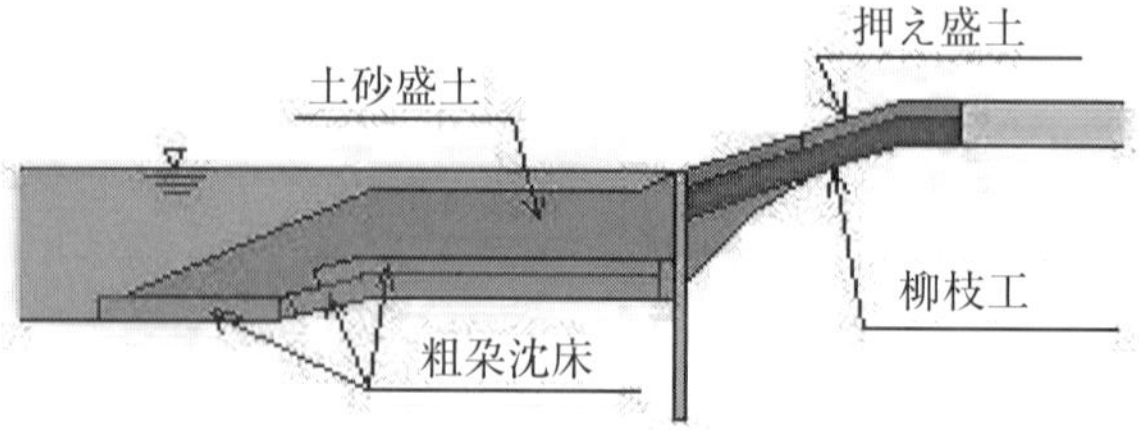

（出典）国土交通省北陸地方整備局公式サイトより。

図7-3　筑後川・山田堰

（出典）朝倉市（福岡県）公式サイトより。

3　適正技術（中間技術）論とは[8]

適正技術論を唱えた代表的な経済学者として、E・F・シューマッハーをあげることができる（なお、シューマッハーは、「中間技術」という用語を用いているが、適正技術と同様の考え方であるので、以下、本章では、中間技術と記述する）。

シューマッハーのいう中間技術とは、いったいどのようなものなのだろうか。彼は、中間技術について以下のように説明している。

① 発展途上国が先進国の生産性の高い最新鋭技術の導入に努めることによって、その国の土着技術が衰退し、壊滅していく。なぜなら、最新鋭技術の導入には莫大なコストを要するので、その国の人々には手の届かない技術となってしまい、導入を断念するだけでなく、土着技術も放棄してしまうことが多いからである。

② 土着技術が衰退、壊滅した国では、新規雇用先ができる前に雇用が失われてしまうので、国民が貧困化していくことになる。

③ したがって、発展途上国で上述のような状態を回避するためには、最新鋭技術と土着技術との中間にある技術（＝中間技術）を導入する必要がある。

中間技術は、土着技術より生産性が高く、最新鋭技術より低コストの技術なので、中間技術に必要となる道具とその道具を使用する人々の両面から見て、発展途上国に定着しやすい技術であることがわかる。つまり、道具については、比較的簡素で現地の人々が習得しやすく維持管理も容易である、「精選された原材料や厳密な仕様」が不要である、「市場の変化」に対応できる、といった特性を備えている。また、使用する人々の立場に立ってみると、「技術者の訓練もずっと容易であり、管理、統制、組織が簡単で、思いがけない故障等で困ることも少ない」という特性がある（E・F・シューマッハー、一九八六年、二三六～二三八頁）。

さて、シューマッハーによれば、ここ一〇〇年間で人間の技術は大きく変化してきたが、誤った方向に向かっているという。その方向とは、組織と技術レベルの「巨大化」、製品の「複雑化」、農業をも含む「資本集約化」、人間社会や地球環境への「暴力化」の四つである。巨大化、複雑化するほど機械や製品は故障しやすくなり、自らの力では直せなくなる。直そうとすると、お金がかかる。それを輸入することで解決しようとすれば、ますます豊かな国々に依存することになる。戦争や地球環境の破壊は言うに及ばず、われわれの身近なところでも「病気そのものよりも、いろいろな効能をうたった薬物」から生じる「副作用たるや、まったく治療不能のことがしばしばである」。そして、「その解決法はおのずから、それとは反対の方向にある」（E・F・シューマッハー、二〇一一年、七二～七六頁）。しかしながら、彼は、発展途上国の技術を全て中間技術にせよと言っているわけではない。中間技術が必要とされるのは、「建築材料、衣料、家庭用品、農機具」や「農産品からの収入の増加」であり、「木や水や収穫物の貯蔵設備」であり、さらに言えば、農産品加工の「第一段階」の部分である（E・F・シューマッハー、一九八六年、二四四頁）。また、中間技術の導入は、技術の衰退を意味するものでもない。すなわち、「科学の本当の成果というものは正確な知識の積み上げにあり、その応用にはさまざまなかたちがあって、現代工業で今行われているのは、その一つにすぎない。だから、中間技術の開発とは新しい応用の開拓であり、この応用分野では、労働を節約し仕事を減らすために生産方法＝技術に莫大なカネをかけたり、これを複雑にしたりすることは避けられ、技術は労働力のあまった社会に適したものになるのである。」（E・F・シューマッハー、一九八六年、二四五～二四六頁：傍点は筆者による）。

こうした中間技術を開発するには、次の三つの方法があるという。第一に初歩的な既存の技術水準を高めること、すなわち、「上向きの改良」であり、第二に発展途上国の状況に適合するように技術水準を引き下げることである。[9]そして、第三に新規の技術開発である。その際、重要なのは、「広く世界各地の実状を検討して、既存のテクノロジーを探し出して評価し、実験してみる」ことであるという。例えば、「フィリピンの国民は、米作に使う至極簡単な農具をもっているが、これは実に優れたもの」であり、「それは日本についても同じである。そういう農機具が、ほかの地域にも適していることがわかれば、それを広く普及させる」ことができるはずである（E・F・シューマッハー、二〇一一年、一七〇～一七一頁：傍点は筆者による）。

前節で見た中村氏のアフガニスタンでの用水路の建設にあたっては、筑後川などの日本の伝統的な治水技術を探し出し（中間技術開発の第三の方法に該当）、現地で手に入れることのできる材料と道具を使って、干魃のため仕事の無い農民に建設・維持管理をしてもらっている。シューマッハーの中間技術論の考え方と見事に符合することがわかるだろう。

4 内発的発展論とアジアの発展途上国に対する地域協力のあり方

本節では、中間（適正）技術論と「内発的発展論」に基づいて、アジアの発展途上国に対する地域協力のあり方について考えてみたい。

そこでまず、内発的発展論について述べることとしよう。内発的発展論については諸説があるが、本節では、先駆的な論者であるダグ・ハマーショルド[10]財団と鶴見和子の示した概念を紹介したい。

（1）ダグ・ハマーショルド財団「もう一つの発展（Another Development）論」（一九七五年）

一九七五年九月、ニューヨークの国連特別総会にてスウェーデンのダグ・ハマーショルド財団が「もう一つの発展（Another Development）」と題する報告書[11]を提出した。この報告書の「Part One Towards another development」に包括的な「発展」の概念が定義されている。その内容は、大きく四つの要素から成っている。それは、①人間の基本的ニーズ（basic needs）を満たすこと、②内発的で独立独行（自立的）である（endogenous and self-reliant）こと、③自然環境と調和する（harmony with the environment）こと、④構造転換（structural transformations）を伴うことである。以下、それぞれについて説明しよう。

①については、人間の基本的ニーズが食料、住居、健康、教育にあるとしている。食料の問題には、飢餓や栄養失調、飲料水の不足などがあり、とりわけ、女性と子どもに被害が及びやすい。住居は、

食料と同様、人間にとって基本となるものであるが、雨露をしのぐだけでなく、社会を形成する生活空間であり、食料生産から文化活動などに至る物質的・精神的ニーズを満たす諸活動を続けるための空間でもある。健康に対するニーズを満たすためには、（a）利用可能な資源を、特に予防に向けて再配分することや、（b）医療活動を発展にとって必要な諸活動に統合すること、（c）疫学的に条件の異なる国々のモデルを模倣せず、最大限、現地の資源を利用しながら、それぞれの環境に医療活動を適応させることが必要である。そして、本報告における教育については、社会を構成するすべての人々に対して、また、社会環境全体がその機能を持続することに対して永続的な義務と責任を負うものということになる。それは、教育が、個人的に獲得する手段というより、むしろ、社会それ自体が進歩するための手段となるからである。

ところで、本報告書が提出された当時は（あるいは現在でもそうかもしれないが）、発展といえばもっぱら経済的な面での発展を意味しており、ほぼ経済成長と同義である。しかも、その経路は一方向（低開発国→中進国→先進国）に向かっているという前提で発展を志向していた。しかし、本報告書の「もう一つの」という言葉には、先進国の経済の成長過程を後追いするのではなく、別の発展経路を目指すという意味合いがある。そして、上記②の発展が「内発的で独立独行（自立的）」であるというのは、新しい資源を探索したり、新しい方法を用いて既存の資源を活用したり、場合によっては、生産物のニーズを調べてみたりすることで創造性を刺激し、地域、国、国際レベルで脆弱性や依存度を低下させることを意味する。ここで、独立独行（自立的）という状態は、地域レベルでいえば、④の構造転換とも関係するが、最も貧しい人々が生活改善の手段を得て、個々のコミュニティーが自立しているということである。国レベルでは、自国で開発し意思決定をする能力があり、他国と対等な関係を築くことができるということである。ただし、これは、専制政治や孤立主義とは異なる。国際レベルでは、他国との協力関係ができるということになる。したがって、国によって出発点が異なるので、内発的で独立独行の状態に至る解決策や経路も異なるものになるのである。

さて、先進国の中には、軍需産業による非再生資源の独占と無駄遣いをし続けたり、再生資源である生態系の再生能力を損なったりしている国もある。前記②の内発的で独立独行の状態を達成するためには、こうした先進国型の成長パターンを模倣するのではなく、各国の地域レベルで自然環境を保全し増進することが必要であり、このことが①で述べた人間の基本的ニーズを満たすことにもなる。これこそが「③自然環境と調和すること」に込められた意味合いである。

現状では、先進国と多国籍企業が市場経済を通じて第三世界の一部にある地域構造とリンクしている。地域構造を直接支配する場合もある。したがって、不公平な経済的関係は国際レベルだけでなく、一国内のシステムの主要部分にも存在するという構造になっている。前述の①～③を実行に移すことは、こうした構造の転換を伴うことになる、というのが前期④の意味するところである。

(2) 鶴見和子「内発的発展論」(一九七六年)[12]

日本の代表的論者である鶴見和子の内発的発展に対する考え方は、以下のようにまとめることができる(鶴見・川田編、一九八九年、四九～五三頁：傍点は筆者による)。

① 世界中の人々が「衣・食・住・医療の基本的必要」を満たし、個人の可能性を発揮できる条件を創出する。これは、人類共通の目標であり、世界中の人々が国内外の「格差を生み出す構造」を解消

することにつながる。

②　前記①の条件創出は、各地域の住民や団体が「固有の生態系」に合った仕方で、「文化遺産（伝統）に基づいて」、自律的に行われなければならない。その際、「外来の知識・技術・制度など」が適用できるかどうか調べてみることも必要である。

③　前記②の地域の範囲は、「国家よりも小さい区域」[13]である。それは、地域の住民自ら（場合によっては、住民の代表者）が「生活と発展との形」を選択し、決定することが可能となるからである。

④　さらに、「地域とは、定住者と漂泊者と一時漂泊者とが、相互作用することによって、新しい共通の紐帯を創り出す可能性をもった場所である」。この場合、共通の紐帯とは、「共通の価値、目標、思想等」をいう。また、「漂泊者」とは、地域の外から来た「よそ者」[14]や「移住者」、あるいは、「Iターン・Jターン者」のことであり、「一時漂泊者」とは「自ら定住地を離れて他の場所へ移動し、再びもとの定住地へ帰ってくる」定住者であり、いわゆる「Uターン者」のことである。

この鶴見の考え方とダグ・ハマーショルド財団報告書の考え方とは重なる部分が多い。しかしながら、鶴見が内発的発展は「国家よりも小さい区域」である一国内の地域から始まるとしている点や、内発的発展の担い手を定住者・漂泊者・一時漂泊者の三つに分けている点が異なる。

5 おわりに――先進国から発展途上国への地域協力の一つのあり方

先進国から発展途上国へ地域協力を行うというとき、通常はダムや橋、公共施設や文化施設などの建築物が思い浮かぶのではないだろうか。しかしながら、E・F・シューマッハー（一九八六年、二五七～二五八頁）によれば、先進国が物品や施設を援助すると、援助を受ける途上国側は、その基となる知識や技術を得るための「血のにじむ努力」や「犠牲」を払わずに簡単に手に入れることができるので、自らのものにならないという。そのような状態にあると、建設後の維持管理や応用も利かなくなるおそれがあるうえに、何よりも援助する側への依存心が生じて自立しようとしなくなる。そうすると、発展途上国にとって「最良の援助は、知識の援助であり、役に立つ知識を贈ることである」。つまり、「知識の贈り物」は、「受け手が本気で受け取ろうとしない限り、贈り物は贈り物にならない」ので、自らが咀嚼し、自らのものにしようと努力することになる。これが自立心を養うことにつながるうえに、その後の永続的な効果も見込まれるのである。さらに言えば、物品や施設の援助よりも少額の資金で済むという。シューマッハーは、以上のことを次のようなたとえ話で説明している。「人に魚を与えてもその場限りの助けになるだけだが、釣りを教えれば一生の助けになる。さらに一歩進めて、釣り道具を与えるとなれば、かなりカネがかかり、その結果も必ずしもよいと限らない。かりにそれが役に立ったとしても、もらい手がこれで食べていくには、絶えず道具の補給を受けて相手に依存することになる。ところが、道具の作り方を教えてやれば、もらい手はこれで自活できる上、自信も湧き、独立心も出てくる」（E・F・シューマッハー、一九八六年、二五八頁）。漂泊者・移住者・よそ者としての中村氏が外来の知識・技術・制度などが適用可能かどうか見極めたうえで、農業復興の道具としての用水路の作り方をアフガン人に教え、その恩恵に与った地域では自活できるようになっている。これからアフガン人は、それぞれの地域に固有の生態系に合った仕方で、文化遺産（伝統）に基づいて、自律的に発展に向かうような志向をもつべきである。その際、内発的で独立独行（自立的）であるというのは、最も貧しい人々が生活改善の手段を得て、個々のコミュニティーが自立しているということである。そして、それを担うのは、「地域の小伝統の中に、現在人類が直面している困難な問題を解くかぎを発見し、旧い物を新しい環境に照らし合わせてつくりかえ、そうすることによって、多様な発展の経路をきり拓く」「キー・パースンとしての地域の小さき民である」（鶴見・川田編、一九八九年、五九頁）。

日本のNGOが「もう一つの発展」や「内発的発展」という視点に立脚し、最新鋭技術だけでなく、中間技術も用いて発展途上国への支援を行うことで、経済・社会両面における持続可能性のある内発的発展が遂げられ、人々の生活の質（Quality of life; QOL）の向上につながる、という道筋を示すことを期待したい。

引用・参考文献

E・F・シューマッハー『スモール・イズ・ビューティフル―人間中心の経済学』（小島慶三・酒井懋訳）講談社学術文庫、一九八六年。

E・F・シューマッハー『宴のあとの経済学』（長洲一二監訳、伊藤拓一訳）ちくま学芸文庫、二〇一一年。

Dag Hammarskjöld Foundation（1975）"The 1975 Dag Hammarskjöld Report on Development and International Cooperation"

https://www.daghammarskjold.se/publication/1975-dag-hammarskjold-report-development-international-cooperation/（二〇一八年一〇月二二日確認）。

鶴見和子「第二章　内発的発展論の系譜」、鶴見和子・川田侃編『内発的発展論』東京大学出版会、一九八九年。

中村哲『医者、用水路を拓く：アフガンの大地から世界の虚構に挑む』石風社、二〇〇七年。

中村哲『アフガン・緑の大地計画：伝統に学ぶ灌漑工法と甦る農業〔改訂版〕』Peace (Japan) Medical Services & ペシャワール会、二〇一八年。

山岡義典編著、早瀬昇・田代正美・片山正夫・久住剛共著『ＮＰＯ基礎講座〔新版〕』ぎょうせい、二〇〇五年。

朝倉市（福岡県）公式サイト。

http://www.city.asakura.lg.jp/www/contents/1297659953084/index.html（二〇一八年一〇月二二日確認）

「アフガンに緑　新たな水路」『朝日新聞』（九州版）二〇一六年九月一八日。

国土交通省北陸地方整備局公式サイト　http://www.hrr.mlit.go.jp/（二〇一八年一〇月二二日確認）。

小学館「日本大百科全書（ニッポニカ）デジタル版」（ジャパンナレッジ）。

「中村哲氏アフガンで勲章　ガニ大統領『用水路建設が復興の鍵』」『西日本新聞』二〇一八年二月二八日。

「ペシャワール会会報１３４号」ペシャワール会、二〇一七年一二月五日発行。

http://www.peshawar-pms.com/kaiho/kaiho_index.html（二〇一八年一〇月二二日確認）。

「ＮＧＯ『ペシャワール会』中村哲医師にアフガンから勲章」『毎日新聞』二〇一八年二月二八日。

注

(1) NGOとは、Non-governmental organizationの略称で、日本語では非政府組織と訳される。民間組織でありながら、医療支援、教育支援、貧困対策、食料援助、環境保護などの分野で、政府のような働きをする組織のことをいう。山岡編著（二〇〇五年、七～八頁）によれば、「もともと国際連合で生まれた言葉で、国連の正式メンバー（政府）ではないけれども経済社会理事会との協議資格を持つ登録組織のこと」であるが、「最近では、より広く国際的に活動する」非営利の民間（非政府）組織を指すことが多い。

(2)『筑後川新聞』は、特定非営利活動法人筑後川流域連携倶楽部（福岡県久留米市）が一九九九年より隔月で年間六回発行している筑後川、矢部川流域の情報誌である。二〇一八年一〇月一〇日現在、発行部数一五、〇〇〇部、最新号はVol.115となっている。

(3) ペシャワール会の公式ウェブサイト http://www.peshawar-pms.com/（二〇一八年一〇月二四日閲覧）によれば、同会は一九八三年九月、中村哲医師のパキスタンでの医療活動を支援する目的で結成され、以来、本書執筆時点の二〇一八年一〇月に至るまで三五年間、中村氏の支援を行ってきている。

(4) 本節の記述については、中村（二〇〇七年）および中村（二〇一八年）を参照のこと。

(5) 近年のアフガニスタン情勢は、国難とも言うべき事態の連続である。一九七九～八九年にはソ連軍の侵攻があり、国民の一〇分の一にあたる二〇〇万人が死亡、六〇〇万人が難民となった。ソ連軍撃退後、国内各地の軍閥が割拠し、治安が悪化したが、タリバン政権による統治で安定した。それもつかの間、二〇〇〇年の大干魃、9・11テロ事件への報復としての欧米軍によるタリバン攻撃にさらされたのである。

(6) 竹や鉄線などで編んだ円筒形の籠の中に玉石《たまいし》や栗石《くりいし》を詰め込んだもの。籠の大きさは直径四〇～六〇センチメートル、長さ四～一〇メートル程度のものが多い。蛇籠は屈撓《くっとう》性があり、堤防の法面《のりめん》や法先《のりさき》に並べて置き、護岸の法覆工《のりおおいこう》や根固め工として用いられる。蛇籠は多孔質で小動物の生息場となり、また草木で覆われるので、環境護岸として用いられる（小学館「日本大百科全書（ニッポニカ）デジタル版」）。

（7）柳枝工は、栗石粗朶工の石に替えて土砂を充填する工法で、洪水時には成長した柳の枝により法面近くの流速を弱め、更に成長した根は法面の土の崩壊を防ぐなど、護岸の保護に適している。生態系における機能は、他の粗朶工法と大きな違いはなく水生生物に適する構造となっている（国土交通省北陸地方整備局公式サイト）。

（8）本節の記述については、E・F・シューマッハー（一九八六年）およびE・F・シューマッハー（二〇一一年）を参照のこと。

（9）例えば、最近でも、インドでは洗い・すすぎ・脱水・乾燥といった高度の機能を有する洗濯機や、冷房・暖房・除湿・加湿といった機能を有するエアコンよりも、洗うだけ、部屋を冷やすだけといった単機能で低価格の洗濯機やエアコンの方が売れるということがマスメディア等で取り上げられている。

（10）ダグ・ハマーショルドは、スウェーデン出身の第二代国連事務総長であったが、一九六一年九月にアフリカでの航空機墜落事故で殉職した。

（11）本報告書は、「Introduction To set in motion the process of change」「Part One Towards another development」「Part Two Towards a new international order」「Part three Towards a new United Nations development and international cooperation system」「Appendix List of papers prepared for the 1975 Dag Hammarskjöld Project, Abbreviations」という構成となっている。

（12）鶴見・川田編（一九八九年、四七頁）によれば、鶴見和子が「内発的発展」という言葉を論文で使用した一九七六年の時点で、前年のダグ・ハマーショルド財団報告書のことを認識していなかったという。

（13）身近な例でいえば、九州地方、福岡県、筑後地域、久留米市、御井小学校区などの単位が考えられる。

(14)　地域づくりの現場では、いわゆる「よそ者」「若者」「ばか者（＝変わり者）」が地域を変えていくキー・パーソンとしてしばしば言及される。

伊佐　淳

第8章　東アジアの地域連携をめぐる環境変化と九州・福岡の役割

1　いまなぜ、東アジア地域連携の論議なのか

手元に、二〇〇五年一月九日の『西日本新聞』の社説がある。タイトルは「東アジア共同体の夢求めて」。執筆者は私だ。その前年、東南アジア諸国連合（ASEAN）と日本、中国、韓国が初の「東アジア首脳会議」の開催で合意し、新しい地域協力の枠組み作りが動き出そうとしていた。背景には「二一世紀はアジアの時代」と言われる域内の環境変化の胎動があった。一九九七年のアジア通貨危機を契機に、東アジアは幅広い経済協力が進む。各国が経済発展を競い合い、域内の生産、貿易や投資など経済相互依存関係が増大する。とりわけ中国は「世界の工場」として存在感を高めた。一方で東アジア諸国・地域は政治体制が異なり、歴史認識問題やナショナリズムの高まりなど不安定要因も

抱える。それでも人、物、金の流れを自由にして域内の共同繁栄や平和共存を目指すのは、発展の潮流がもたらす歴史的必然ではないのか。そんな機運が醸成されようとしていた。

社説ではこう記している。「『東アジア共同体』への道筋は険しく、難題、課題が山ほどある。共同体が活発になるにつれ、日中韓の主導権争いや米国の口出しも予想される。だが、違いを過度に悲観するより、未来を共有する夢を求めたい」と。その年、小泉純一郎首相（当時）は、国会施政方針演説で「東アジア共同体の構築に積極的な役割を果たしていく」との決意を表明した。同年末の東アジアサミットでは、これを目指すことが確認された。東アジア共同体は、遠い理想ではなく近い将来の課題になりつつあった。

以来十数年がすぎた。残念ながら現在、東アジアの地域協力と信頼醸成を目指す歩みはのろい。域内の政治的緊張は逆に高まっている。軍事的にも台頭著しい中国は、海洋進出を強め、南シナ海や東シナ海で日本など周辺国との大きな摩擦を生んでいる。北朝鮮は国連安全保障理事会の度重なる決議を無視して核・ミサイルを開発した。二〇一八年六月、トランプ米大統領と金正恩・朝鮮労働党委員長による歴史的な米朝首脳会談が開かれたものの、北朝鮮の非核化の行方はなお不透明だ。日韓の間にも、歴史認識問題、従軍慰安婦問題、領土問題、徴用工問題など火種がくすぶる。

それでは、「東アジア共同体」構築の模索は、今世紀当初のひと時の「夢物語」や「幻想」として幕引きしていいのだろうか。そうではあるまい。豊かで安定し開かれた東アジアの実現は、日本の平和や安定、繁栄にとって不可欠である。新しい地域連携の枠組み作りの重要性は、決して色あせてはいない。

今なぜ、あらためて東アジアの地域連携の論議が求められるのか。答えは「二一世紀当初からこの十数年の東アジアの環境変化」、にある。変化の長期的トレンドは幾つもある。①各国の目覚ましい経済発展、②中国の飛躍的な成長と台頭、③日本の停滞と国際社会での地位低下、④「政冷経熱」の日中関係、⑤東アジア大交流時代の到来、⑥地道に続く地域経済連携の模索、などだ。一連の環境変化の潮流や現状、今後の展望や課題を、順を追って考察する。

2　今世紀の東アジアの環境変化

(1)　各国の目覚ましい経済発展

かつて東アジアは「雁行型成長モデル」と言われた。経済力と技術力で突出する日本が、資本や技術をアジアに提供し、アジア各国は安価な労働力を生かした輸出振興で発展した。日本が先頭を走り、追うように韓国、シンガポール、タイ、中国、インドネシアなどが続く。「雁行型」は、この様子が渡り鳥の「雁」の群れに似ていたことに由来する。

二〇〇〇年以降、東アジアは著しい経済発展を遂げ、世界経済における位置づけを大いに高めている。中国は二〇〇一年の世界貿易機関（ＷＴＯ）加盟を契機に大躍進。インドやＡＳＥＡＮも急速な成長を続ける。技術や資本財を提供するのは日本や韓国だ。ＡＳＥＡＮはこれを基に組み立て、加工し、中国やインドは巨大市場となって消費財を引き受ける。東アジアの形態は「雁行」ではなく、特徴を生かした役割分担で互いに連携しながら成長する「スクラム型」に変わり、一部では「下剋上」も見られる。

東アジアの目覚ましい成長のほどは、国際通貨基金（ＩＭＦ）などの統計で一目瞭然だ。各国の国内総生産（ＧＤＰ・名目）の二〇〇〇年時点の世界ランキング、二〇一七年のランキングとその間の増加率を見よう。二〇〇〇年に世界六位だった中国は日本を抜いて米国に次ぐ世界二位へ。増加率は何と九・九倍だ。同様に一二位だった韓国は二・七倍増で一一位へ。二六位だったインドネシアは五・七倍増で一六位へ、三四位だったタイは三・六倍増で二六位へ。このほかシンガポール、マレーシア、フィリピンなども三倍以上の増加で世界順位を上げている。この一七年間の世界全体のＧＤＰ伸び率が二・四倍であることに照らすと、東アジアの勢いは際立つ。中国の躍進ぶりは後で詳しく触れる。韓国は、財閥への高い依存度や中小企業の伸び悩み、少子高齢化の進展など課題を抱えるものの、経済力は世界一二位のロシアを上回る。世界の準経済大国と言っていい。

東アジアの場合、国民一人当たりのＧＤＰでは欧米諸国に大きく見劣りする。だが経済規模では北米自由貿易協定（ＮＡＦＴＡ）地域やヨーロッパ連合（ＥＵ）を上回る。域内貿易比率は四六％に達し（『通商白書』二〇一七年版）、直接投資も拡大基調だ。経済の相互依存を深め合い、世界でも指折りの巨大経済圏を形成している。

（2）中国の飛躍的な成長と台頭

今世紀の中国の経済発展は、まさに驚異的である。二〇〇〇年は日本の四分の一だった名目ＧＤＰは、二〇一〇年に日本を追い越し、二〇一七年は二・七倍に達する。この途方もない急成長を誰が予測できたろう。近い将来中国は、米国を抜いて世界最大の経済大国になる可能性も否定できない。

中国の国力と破格の伸び率を『中国情報ハンドブック』（蒼蒼社）などの直近データで見てみよう。

二〇一六年の貿易額は、輸出が世界一位（二〇〇〇年は世界七位）、輸入が米国に次いで世界二位（同八位）。二〇一五年の外資系企業登録数約四八万社（同約二〇万社）、二〇一六年の携帯電話保有台数一三・六億台（同約八千台）、二〇一七年の自動車生産台数は二、九〇一万台（同二〇七万台）。何を取っても増加の速度や量は半端ではない。国民一人当たりGDP（米ドル表示）はなお世界七四位にとどまるが、それでも二〇〇〇年の水準の一三倍だ（中国統計要覧）。富裕層（流動資産一・一億円超）は二一〇万世帯で世界第二位。年間可処分所得二万ドル以上の準富裕層は一・五億人を数え、二〇一七年は年間に一・三億人が海外渡航した。総合的に評価し、アメリカに次ぐ第二位の大国として国際舞台での存在感を高めているのは間違いない。

注目されるのはこの間、成長の質や政策も高度化していることだ。WTO加盟前後、中国は豊富で安価な労働力と潤沢なエネルギー資源をテコに、繊維製品や白物家電製品などで世界市場を席捲。まず「世界の工場」として台頭した。その後、人件費の上昇でローテク製品はコスト競争力が衰え、いわゆる「中進国の罠」も指摘された。だが、製造業は電機・光学機器産業へとシフトし、高付加価値化に成功している。不動産バブルや「影の銀行」（シャドウバンキング）などのリスクを、ともかくも封じ込めた。国民の所得向上も相まって輸入も着実に増え、今は「世界の市場」としても脚光を浴びている。

政策面もしたたかだ。二〇〇八年のリーマン・ショックで世界経済が総崩れした際は、四兆元もの投資で世界景気を下支えした。二〇一三年には習近平政権が新たなシルクロード経済圏構想＝「一帯一路」構想を提唱し、それを金融面から支える国際金融機関の一つとして「アジアインフラ投資銀行」（ＡＩＩＢ）を発足させた。一連の動きは、ある面で中国による覇権狙いとの警戒が付きまとう。とはいえ、中国商務省によると一帯一路構想には世界一四〇超の国が賛意を表明した。ＡＩＩＢの参加国は二〇一八年五月現在、八六の国・地域に上り、米国や日本主導のアジア開発銀行（ＡＤＢ）の加盟国六七をしのぐ。今後はＡＩＩＢとＡＤＢの連携が否応なく問われよう。ＡＩＩＢのガバナンス（統治）の不安や懸念を慎重に見極めつつも、日本は戦略的に関係を深めていくべきだろう。

近年特に注目されるのは、ハイテク分野や研究開発分野での破格の成長だ。中国の科学論文数は二〇一六年、米国を抜いて世界一になった（全米科学財団）。研究者数は日本やドイツを抜き首位の米国を激しく追い上げている。特許の国際出願件数や人工知能（ＡＩ）を手掛ける企業数は米国を上回る（『日本経済新聞』二〇一八年七月二日）。中国政府が二〇一五年に発表した産業政策「中国製造二〇二五」は、次世代情報技術や航空・宇宙設備、新素材など一〇の重点分野を強化する野心的計画だ。中国が建国百年を迎える二〇四九年に「世界の製造強国の先頭グループ入り」を目指している。ハイテク分野の技術開発は安全保障問題にも直結する。二〇一八年に顕在化した「米中貿易戦争」は、将来のハイテク覇権をにらんだ米中両大国の「正面衝突」として注視したい。

中国経済を一昔前の「安かろう、悪かろう、物まね製品」の途上国像で捉えると見誤る。現在の中国経済は、イノベーション力を武器にＡＩなど世界トップ集団に立つ分野が幾つも登場。世界の経済、貿易で米国と共に大きな位置を占めている。生産年齢人口のピークアウト、過剰生産体質、消費・内需主導型経済への構造改革、環境制約、など懸念は拭えないものの、世界経済のリード役であり続けるのは疑う余地もない。

（3）日本の停滞と国際社会での地位低下

一方、日本はどうだろう。成長する東アジアとは対照的に「失われた二〇年」の長期停滞に入り、いまだ出口が見えない。人口減少と少子高齢化が急ピッチで進行。技術力やイノベーションで近隣諸国から追い上げられ、国際社会での地位も徐々に低下している。

日本の停滞は名目GDPの推移で一目瞭然だ。二〇〇〇年から二〇一七年までの伸び率はわずか〇・六％。ほとんど「ゼロ成長」の横ばいに近い。この間、国民一人当たりGDPは世界二位から二五位まで後退した。総人口が減少に転じたのは二〇一〇年からだが、労働力の中核となる生産年齢人口（一五歳～六五歳）は既に一九九六年をピークに減り始め、二〇〇〇年から二〇一七年までに約九八〇万人も減少した。高齢化率はこの間一七・三％から二七・七％へ一〇ポイント以上も上昇。一方で一九七〇年代には年間二〇〇万人を超えていた出生者数が、二〇一八年は九二万人だ。

現役世代の労働者が先細る半面、超高齢化で膨らむ社会保障費は国や地方の財政を圧迫する。いまや危機的な借金大国である。人口構造の激変、超高齢化は人類が未経験の領域に入った。企業はグローバル戦略で後手に回り、情報技術競争でも世界の波に乗り遅れ気味だ。多様な人材活用はなかなか進まず、産業構造転換も足取りは重い。高度成長を支えてきた「ものづくり」日本の産業力の基盤が失われつつある。

確かに、成熟国家となっても、日本が世界の指導的地位にあるのは間違いない。二〇一七年現在、名目GDPは中国の半分以下になったとはいえ、世界三位だ。貿易額は世界四位、技術立国を支える科学研究者数や国際特許出願件数も世界三位を維持している。治安が良く、質の高いサービス産業や優れた社会インフラも整備されている。

ただし、一人当たり労働生産性はOECD三五カ国で二一位、国際競争力は世界二六位（スイスのビジネススクールIMD）、国民の幸福度は五四位（国連報告書）、報道の自由度は七二位（国境なき記者団）、男女平等度に至っては一一四位（世界経済フォーラム）だ。冷静に分析すると「世界の目標となる国」と胸を張るにはやや気が引ける。米国の国別留学生数（米教育文化局）で日本は二万人を割り込む。中国の三三万人とは比べようもないが、韓国の六・一万人、台湾の二・一万人にも見劣りする。「内向き」とされる若者たちが社会の中堅を担う頃、国際社会のネットワークづくりで後れを取らないか。一抹の不安が付きまとう。より大きな懸念は、少子高齢化のトレンドに歯止めがないことだ。国立社会保障・人口問題研究所が二〇四五年の人口動態を推計した。総人口は毎年約七〇万人のペースで減り続け、高齢化率は未曽有の三六・八％に達する見込み。これではどう見ても衰退国家が避けられない。「国力低下」という厳しい現実を、直視すべきである。

（4）「政冷経熱」の日中関係

時計の針を二〇〇〇年まで戻して日中経済関係を振り返ろう。中国は米国に次ぐ輸入相手国であり、輸出相手国（地域）としても四番目。中国での日本人の長期滞在者は約二・三万人。日本企業の対中進出、直接投資、生産・経営技術の移転も堅調だ。両国経済は相互依存関係を深め、ASEANをも巻き込んだサプライチェーンを形成しつつあった。

それから一〇数年、相互依存関係は加速度的に深化している。財務省によると二〇一五年の対中貿易額は二〇〇〇年の三・一五倍。中国は日本最大の貿易相手国だ。中国にとって日本は、第二位の貿易相手国であり、第三位の投資国。中国内の日系企業の拠点数は三・三万を超える。中国での日本人長期滞在者は一二・七万人へと膨れ上がった。近年は中国の消費者による日本からの越境電子商取引が急速に拡大しており、年間約一・三兆円に達したとみられる（『通商白書』二〇一八年版）。

日本も中国も、相互の経済無しではもはや成り立たない。製造業ではおびただしい中間財や部品が東シナ海を行き交う。中国の消費市場の急拡大を受け、近年は日本からもサービス業の対中展開も相次いでいる。二〇一八年版の通商白書は「中国の活力を日本の活力につなげる必要がある」と力説する。それは日本の経済社会の共通認識と言える。日本の内需は縮小が避けられない。「成長のためには、中国など伸び行くアジアの活力取り組みが欠かせない」とする今世紀初頭の「課題」が、今や「宿命」に変わった。「中国で稼ぐ」時代は終わり、「中国と稼ぐ」時代になったのだ。

日中の経済的結びつきは、本来であれば地域連携や国民の相互理解を深める方向に向かうものだが、現実は真逆である。日本と中国はこの一〇数年、政治・外交的、社会的対立が顕在化している。「政冷経熱」の言葉が、そのねじれ状況を象徴している。

歴史認識をめぐる中国の反目は一九九〇年代からくすぶってはいた。今世紀に入っての対立加速は、小泉純一郎首相（当時）の靖国神社参拝あたりからだ。安倍晋三首相の場合、日本の侵略戦争に反省を表明した村山富市首相（当時）の戦後五〇周年談話とは異なり、「侵略の定義は国際的にも定まっていない」との立場を取る。二〇一三年には首相として靖国神社を参拝した。結果として中国や韓国の不信感を招いている。これに先立つ二〇一〇年には尖閣諸島の領有権をめぐる争いが表面化し、二〇一二年には日本政府による尖閣諸島の購入、国有化に至った。これに対し中国は、東シナ海上空に一方的に航空識別圏を設定し、（二〇一三年）、海洋進出を強化している。対立は歴史認識問題に加え、領土問題や安全保障問題に拡大し、先鋭化している。

この間、関係改善の模索がなかったわけではない。二〇〇二年に発足した胡錦涛政権は「平和的台頭」や「対日新思考」を掲げ、歴史問題を声高には提起しなかった。二〇〇七年には温家宝首相が、二〇〇八年には胡錦涛国家主席がそれぞれ訪日し、日中は「戦略的互恵関係」で合意した。胡政権の終盤にきて尖閣諸島をめぐる反目が一気に燃え上がったのは、想定外だったかもしれない。

二〇一二に誕生した習近平政権は、「世界の超大国として国際社会の中央舞台に躍り出る」と大国意識を前面に打ち出し、強硬な外交姿勢を見せている。経済力を使って他国を威嚇するような「覇権国家」にも映る。日中はいま長い歴史上初めて「大国同士」として対峙する。中国には「中華民族の偉大なる復興」への自信が芽生え、日本はそれまで中国を「援助してあげる国」として見下していた分、戸惑いや警戒感も大きい。両国は「友好」や「互恵」を超える共通理念を打ち出せず、「反日」と「嫌中」の国民感情が増幅する。負のスパイラルである。

それでも両国はいま世界経済を共にけん引し、東アジア地域連携の核となるべき存在だ。反目を緩和し共存を図る必要性は日増しに高まっている。国交正常化以降、日本が中国の改革や経済浮揚を支援してきたのは紛れもない事実である。中国は近年目立つ尊大な振る舞いを反省し、一部の日本人はかつての優越意識と決別すべきだろう。両国間に協調の土壌はある。公害抑制や環境改善、省エネ技術、医療・介護態勢体制づくり、資源の共同開発、防災対策、青少年の交流などが思い付く。共に利益になりアジアの発展にも貢献できる協力を、粘り強く重ねる必要がある。首脳同士の相互訪問や対話、政治家同士の対話チャンネルの重要性は言うまでもない。

（５）東アジア大交流時代の到来

この十数年、東アジアの環境変化で最も特筆されるのが、人々の交流の猛烈な増加だろう。観光庁によると、二〇一七年の訪日外国人数は、前年比一九％増の二八六九万人。二〇〇〇年の四七六万人からは実に六倍を超える。年間経済効果は四・四兆円と試算され、縮む内需を下支えしている。法務省によると二〇一七年の留学生数は二七万人で二〇〇〇年の四倍。在留外国人数や外国人労働者数も急増している。外国人は、かつての「お客さん」ではなく「普通の隣人」「共に生きる生活者」として迎える時代が来た。国の成長には、多様な文化や価値観との共生が不可欠な時代になりつつある。

国際化の大波を担うのは東アジアだ。二〇一七年の訪日客を国・地域別見ると多い順に中国七三五万人、韓国七一四万人、台湾四五六万人、香港二二三万人で、訪日客の四分の三を占める。中でも一位の中国は、二〇〇〇年が三五万人だったことを思えば、実に二〇倍を超えるすさまじい膨張ぶりである。背景には中国人の所得増、査証発給要件の緩和、格安航空（ＬＣＣ）や外航クルーズ船の活況などがあり、このトレンドはさらに続く見込み。日本、中国、台湾、韓国の四カ国・地域を行き交う人は、今や年間約四千万人に達する。大げさに言えば東アジアは「一つの生活圏」を形成しつつある。これほどの「大交流時代」の到来を今世紀当初、誰が予測し得ただろうか。

他国を理解する、他国の人に日本を知ってもらう。それには外国人に来てもらい、日本人が外国へ行くことが一番の近道だ。旅先の小さな出会いでも、直接の触れ合いが不断に増えて行けば、国民同士の好意を醸成し、無用な敵意や誤解を軽減する。いわゆる軍事力によらない柔らかな「人間安全保障」への道である。

東アジアも例外ではない。特定非営利団体「言論ＮＰＯ」が定期的に行っている日中世論調査がある。二〇一七年調査で、中国人のうち日本に「良い」印象を持つ人は、日本への渡航歴がない人が二六％なのに対し、日本渡航歴のある人では六〇％に跳ね上がる。増大する人々の交流は、確実に国民感情レベルの相互理解を促す。韓国を含む「東アジアの大交流」は、長期的には国家間の関係改善を後押しするだろう。気になるのは、日本から東アジアを含む海外への渡航者が、この一〇年来頭打ち状態にあることだ。中国や韓国への渡航者数は近年、減少傾向すら見せている。世界がダイナミックに動いているとき、日本だけが「近隣諸国にも内向き」でいいはずがない。特に次世代を担う学生ら若者は、最低でも東アジアには渡航し、等身大の相手国に触れてほしい。

(6) 地道に続く地域経済連携の模索

一定の国々が域内で共同体を目指すのであれば、参加国の間で基本理念を共有化することが必須条件だ。それは「民主主義」「市場経済」「基本的人権」だろう。運営にも原則が要る。内政不干渉、軍事行使の放棄、相互協力、格差の是正、価値観や利益の共有などだ。東アジアの場合、普遍的価値の尊重やグローバルルールの順守と言った根本の理念で、各国の足並みがまるで揃わない。相互信頼を進める建設的な政治対話も滞りがちだ。今世紀当初盛り上がるかに見えた「東アジア共同体」論議が影を潜めたのも、一面では当然かもしれない。

ただ、経済を軸に東アジアの地域協力を探る取り組みは、地道に続いている。日本は二〇〇二年のシンガポールを皮切りに順次、東南アジアの主要国と経済連携協定（ＥＰＡ）を結んだ。二〇一〇年に横浜で開かれた「アジア太平洋経済協力会議」（ＡＰＥＣ）首脳会議では、アジア太平洋自由貿易協定の創設が合意された。二〇一三年には日中韓三か国による自由貿易協定（ＦＴＡ）交渉も始まった。東南アジア一〇カ国は域内の経済協力を積み重ね、二〇一五には「ASEAN経済共同体」（AEC）を創設した。

紆余曲折もある。ASEANとの連携では日中が主導権争いを繰り広げている。東アジア経済連携への参画を狙う米国は、「環太平洋パートナーシップ協定」（TPP）を提起しながら、二〇一七年就任のトランプ大統領が協定離脱を表明した。政治や安全保障問題でのせめぎ合いが、経済協力に影を落としている。そんな中、日本が米国離脱後のTPP交渉を主導的にまとめたことは、評価できる。

当面の焦点は、日本やASEANが提唱する「東アジア地域包括的経済連携」（RCEP）交渉だろう。参加国はASEAN、日中韓にオーストラリア、ニュージーランド、インドを入れた計一六カ国。実現すると世界のGDPや貿易総額の約三割、人口では三四億人と世界の約半数を占める巨大広域経済圏になる。欧米で台頭する保護主義への対抗軸として大きなインパクトを持ち、限りない潜在性を有している。現状ではこの交渉も、中国との思惑の違いや各国の経済格差などで難航している。TPP、RCEPの両方に参加する日本の役割は極めて重い。TPPの成果をRCEPに生かし交渉をリードすべきだ。中国には水準の高い自由化やルール整備の大切さを説き、米国にも機会をとらえてTPPの意義と修正案を示し、説得していく姿勢が望まれる。

3　アジアの玄関口・ゲートウェイ九州

「アジアの玄関口・ゲートウェイ九州」。九州七県や経済団体、国が国土形成計画の九州版として二

○一六年に策定した「九州圏広域地方計画」のサブタイトルである。冒頭にこう記している。「九州圏は北東アジアの中に位置し、わが国で最もアジア大陸に近い。古来より海外から人、物、情報が日本列島にもたらされる玄関口の役割を担ってきた。今もアジアとの活発な対流を可能とする極めて高いポテンシャルを有している」。それは、九州はもちろん日本の共通認識だろう。福岡を起点にすれば釜山は広島と同距離、ソウルは大阪と、上海は東京と同じ距離だ。九州七県の空港の国際路線や港湾の外貿コンテナ定期船就航路線も多く、アジアとの交易・交流環境は充実している。

九州経済産業局編の「九州経済国際化データ　2017」は、九州の「アジア度」の高さを全国と比較して分析している。例えばアジアへの海外進出企業件数七八％（全国六三％）、アジアとの姉妹提携自治体数五五％（同三六％）、アジアとの国際航空路線数九二％（同七二％）、アジアからの外国人入国者数九七％（同八四％）。いずれも全国平均よりアジアとの結びつきが強い。近年脚光を浴びる外航クルーズ船の二〇一七年の寄港数は、博多港の三二六回を筆頭に長崎港、鹿児島港、佐世保港など九州・沖縄の港が国内上位一〇のうち八つを占める。クルーズ客の大量上陸もあって、二〇一七年の九州への外国人入国者数は四九四万人と日本の一七・二％を占めた。人口や面積、経済規模で「全国の一割」とされる九州の割合に照らすと、外国人客の押し寄せぶりは際立つ。アジアに近接する地の利のゆえんだ。九州の行政、官公庁、経済団体、国際交流団体は、「九州を日本のアジア交流のリード役に」と意欲を見せる。言葉に違わない根拠や実績はあると言える。

九州各界の国際化戦略は一九九〇年頃から始動した。一九九一年に北九州市などによる「東アジア都市会議」「東アジア経済人会議」が発足。一九九二年に旗揚げした「日韓海峡沿岸知事会議」には福岡、佐賀、長崎、山口の四県が参加した。いずれも多彩な交流事業を続けている。九州の国際化に向けた一元的な組織として二〇〇一年に発足したのが「九州国際化推進機構」である。構成メンバーは九州七県、二政令都市、九州経済連合会、民間企業など。九州の活性化と自立的発展を目指し、文字通り「オール九州で」で海外との産業交流、人材交流や、九州情報の発信などに努めている。

二〇〇五年には国内外からの観光客誘致に向け、九州七県と経済団体が共同出資する「九州観光推進機構」も誕生した。両機構とも主なターゲットは東アジアだ。こうした県の枠組みを超えた実践組織はアジア交流にかける各県共通の熱意が可能にしたもので、九州圏ならではの強みと言えるだろう。このほか中国・韓国との技術連携を図る「環黄海経済・技術交流会議」（二〇〇一年から）、九州国立博物館と一体となってアジアの歴史や文化、社会を総合研究する「福岡県立アジア文化交流センター」（二〇〇五年設立）、福岡県が二〇一二年設立した「アジアビジネスセンター」など、アジアとの関係強化を図る動きには、枚挙のいとまがない。

九州ならではの成果、九州が国を動かして全国を先取りする実践も少なくない。九州観光推進機構は二〇一四年、「九州独自の通訳案内士制度」を開始した。外国人観光客の増加で全国的に通訳案内士が不足する中、国の特区指定を生かして九州限定の案内士を養成するものだ。県を超えた「地域限定通訳案内士」制度の先駆けとして注目されている。釜山と北九州の間では二〇一三年「日韓ダブルナンバー制度」がスタートした。一台の貨物トレーラーに日韓両国のナンバーを付け、国境をまたいで車両が相互乗り入れしている。将来は日中への運用拡大にもつながる取り組みだ。二〇一八年は博多港と釜山港を結ぶ高速船が、長崎県対馬にも立ち寄って国内旅客を相乗りさせる「混乗便」を開始した。国際航路に国内旅客を乗せるのは、もちろん全国で初めて。近接するアジアと九州との「生活圏一体化」の一端を印象づける。

4　活力あるアジアの拠点都市、ＦＵＫＵＯＫＡ

福岡市は、首都圏を除くと「日本で最も元気な都市」とされる。年間の人口増加数は日本の市で一位。若者比率、開業率（企業数に占める新規開業企業数の割合）、人口当たり婦人服店数やレストラン数も全国の政令指定都市でトップだ。流通サービス業や情報通信業が厚く集積し、野村総合研究所は「国内で成長可能性が高い都市」の第一位に選んだ（二〇一七年）。イギリスの情報誌モノクルによる「世界の住みやすい都市ランキング」（二〇一六年）では世界七位にランクされる。

こうした街の魅力や活気を演出している一翼が、全国でも先行する国際化だ。福岡市は在留外国人数約、外国人留学生数、外国人入国者数いずれも地方圏ではトップ水準にある。在留外国人数のこの十年来の伸び率は、政令都市で首位だ。博多港の外国航路乗降客数は日本の国際港で一番多い。二〇一七年の国際コンベンション開催件数は三二六件で国内二位。横浜、京都、大阪の各市より多い。福岡市は長年「アジアの玄関口・九州」でも最大の玄関口の役割を果たしてきた。アジア交流の歴史、経験、蓄積、幅広さ、多様性や厚み、どれを取っても地方圏では他都市の追随を許さない。「東アジア大交流時代」を迎え、交流拠点としての存在感は群を抜く。

福岡市のアジア戦略は、全国の自治体に先駆けて一九八七年に本格始動した。都市づくり基本計画で「活力あるアジアの拠点都市」の新機軸を打ち出し、一九八九年にはアジア交流の契機となる「アジア太平洋博覧会」を開催した。当時、中国はまだまだ後進国で、韓国と中国は国交すらなかった。

そんな折、東アジア大交流時代の到来を予測してグローバル都市を展望した先見性は、大いに評価されよう。

その後のアジア関連政策の展開は目覚ましい。アジアの子供たちを市民のホームステイに招いて将来の人材ネットワークを創造する「アジア・太平洋こども会議・in福岡」、アジアの知性を顕彰する「福岡アジア文化賞」、福岡の街でアジア各国の人々がイベントを繰り広げる「アジア太平洋フェスティバル」、アジア映画の祭典「アジアフォーカス・福岡国際映画祭」、これらの催しで市民が一か月間アジアに浸る「アジアマンス」（現在はアジアンパーティー）。一九九一年までに開始された一連の取り組みは、まさに怒涛の勢いだ。その後も、一九九二年にアジアの学術・文化情報拠点の「アジア太平洋センター」（現在は福岡アジア都市研究所へ再編）を設立。一九九七年には、世界最大の街づくり組織「国連ハビタットアジア太平洋事務所」を開設。一九九九年にはアジアの現代美術に特化した「福岡アジア美術館」が開館した。

アジア交流の動きは市民団体でも活発である。二〇〇六年に旗揚げした「福岡―釜山フォーラム」は、両地域の経済界や大学、報道機関などが参加。国境を超えた市民交流を率先している。各界各層の交流チャンネルが重層的に広がる釜山と福岡の広域圏は、日本の地域間国際交流のモデルとも評される。これら三〇年近くに及ぶ福岡市の官民のアジア交流は、価値ある地域資産を形成している。例えば「アジア太平洋こども会議」は、これまでに五五の国と地域から一万人以上の子供たちを福岡に招き、福岡市からも三八の国と地域に約四千人を送り出した。福岡を起点に国際的人材ネットワークが育つ意義は大きい。ボランティアを中心とした組織でこれだけ大規模かつ長期に行われる国際交流活動は、まさに福岡の独壇場といえる。福岡は、東京に依存しないで世界とつながる「ローカルハブ」

として、日本全体を変えるけん引役となる資質や条件を有している。

5 新しい風を西から

とはいえ福岡市も、アジアに近接する地理的優位性や、いちはやい国際政策に慢心してはいられない。日本の退潮とアジアの台頭を受け、いまや日本全国の都市や経済界がアジア交流を競い合う。福岡市は他都市より一周も二周も先行する必要がある。アジアの拠点都市を目指すなら目標は国内だけではない。釜山、上海、香港、台北、シンガポールなどアジアの主要国際都市になる。これらの各都市と比べると、福岡市といえどもグローバル化はなお大きく見劣りする。アジアでの認知度をさらに高め、アジアから「行きたい、住みたい」と選ばれる都市になることだ。

可能性はある。多言語サービスをさらに徹底し、簡単な英語、中国語、韓国語ならどこでも通じる街にすべきだ。強みとされるイノベーション力やエンターテインメント活動に磨きをかけたい。外国人向け行政サービスの強化、グローバル人材の育成、アジアを市場とする産業の創造、都市機能や景観の魅力向上など、取り組む課題はいろいろある。手を休めずにまい進することだ。外国人の居住者の割合をもっと高め、「人種のるつぼ」「多様性のるつぼ」に挑戦するくらいの気概と高い目線を求めたい。

日中関係は東京―北京の政治関係だけではない。日韓関係は東京―ソウルの政治関係だけではない。経済や地方自治体、民間の多様な交流は、国民感情レベルの相互理解を促し、安全保障環境の改善にも寄与するだろう。縮む九州、縮む日本は、伸び行くアジアの活力を引き込むことが生き残り戦略となる。歴史を振り返れば、九州は常に「新しい風を西から」起こしてきた。アジアと共に生きる。アジアと共に歩む。そんな新時代を九州からあらためて切り開きたい。それは「アジア交流先導役」としての責務と言えるかもしれない。

参考文献

『中国情報ハンドブック（二〇一七年版）』蒼蒼社。

『通商白書』（二〇一七年版）経済産業省。

『通商白書』（二〇一八年版）経済産業省。

「最近の日中関係と中国情勢」外務省、二〇一三年。

『日中経済関係と中国の経済情勢』外務省、二〇一六年。

「九州圏広域地方計画」国土交通省、二〇一六年。

『九州経済国際化データ　２０１７』九州経済産業局。

『図説　九州経済　２０１７』九州経済調査協会。

「福岡市におけるアジア政策の過去・現在・未来」福岡アジア都市研究所、二〇〇九年。

『西日本新聞』『日本経済新聞』『朝日新聞』『毎日新聞』など。

中川　茂

第9章　二〇〇〇年以降の中国経済戦略の変化

――貿易関係に着目して

1　はじめに

本章では、中国経済とASEANを含めたアジアとの経済関係について、貿易に着目して考察することを目的としている。本論に入る前の準備作業として、まず中国の経済成長の理解に欠かせない、中国特有の歴史的出来事や制度的変化、これによる社会的な帰結について整理をする。次に、二〇〇〇年以降中国がアジア生産ネットワークの中で果たした重要な役割、全体像、変容についてデータを用いて明らかにする。さらに中国の経済的台頭をデータを用いて確認したうえで、それが世界経済に与えるインパクトについて、貿易の視点から検討する。

(1) 経済体制の転換

一九八二年に鄧小平主導のもと、改革開放政策が実施された。改革開放政策とは、中国の新たな指導者となった鄧小平が一九七八年に打ち出した体制転換の政策である。それまで毛沢東主導で採用してきた経済開発戦略と新たに実施された鄧小平主導の開発戦略とでは、根本的な政策哲学や原理が異なる、大胆な路線変更であった。それを支える諸制度も全く異なっている。開発戦略の目的は、国家防衛と共産主義化から経済発展に、政策手段の重点は、自力更生や「三線建設[1]」から対外開放に変わった。諸制度も大きく変わった。企業は、党委員会主導型の制度であったが、株式会社制度の導入が進み、所有制度は公有化から多重所有制に、農業制度は人民公社から農家の請け負い制度に、市場に対しては、閉鎖的だったのが市場メカニズムの重視に、分配制度については、平等分配から不平等の容認(先富論)へ、そして国際関係に対しては、中ソ対立や国際的孤立状態の経験からWTO加盟やグローバル化に、大きく変化した。

(2) 輸出志向工業化の高まり

こうした大胆な路線変更は、その後劇的な経済発展をもたらした。経済発展の最大の動力になったのが、外資の導入と輸出志向型工業化政策である。一九九〇年代半ば以降、中国は大量の外資を導入し、豊富で安価な労働力を活用しながら「世界の工場」へと成長した。

海外からの直接投資が中国にもたらしたものは何であろうか。ほぼ共通の理解として、①資本、②技術、③海外市場へのアクセス、④外貨、⑤経営能力と国際競争力が挙げられる。海外の企業が中国に投資をすると、中国に不足している貯蓄(資本)を補うことが可能になる。また外貨として入ってくるので、外貨も蓄積される。さらに海外企業が技術をもっていれば、そこで新しい技術の移転が生じる。生産した財を輸出する場合には、海外企業は自国も含めて海外市場での販路を提供する。また、合弁企業の場合には、海外企業の経営陣と一緒に企業経営に携わるので、企業経営の先進的なノウハウを学び取ることが可能になる。これによって、国際競争力の一層の高まりが期待できる。実際に自動車産業を筆頭に様々な分野で技術移転が起き、高い競争力が生み出された。

改革開放後、中国に対してどのくらいの外資企業が投資をしたのであろうか。まず契約件数で確認してみよう（中兼、二〇一二年）。一九九〇年代前半と二〇〇〇年代前半の二回にわたって、直接投資急増のブームが訪れる。九〇年代前半は、鄧小平の「南巡講話」[2]が契機となり、九三年には九万件弱に達した。その後ゆるやかに減少するが、二〇〇二年のWTO加盟以降再び盛り上がりをみせ、二〇〇五年には五万件に達した。この間、九七年の通貨危機など世界経済の不調もあったが、実行ベースの契約額は右肩上がりに増加し続け、活発な直接投資活動が継続して行われていった。

（3）人口ボーナスの享受とその終焉

中国の人口構造の変化もまた経済成長を押し上げた。「人口ボーナス」とは、生産年齢人口の割合が高く、従属人口あるいは一五歳以下の若年、六五歳以上の高齢者の比率がまだ低いとき、労働力の増加が生産を伸ばし、貯蓄と投資の増加をもたらし、経済成長を促進するという考え方である。

ここでは大躍進と呼ばれる急進的な政策の失敗や大自然災害、大飢饉によって出生率が低下し、死亡率が上がって人口減少が発生した時期については述べない。また、一九七〇年代初めから中国政府が大規模な人口抑制に乗り出した「一人っ子政策」についても詳述はしないが、「超過出生」に対する制裁が行われるほど強制的に実施され、一九九〇年代以降の中国では本格的な低出生、低死亡率、低人口増加率の時代を迎え、少子化が始まった。消費人口が相対的に減少し、生産人口が増加した結果、一九六五〜一九七〇年頃に「人口ボーナス」期に突入したと言われている（大泉、二〇一一年）。

しかし、人口構造の変化は、恐るべきスピードで高齢化社会の到来ももたらした。中国では二〇〇八年末の時点で六五歳以上の人口割合、六〇歳以上の人口割合がそれぞれ八・三％、一二％となり、高齢化社会の一般的な基準である七％、一〇％を既に超えている。高齢化に伴う消費人口の相対的な増加と生産年齢人口の減少によって、二〇一五年には既に「人口ボーナス」は消滅し、「人口オーナス（負債）」期に入ったと言われている（大泉、二〇一一年）。中国はこのままいくと、二〇五〇年には日本の高齢化水準を上回り、二六・一％に達すると予想されている。

2　アジア生産ネットワークの中の中国

二一世紀に入ると、中国は東アジアに構築された生産ネットワークに深く関わるようになり、輸出と投資を梃子とする急速な経済成長を実現させた。日本、韓国、台湾が比較的高付加価値な部品や加工品を生産し、中国、ＡＳＥＡＮ等が中間財を輸入し組み立て加工を行って最終財を生産し、ＥＵ諸国や米国へ供給した。つまり、東アジア全体が「世界の工場」として機能したのである。ここでは、一九九九年の東アジア各国・地域の中間財・最終財貿易動向を確認しよう（図9-1）。一九九九年には、日本から中国・ＡＳＥＡＮに中間財を輸出し、中国・ＡＳＥＡＮから欧米へ輸出する構図がはっきりと読み取れる。ただし、日本から米国や日本からEUへの最終財輸出は、中国のそれよりも額が大きく、日本は一九九九年時点では最終財輸出の拠点としても大きな役割を果たしていたことがうかがえる。

次に二〇〇九年の同様の図をみると、額を見る限り中国を中間財輸入、最終財輸出の拠点としたネットワークは拡大しているが、日本からEUや米国への最終財輸出額は減少している。これに対して中国からEUや米国への最終財輸出や日本や韓国から中国への中間財輸出は、大きく拡大し、またASEANの中間財輸入、最終財輸出が減り、中国への中間財輸出が拡大した。つまり、中国は中間財輸入、最終財輸出を一手に引き受けて、アジア生産ネットワークの中の拠点として確立されたのである。

二〇一六年には、アジア生産ネットワークに大きな変化が見て取れる（図9-2）。第一に、ASEANの躍進である。ASEAN内での中間財調達は二〇〇九年に比べて約一〇倍、ASEAN内での最終財輸出は約一八倍と際立って増えた。またASEANからEUや米国への最終財輸出もそれぞれ一〇倍近く増えている。興味深いのは、中国からASEANへの中間財輸出が約八倍も増えている点である。こうした動きは何を示しているのであろうか。日本から中国への中間財輸出も約一〇倍に増えてはいるが、中間財を輸入し、最終財を輸出するアジア生産ネットワークの拠点が、中国からASEANに移行しつつあると言える。

また、図9-2に東アジア生産ネットワーク（電気機械）を伴う貿易額の推移を示した。具体的には、日本、韓国、台湾、ASEANから中国への中間財輸出と、中国から米国、EUへの最終財輸出とを合計したものをアジア生産ネットワークに関わる貿易と定義し、その合計が各国、地域全体の貿易に占める割合の変化を示している。これによると、アジア生産ネットワークの中で取引されている額は、

図9-1　アジア域内の貿易フロー図：1999年、2009年、2016年

（億ドル）

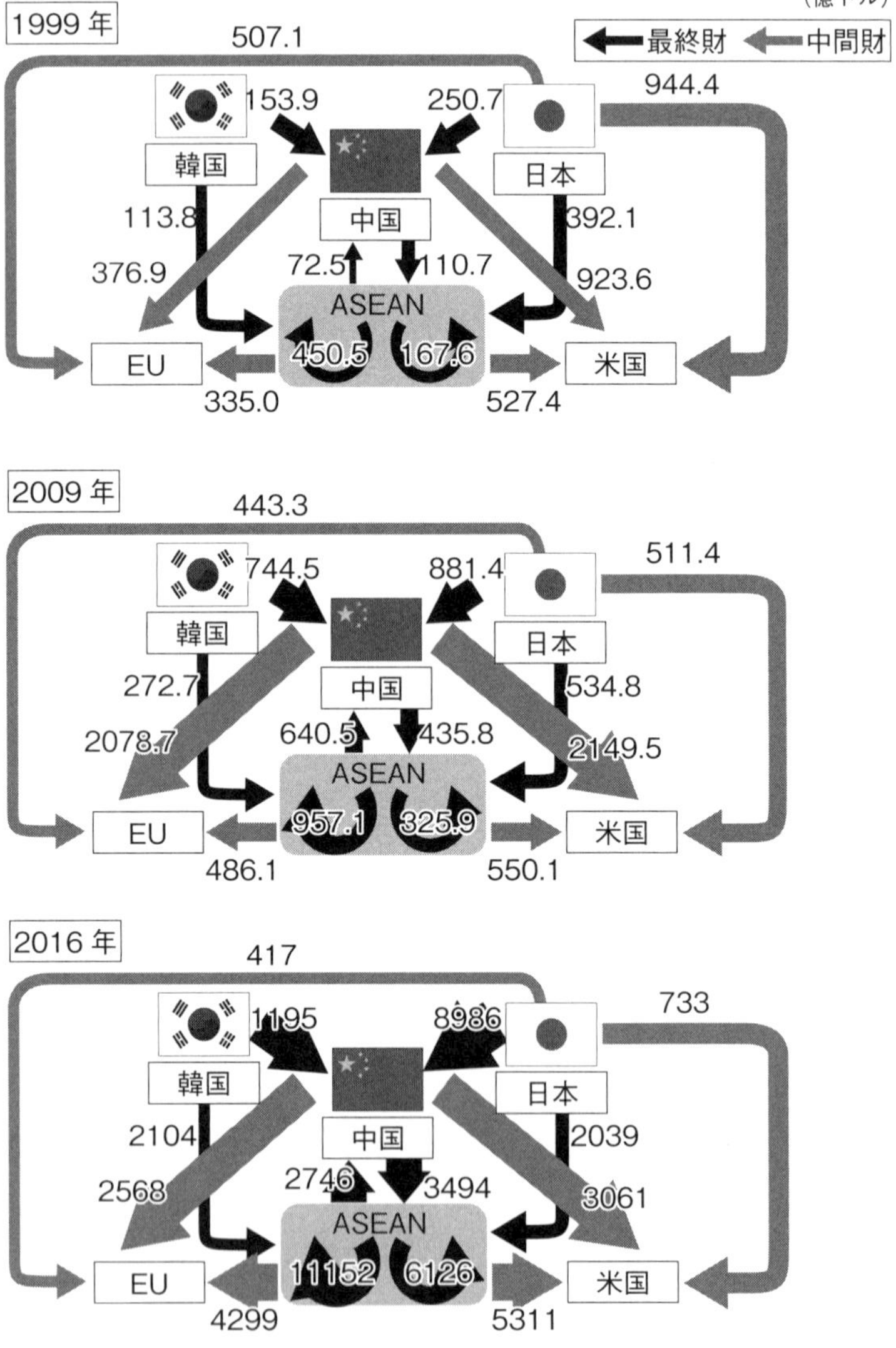

（出典）RIETI　RIETI-TID2016を用いて筆者作成。

図9-2　東アジア生産ネットワークを伴う貿易額の推移

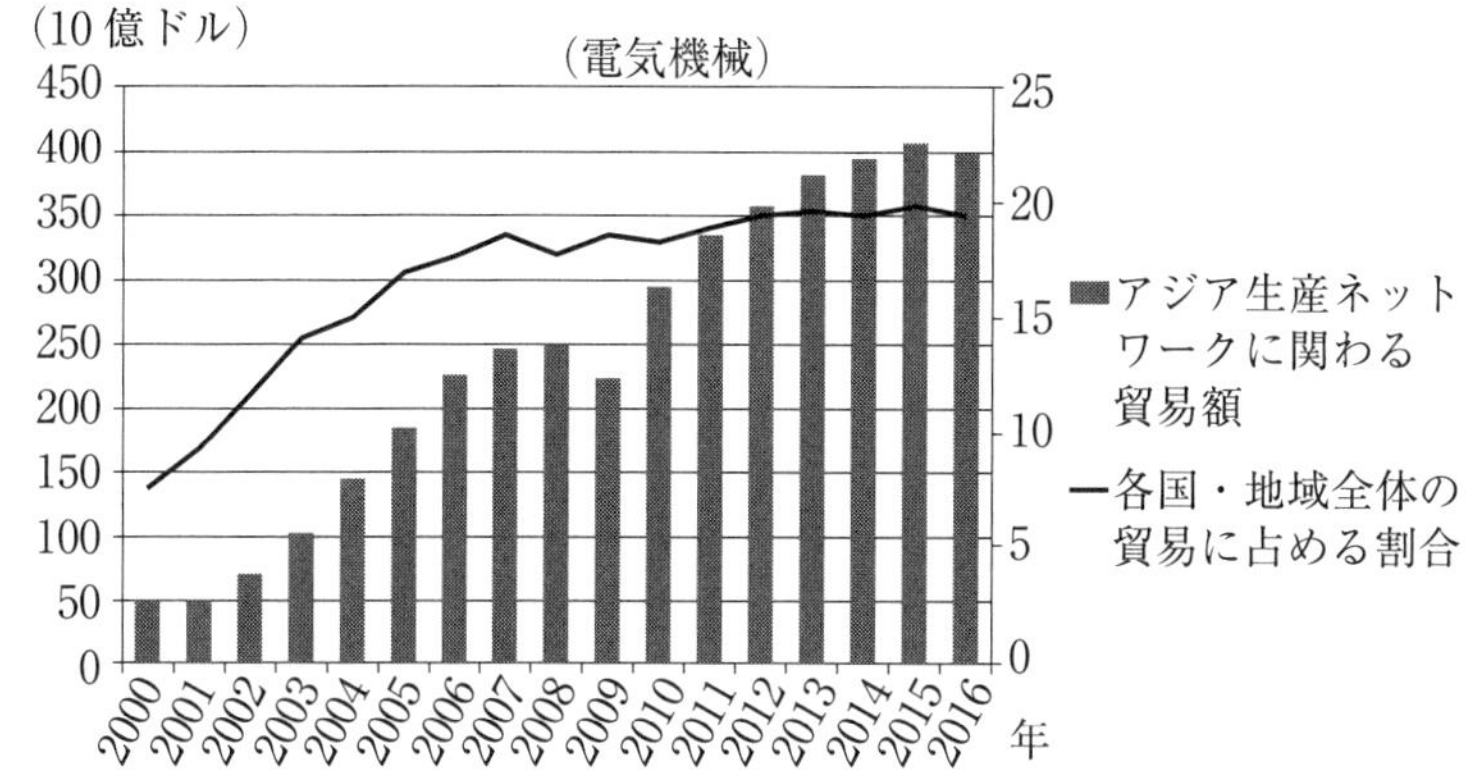

（出典）RIETI-TID2016を用いて筆者作成。

二〇一五年頃までは一貫して増加している。しかし、世界貿易額に占めるシェアでみると、二〇〇七年頃から頭打ち状態となり、二〇％前後を維持しながら推移していることがわかる。

アジア生産ネットワークの拠点を中国からＡＳＥＡＮに移行させた要因は何であろうか。それは、①中国の人件費の上昇、②組み立て加工を中心とした加工貿易から高付加価値産業への経済政策の転換、③チャイナリスク管理のための投資先の分散化の三つが考えられる。

中国では二〇〇四年頃から労働力不足が表面化した[3]。特に外資系企業が多く集まる沿海地域では、安価なワーカーが集まらず、断続的に最低賃金が引き上げられてきた。これによって、安価な労働力を求めて中国に進出し、生産活動を行っていた外資系企業や地元中国の労働集約型企業は、安い労働力を求めて中国からＡＳＥＡＮ諸国に工場を移転させる動きが活発化した。労働力不足の現象は、中国の経済構造に決定的な変化をもたらした。賃金の上昇を上回る労働生産性の上昇を目指すため、中国政府は二〇一一年の「政府活動報告」で、労働集約型の製造業への依存が高い産業構造の転換を加速し、新エネルギー、IT、サービス業など資本・知識集約型産業を新たな経済の牽引役として成長させる方針を示した。また、尖閣諸島問題を契機に、中国国内で反日デモが活発に行われた時期があった。とりわけ二〇一二年にはデモ活動が活発化し、日本のメディア等でも繰り返し報道された。中国に工場などの生産拠点を構えている日本企業においては、この時期から「チャイナプラスワン」という考え方に従って、生産拠点を中国以外の国にも持ち、中国の反日デモや賃金の高騰、公害問題などのリスクを管理しようという動きが広まった。

3　中国の貿易相手国・地域の変化

それでは、中国の貿易相手国・地域はどのように変化しているのであろうか。図9-3に二〇〇五年と図9-4に二〇一六年の中国の輸出相手地域の構成、図9-5に二〇〇五年と図9-6に二〇一六年の中国の輸入相手地域の構成を示した。二〇〇五年と二〇一六年とでは輸出相手地域は変化している。東アジア・大洋州、ヨーロッパ・中央アジア、北部アメリカの割合が減少し、その他の地域はいずれも増加している。これは後述する中国政府が二〇一四年以降実施している「一帯一路」政策が反映したものと考えられる。ただし、図9-7が示すように、東アジア・大洋州は二〇〇〇年以降、ヨーロッパ・中央アジアや北部アフリカと比べても、最も速いスピードで輸出額を一貫して拡大させており、ますます重要な輸出相手国・地域であることに変わりはない。

一方、輸入相手国の構成について二〇〇五年と二〇一六年を比べると、東アジア・大洋州地域の割合は減り、ヨーロッパ・中央アジア、北部アメリカ、ラテンアメリカ・カリブ、中東・北アフリカ地域の割合が増えている。その推移（図9-8）からわかるように、東アジア・大洋州地域は二〇一〇年まで最も速いスピードで輸入相手国として取引額を拡大させていたが二〇一〇年をピークに減少に転じる。これは、中国第三位の輸入相手国である日本からの輸入額が二〇一一年から減少傾向に転じたことを反映した結果であろう。

図9-3　中国の輸出相手地域構成2005年（輸出額）

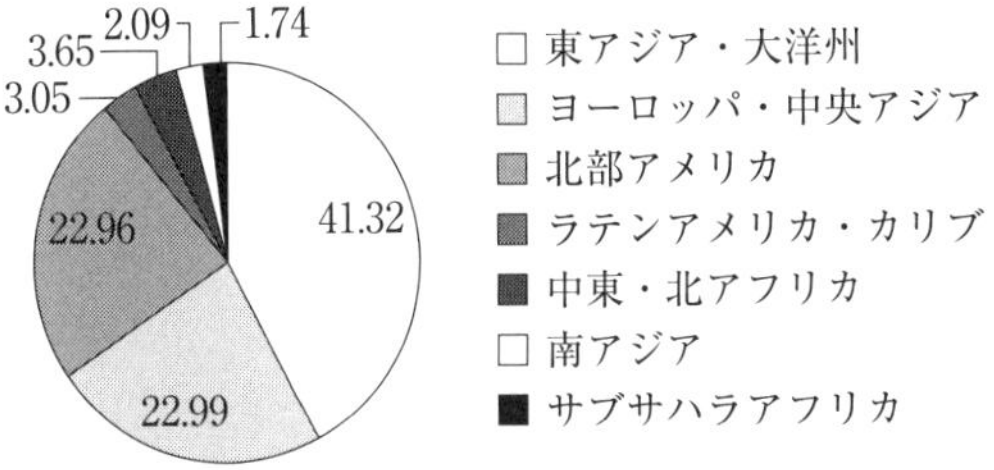

図9-4　中国の輸出相手地域構成2016年（輸出額）

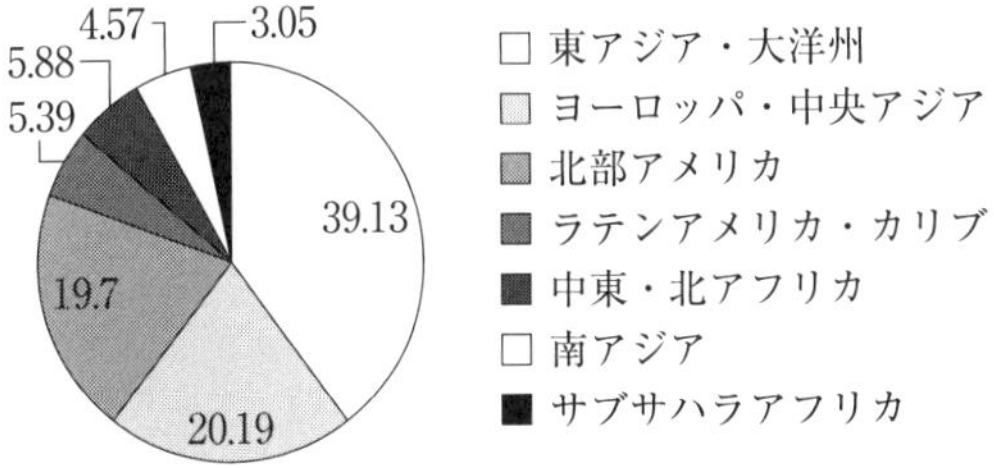

図9-5　中国の輸入相手地域構成2005年（輸入額）

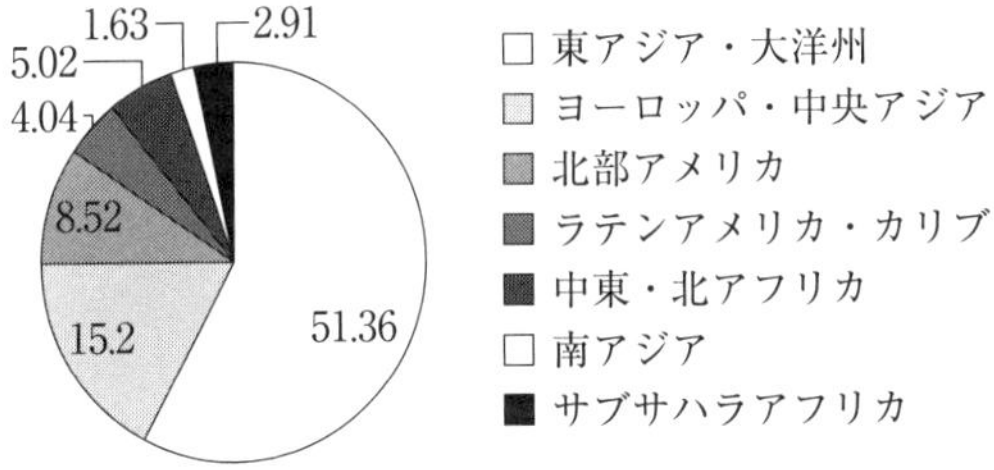

図9-6　中国の輸入相手地域構成2016年（輸入額）

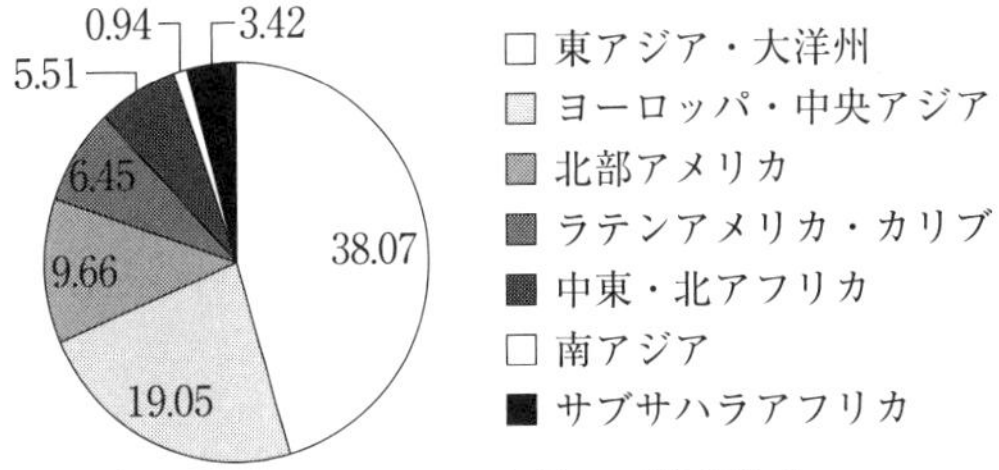

（出典）世銀WITSのデータを用いて筆者作成。

図9-7　中国の輸出相手地域の変化

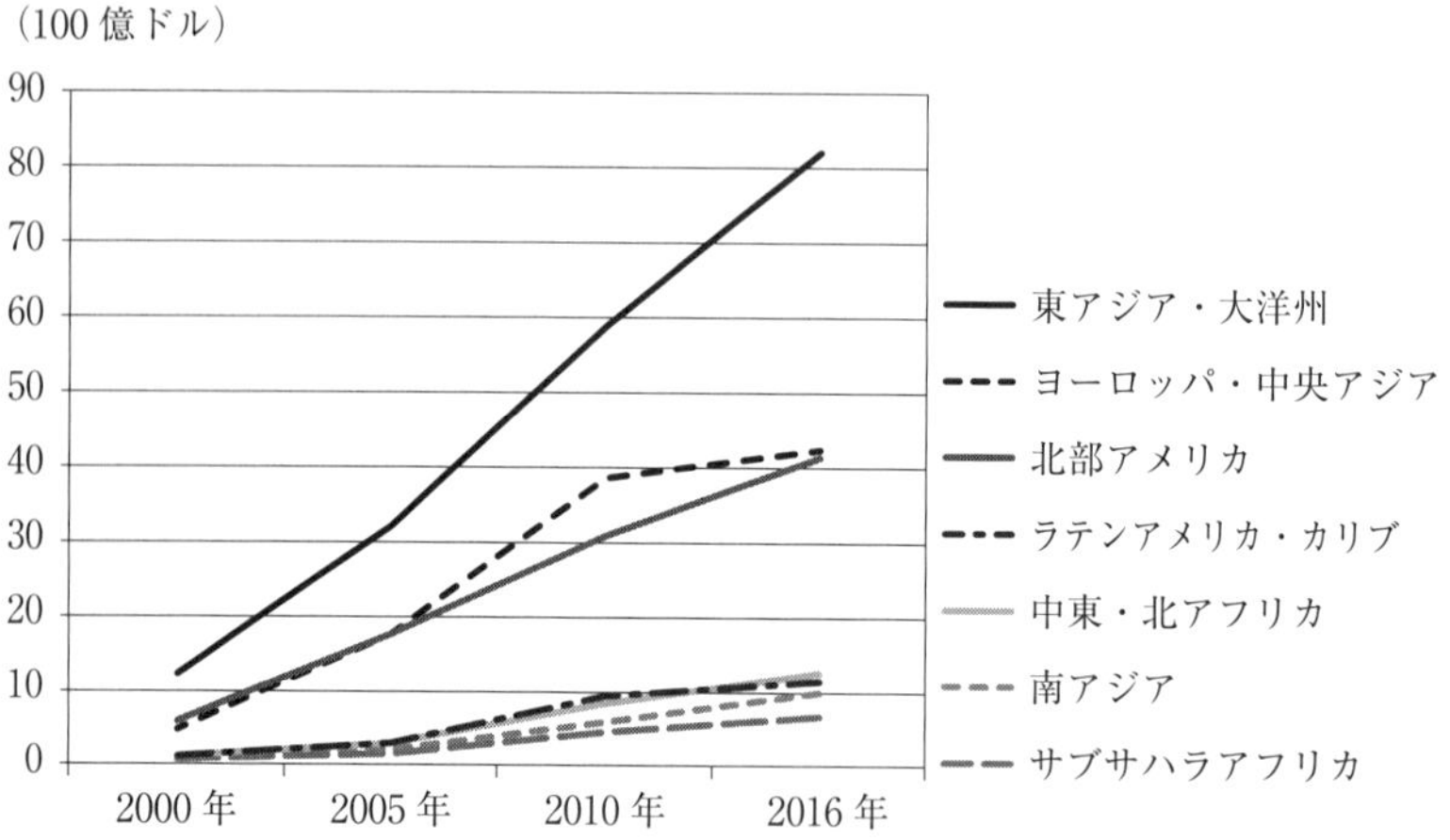

図9-8　中国の輸入相手地域の変化

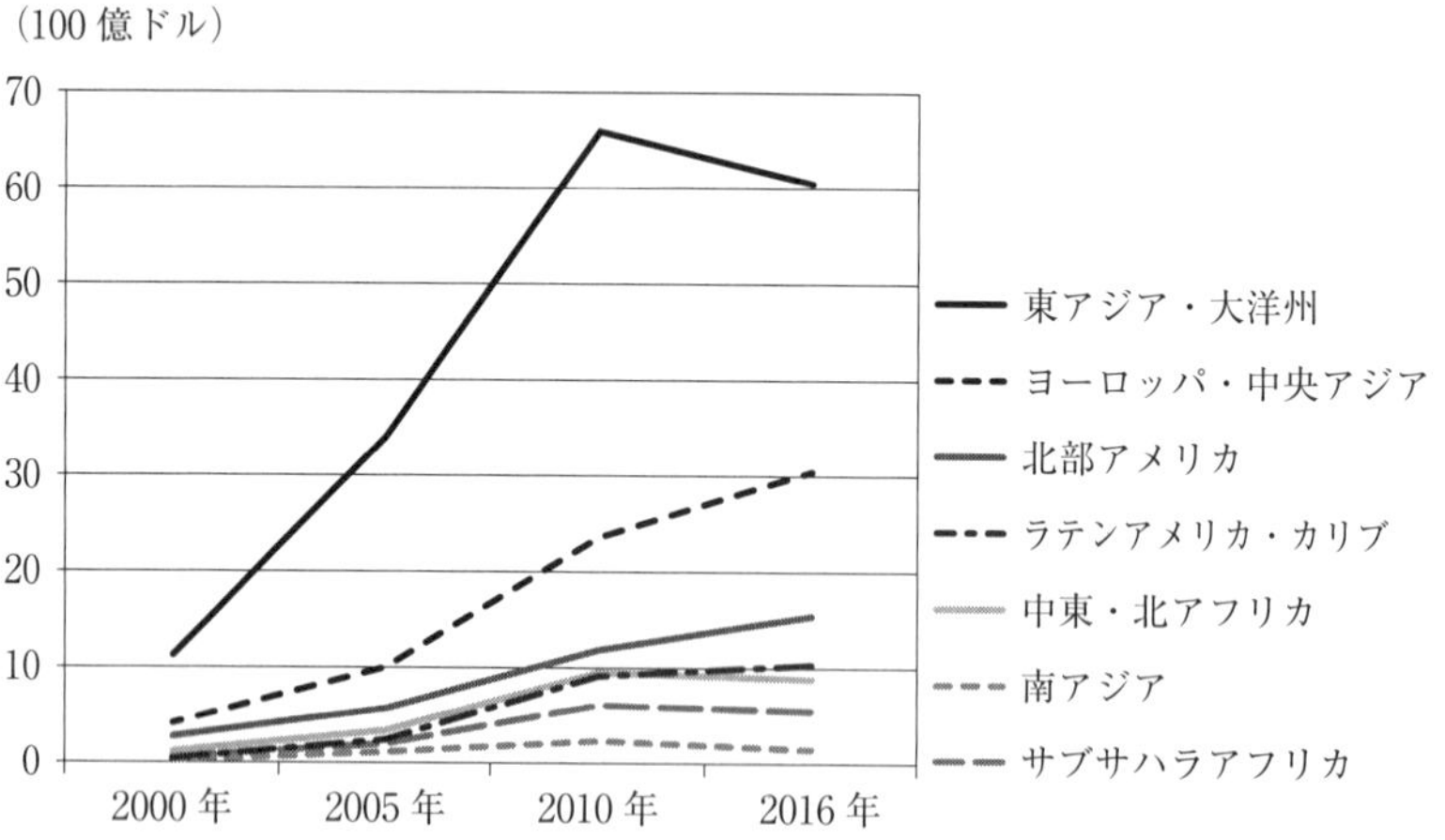

(出典) 世銀WITSのデータを用いて筆者作成。

4　中国経済の台頭

中国のGDP総額は、二〇一〇年に日本を抜いて世界第二位の経済大国に踊り出た。その影響力は高まるばかりである。ここでは中国と米国の経済指標を簡単に比較してみよう。表9-1に米国と中国の経済規模をいくつかの経済指標を使って示した。米ドル換算のGDPは、二〇一七年には米国の六二倍に達している。購買力平価、すなわちある国である価格で買える商品が、他の国ならいくらで買えるかを示す交換レートで測ったGDPでは、中国のGDPが二〇一三年から米国を上回り一二〇%に達している。二〇一七年時点では購買力平価は、米国を一〇〇とすると中国は一一九・二である。一人当たりGDPでみると中国はまだ米国の七分の一程度であるが、購買力平価で測った一人当たりGDPは、米国のそれの四分の一程度となる。

経済規模において米国と肩を並べつつある中国は、諸外国に対しても重要な貿易パートナーとされている。表9-1には諸外国が中国と米国とのどちらと多く輸入や輸出をしているかも示した。これによると、二〇一七年時点で、対中貿易額が対米貿易額よりも大きい国・地域は八六カ国、これに対して、対米貿易額が対中貿易額よりも大きい国・地域は三七カ国と、約二倍の国が対米貿易よりも対中貿易を重視している。特に中国は諸外国に対して重要な輸入相手国であることがわかる。輸入相手国として対中輸入額が対米輸入額よりも多い国は九六カ国と圧倒的に多く、一方輸出については、対米輸出額の方が対中輸出額よりも多い国が七五カ国に対して、逆は四八カ国と、米国を重要視してい

表9-1　米国と中国の経済規模比較

	年	中国	米国	米国を100としたときの中国
GDP	2017	11.2兆ドル	18.0兆ドル	62
GDP（PPP）	2017	23.1兆ドル	19.3兆ドル	119.7
1人当たりGDP	2017	8109ドル	56053ドル	14.5
一人当たりGDP（PPP）	2017	16624ドル	59495ドル	27.9
貿易額	2017	3.71兆ドル	3.70兆ドル	100.3
輸出額	2017	2.12兆ドル	1.45兆ドル	146.2
輸入額	2017	1.59兆ドル	2.25兆ドル	70.7
対中貿易VS対米貿易	2017	対中貿易額＞対米貿易額		86ヵ国・地域
	2017	対米貿易額＞対中貿易額		37ヵ国・地域
	2017	対中輸出額＞対米輸出額		48ヵ国・地域
	2017	対米輸出額＞対中輸出額		75ヵ国・地域
	2017	対中輸入額＞対米輸入額		96ヵ国・地域
	2017	対米輸入額＞対中輸入額		27ヵ国・地域
対外直接投資	2017	1,705.6億ドル	4,794.15億ドル	
対内直接投資	2017	2,172.0億ドル	3,115.82億ドル	

（出典）丸川（2017年）を参考に筆者作成。

る国が過半を占めている。

中国のアジア生産ネットワークにおける貿易額が減っている一方で、アジア以外の国との貿易活動は年々活発化している。世界における貿易額でみると、二〇一七年の中国の輸入額は一兆八、〇〇〇億ドルで、二兆四、〇〇〇億ドルの米国に次いで第二位、第三位はドイツ（一兆一、七〇〇億ドル）、第四位は日本（六、七〇〇億ドル）であった。輸入額では、第一位が中国（二兆二、六〇〇億ドル）、第二位が米国（一兆五、四〇〇億ドル）、第三位がドイツ（一兆四、五〇〇億ドル）、第四位が日本（七、〇〇〇億ドル）。シェアについても、中国がWTO加盟直後の二〇〇三年には四・八四％だったのに対し、二〇一六年には八・六二％とわずか一三年間でシェアを倍増させた（UN Comtrade Database）。

ここで視点を変えて、中国の国際収支の側面から貿易活動をみてみよう（表9-2参照）。表によると、二〇一五年頃から黒字幅が貿易収支、

表9-2　中国の国際収支2006年から2017年の推移（単位：億ドル）

	2006年	2008年	2010年	2011年	2012年	2013年	2014年	2015年	2016年	2017年
経常収支	2,318	4,206	2,378	1,361	2,154	1,482	2,360	3,042	1,964	1649
貿易収支	2,177	3,606	2,542	2,435	3,216	3,599	4,350	5,762	4,941	4,761
サービス収支	21	44	－151	－468	－797	－1,236	－2,137	－2,183	－2,442	－2,654
金融収支	－2,395	－4,425	－1,895	－1,278	－1,326	－883	－1,691	－915	267	571
準備以外の金融収支	453	371	2,822	2,600	－360	3,430	－514	－4,345	－4,170	1,486
対外直接投資	239	－567	－580	－484	－650	－730	－1,231	－1,744	－2,172	－1,019
対内直接投資	1,241	1,715	2,437	2,801	2,412	2,909	2,681	2,425	1,706	1,682
証券投資収支	－684	349	240	196	478	529	824	－665	－622	74
その他投資収支	136	－1,126	724	87	－2,601	722	－2,788	－4,340	－3,035	744
外貨準備	－2,548	－4,795	－4,717	－3,878	－966	－4,314	－1,178	3,429	4,437	－915
外貨準備残高(年末)	10,663	19,460	28,473	31,811	33,116	38,213	38,430	33,304	30,105	31,399

（出典）丸川（2017年）を参考に国家外貨管理局資料を用いて筆者作成。

サービス収支、一次所得収支、二次所得収支で構成される経常収支が緩やかに縮小しているが、それまでは拡大傾向にある。その中でも貿易収支は二〇〇六年以降次第に黒字幅を拡大させたが、二〇一五年以降は黒字幅が減少した。また、二〇一〇年から赤字幅を急速に拡大させているサービス収支であるが、これにはサービス取引の収支、国際貨物輸送費、旅行者の宿泊費等が計上されている。中国人旅行客の海外旅行での消費が影響していると考えられる。一方で、金融収支は二〇一五年まで赤字であったが、二〇一六年から黒字に転換している。これは、対外直接投資による資本流出が二〇一六年まで続いたものの、政府は海外資本に対する資本流入も積極的に促進しており、対内直接投資が堅調に推移したためと考えられる。またその他投資収支（現預金、貸出などが含まれる）は二〇一六年まで赤字幅が拡大しており、この時期までの海外投資が活発だったことがうかがえる。

　すなわち、中国のサービス収支、対外直接投資、その他投資収支などによる外貨流出が増加の一途をたどっていたが、二〇一七年秋の資金流出規制によって、こうした動きに急ブレーキがかかっている。二〇一四年頃から貿易収支は黒字、資本収支

（金融収支）は赤字、輸出、投資、融資は拡大傾向という構図が定着すると仮定すると、中国は海外で黒字収益をあげて米国債をためる構造から脱却しつつあるのかもしれない。また、二〇一四年から始まった「一帯一路」[4]政策は、国策によって「貿易収支は黒字、金融収支は赤字」の傾向をさらに強固にするものと言える（丸川、二〇一七年）。

5　中国経済の台頭が世界に与える影響

前述のように、中国は多くの国にとって重要な貿易相手国として成長した。とりわけ途上国においては、中国は一層強い影響力をもたらした。なぜ途上国は対中輸出によって大きな影響を受けるのであろうか。それについては、開発経済学では次のように説明する。すなわち、途上国の経済構造は多くがモノカルチャー経済である。モノカルチャー経済では、特定の財の価格変化によってその国の経済が大きな影響を受ける傾向がある。その特定の財の多くは非弾力的な需要を持つ一次産品であるために価格変化が大きく、一国経済がそれに依存するとその国の経済は不安定化する。

例えば、丸川（二〇一七年）では、主な鉄鉱石産出国であるシエラレオネが中国の鉄鋼業の動向によって大きく揺さぶられてきた例を挙げているが、他にも事例はあげられる。近年の例としてコンゴ民主共和国のコバルトを挙げよう。コバルトはリチウムイオン電池の原料として使用される資源で、世界のＥＶ自動車産業の成長とともに需要が高まった。コバルトの主要産出国であるコンゴ民主共和国では、世界の約五〇％を産出しており、最大の輸出相手国は中国である。二〇一七年の輸出額は二七億ドルで、第二位のスペインへの輸出額の三倍に上った。

中国への輸出品のシェアトップはコバルトなので、中国のEV自動車産業の振興にともなって輸出の拡大は必至である。しかし、リチウムイオン電池にはコバルトが膨大に必要となることから、希少金属を効率よく利用しているとは言えない。目下リチウム使用が少ない電池の開発が進んでいる。こうした背景から中国では、当初の想定よりもコバルトの消費量は伸びないのではないかとの見方が広がっている。実際にコバルトの価格は二〇一六年頃から高騰したが、二〇一八年に急落している。コンゴ民主共和国の輸出構造は、コバルトと対中輸出に依存したモノカルチャー経済なので、シエラレオネの鉄鉱石輸出が中国の鉄鉱石輸入減少によって打撃を受けた件と類似する構造にあると言える。

そこで丸川（二〇一七年）の分析に基づいて、表9-3にアジアにおいて対中輸出比率が高い国々とその最大輸出品目について、二〇〇五年から二〇一七年までの割合を挙げた。対中輸出比率が高い国は、ミャンマー（四〇・八％／二〇一七年）、ラオス（三六・一％／二〇一六年）、モンゴル（七九％／二〇一六年）、トルクメニスタン（七〇・一％／二〇一六年）が挙げられる。輸出品のほとんどが一次産品の資源国である。最大品目が対中輸出に占める比率は、ミャンマーは二八・八％（天然ガス）、ラオスは七六・一九％（銅鉱）、モンゴルは四一・四％（銅鉱）、トルクメニスタンは八七・四％（石油・天然ガス）とそれぞれ高い比率を占めており、単一品目への特化と言っても過言ではない。丸川（二〇一八年）が指摘しているように、途上国がごく限られた品目の一次産品を中国に輸出し、中国は様々な工業製品を輸出するという貿易関係は、一次産品輸出国の工業化へのシフトを阻むものといえる。工業化の阻害要因として①資源に依存し他の産業が育たない、②資源確保の為の過度な開発と土地の荒廃、③資源確保を巡る内戦や政治腐敗などが指摘されている。ジェフリーサックスら（一

表9-3　中国への輸出依存度が高い一帯一路沿線国の対中輸出状況

	対中輸出比率							最大輸出品目	最大品目が対中輸出全体に占める比率（%）
	2006年	2007年	2010年	2012年	2014年	2016年	2017年		
ベトナム	8.1	7.7	10.7	11.2	9.9	–	–	電話機およびその他の機器	3.24
タイ	9.0	9.1	11.0	11.7	11.0	11.0	12.4	自動データ処理機械およびそのユニット	3.71
シンガポール	9.7	9.1	10.3	10.8	12.6	13.0		集積回路	33.3
フィリピン	9.8	11.1	11.1	11.8	13.0	11.0	11.1	集積回路	19.2
ミャンマー	–	–	6.2	15.3	35.2	40.8		天然ガス	28.80
マレーシア	7.2	9.6	12.6	12.6	12.1	12.5	13.5	集積回路	28.20
ラオス	–	–	11.7	6.7	27.4	36.1	–	銅鉱	76.19
インドネシア	8.3	8.5	9.9	11.4	10.0	11.6	–	パーム油類	9.78
カンボジア	0.4	0.3	1.2	3.0	5.2	6.1	–	衣類	5.55
スリランカ	0.4	0.6	1.1	1.3	1.6	2.0	–	茶	14.8
パキスタン	3.0	3.6	6.7	10.6	9.1	7.7	–	リネン類	
ネパール	–	–	1.6	2.5	3.1	–	–	絨毯類	15.10
インド	6.5	5.6	7.9	5.1	4.2	3.4	4.2	石油	7.83
バングラディシュ	6.6	0.6	1.3	1.8	–	0.0	–	衣類	11.20
韓国	21.3	21.7	25.1	24.5	25.4	25.1	24.8	集積回路	16.90
モンゴル	67.8	–	85.5	91.9	87.8	79.0	–	銅鉱	41.40
ウズベキスタン	10.2	3.8	19.4	18.1	24.6	21.3	–	石油・天然ガス	
トルクメニスタン	0.3	0.3	39.1	80.1	79.1	70.1	–	石油・天然ガス	87.84
キルギスタン	4.8	2.7	1.9	3.6	1.7	5.6	5.4		
カザフスタン	9.4	10.8	17.7	17.9	12.3	11.5	12.0	石油・金属	4.53・27.44
アフガニスタン	–	–	0.9	1.6	3.9	1.8	0.8		

（出典）丸川（2017年）を参考にUNCOMTRADEを用いて作成。

九九五年）はこれを「天然資源の呪い」として、天然資源の豊富さと経済成長の停滞との逆説的な関係を説明している[5]。中国が「天然資源の呪い」の罠を仕掛けているかどうかについては、さらに精緻な分析が必要だが、類似の構造に近づきつつあるのは事実である。

表9-4では、対中依存度が高いアジア諸国の対世界と対中国との一次産品の輸出シェアを示している。表で示したのは、対世界よりも対中国における原材料輸出割合の高い国々である。フィリピ

表9-4　輸出における一次産品のシェア（%）

	原材料輸出シェア	2000年	2005年	2010年	2016年
フィリピン	対世界	3.04	3.9	5.47	6.87
	対中国	11.25	3.19	10.74	19.18
インドネシア	対世界	20.16	25.54	31.66	23.13
	対中国	37.44	33.43	52.88	36.14
モンゴル	対世界	52.67	47.01	–	77.28
	対中国	86.33	86.21	–	95.39
タイ	対世界	8.12	7.86	7.91	5.9
	対中国	17.35	21.7	19.05	21.25
インド	対世界	9.6	11.24	9.69	8.35
	対中国	42.63	62.25	50.89	24.83
トルクメニスタン	対世界	22.52	15.21	10.93	11.24
	対中国	70.03	67.98	26.77	60.15
ラオス	対世界	–	–	41.03	46.97
	対中国	–	–	92.76	88.57

出典：世銀 WITSのデータを用いて筆者作成。

ンは、対世界の原材料輸出シェア六・八七%に対して対中国のそれは二〇%弱と、対中国の原材料輸出シェアの高さが目立つが、輸出全体に占める対中依存度は一割程度と低いので、問題にはならない。問題が深刻なのは、そもそも対中輸出依存度の高い国であるモンゴルやトルクメニスタンである。モンゴルでは輸出のほとんどが中国向けで、そのほとんどが銅鉱、同じくトルクメニスタンでも輸出のほとんどが中国向けで、そのほとんどが石油・天然ガスである。これらの国々では、中国への一次産品輸出が前述のような理由から、工業化が阻まれている可能性がある。

6　おわりに

本章では、改革開放以降の中国経済の理解に不可欠ないくつかのトピックを概観したうえで、二〇〇〇年以降の中国の貿易活動にみられる特徴とその変化を考察した。中国の急速な経済成長を促した重要な回路の一つがアジア生産ネットワークである。日本、韓国、台湾などの比較的高付加価値の中間財を生産し、中国やASEAN諸国がその中間財を輸入し、最終財を生産して欧米に供給するという工程間の分業構造がアジアでは形成され、中国を中心とした「世界の工場」として比較的上手く機能した。

アジア生産ネットワークは近年大きく変化している。中国が担ってきたネットワークの中心は、ASEANに移行しつつある。もちろん、中国は現在においても最終財を輸出してはいるが、中国からASEANへの中間財輸出も急拡大している。またASEAN内での中間財調達、欧米への最終財輸出も劇的に伸びている。今後中国は、ASEANへの中間財輸出国としての地位を確立し、また「世界の工場」としての期待はますますASEANに集まっていくであろう。

中国は「世界の工場」としての地位をASEANに譲りつつあるが、貿易活動は拡大の一途をたどっている。主要な貿易相手国にアフリカ諸国や中央アジア諸国を加え、鉱物などの天然資源の輸入を急増させている。天然資源の輸入相手国のほとんどは途上国であり、モノカルチャー経済、対中輸出依存度の高さ、単一産品による輸出構造という共通点がみられる。こうした国は中国経済の動向に大きく左右されやすく、不安定化を免れない。アジアではミャンマー、ラオス、モンゴル、トルクメニスタンが類似の構造に陥っている可能性があり、こうした国々が「天然資源の呪い」の罠に陥らないよう、私たちは注目していく必要がある。

参考文献

・大泉啓一郎「中国の人口ボーナスはいつまで続くのか」『環太平洋ビジネス情報』Vol.11 No.40 二〇一一年。

・中兼和津次『開発経済学と現代中国』名古屋大学出版会、二〇一二年。
・丸川知雄「再現される世界経済の中心・周辺構造」ジェトロ・アジア経済研究所発表資料、二〇一七年一二月一四日、https:www.ide.go.jp/library/Japanese/Research/Project/2017/pdf/2017110002_1214_02.pdf 二〇一八年八月二〇日参照。
・丸川知雄「中国経済の展望と世界へのインパクト」『政策オピニオン』平和政策研究所、No.75 二〇一八年三月二〇日。
・国連「UN Comtrade Database」https://comtrade.un.org/ 二〇一八年四月一日参照。
・世銀「World Integrated Trade Solution」https://wits.worldbank.org/Default.aspx?lang=en 二〇一八年四月一日参照。
・Research Institute of Economy, Trade and Industry「RIETI-TID 2016」http://www.rieti-tid.com/index.php 二〇一八年四月一日参照。
・JD Sachs and AM Warmer "Natural Resource Abundance and Economic Growth", NEBR Working Papers5398, National Bureau of Economic Research, 一九九五年。
・全国人民代表大会「政府活動報告」二〇一一年。

注

(1) 一九六四年当時の中国は、米国や台湾と厳しく対立する一方で、ソ連との関係も急速に悪化するという国際的孤立状態に置かれていた。そうしたなか、米国がベトナム戦争への介入を次第に深めたことは中国の警戒感を高めた。大規模な戦争への準備を進めるために毛沢東は、沿海部を「一線」、北京－広州鉄道をあたりを「二線」、「二線」以西の内陸地域を「三線」と呼び、天然の要塞とも言われる奥地に航空機、銃、ミサイル核兵器など兵器体系を自給でき、なおかつ兵器工業への投入財である鉄鋼、非鉄金属、工作機械、石油、石炭、電力、化学などの産業も含めて集積させることで、「一線」「二線」が敵に占領されても「三線」で戦うことが可能なように準備を整えた。

（2）鄧小平が一九九二年一月から二月にかけて武漢、深圳、珠海、上海などを視察し、更なる対外開放を呼びかけた一連の行動。

（3）二〇〇四年に珠海デルタの労働力不足をきっかけに、中国は「ルイスの転換点」に到達したのではないかという論争が活発に行われた。

（4）二〇一四年に中国・北京で開催されたアジア太平洋経済協力首脳会議で、習近平総書記が提唱した経済圏構想。中国西部から中央アジアを経由してヨーロッパにつながる「シルクロード経済ベルト」（「一帯」の意味）と、中国沿岸部から東南アジア、スリランカ、アラビア半島の沿岸部、アフリカ東岸を結ぶ「21世紀海上シルクロード」（「一路」の意味）の二つの地域から成る。

（5）天然資源を開発し輸出することは、いわゆるオランダ病を引き起こすのではないかと言われている。天然資源の輸出は為替レートを増価させ、製造業の輸出品の競争力を弱める可能性がある。さらにナイジェリアにように天然資源からの富を有力者が独占するようになると、資源は呪いになると考えられている。

小原江里香

第10章 アジアの現状と地域協力

急速に発展しているアジアの現状と地域協力の背景には多くの助け合いがある。その方法は多くあり、またその相互作用は地域経済の発展につながり国際的にも仕事・雇用が作り出されている。現代において、協力のもとにあるアジアの成長とその影響はかなり大きいものとなってきているのである。

1 アジアにおける地域協力

(1) 協力とは

協力には、国家、機関、個人などレベルや種類があるだろう。国家的なレベルでは、二国間の協力または多国間の協力がある。一般に、地域協力の目的として主に次のものが挙げられる。一つ目は自由貿易への障壁を取り除く公正取引。二つ目は国境を越えた人（労働）、財および資本の自由移動の増大による経済交流の促進。三つ目は軍事的対立の可能性の削減である。例えば、最近の首脳会議では、二〇一八年四月、韓国のムン・ジェイン大統領と北朝鮮の最高指導者であるキム・ジョンウンが会談において、休戦協定の終焉と「板門店宣言」で示された平和条約への調印を行ったことが挙げられる。また、二〇一八年六月には、米国のドナルド・トランプ大統領および北朝鮮の最高指導者キム・ジョンウンとの米朝首脳会談において、両者は共同声明に署名し国家間の新しい関係を約束した。彼らは、緊張緩和と核軍縮について議論し、そしてワシントンとピョンヤンの間に「新たな米朝関係」の確立を約束したのである。地域協力の目的の四つ目は、諸国間の人々の間での良好な理解の創出である。

(2) 主要な協力の分野

主要な協力には以下のようなものがある。

①**金融協力**　以下の協力の補助援助も担う、財政的援助など。

②**技術協力**　この支援は、特定領域の開発途上国の社会経済開発を支援する目的で、技術移転、テクノロジー、能力または経験の知識が提供される。

③**食糧援助**　食糧の直接的な援助、災害や紛争の場合に食糧を取得するための譲歩的な信用供与や返済不要な援助である。

④**人道支援と緊急援助**　伝染病および人権侵害等の予防や、自然災害などの緊急時の援助として行わ

れている。

⑤**技術・科学協力**　国々の発展を促進するために使用され、その結果、その国々の技術力や知識創造力が強化されている。主に、研究者、共同プロジェクト、調査ネットワークの交換を通じて機能する。

⑥**文化協力**　文化的な発展を刺激するための適切な手段または基本的な段階の対応方法を提供する。

⑦**寄　付**　この特定の援助形態は、基本的に設備および資材、ならびに財源を提供することによって援助される。

（3）国家的な援助機関・組織

国家的な協力のために設立された機関は非常に多い。日本の開発援助機関や日本の企業組織の一部は、以下のような機関・組織である。(社)国際協力機構（ＪＩＣＡ)、日本国際協力銀行（ＪＢＩＣ)、日本貿易振興機構（ＪＥＴＲＯ)、アジア開発銀行（ＡＤＢ）などがある。

日本とタイの協力は、以下のような多くのプロジェクトによって多くの方々に認識されている。

①**タイと日本の高架橋**　バンコク中心部に位置する。バンコクの渋滞緩和を支援する日本の協力でつくられたものである。

②**地下鉄システム**　ＭＲＴブルーラインは、バンコクの最初の地下鉄システムである。ＭＲＴ土木工事は、国際協力銀行（ＪＢＩＣ）のタイ政府へのソフトローン（緩やかな条件の貸付）によって資金調達された。

③**バンコク青少年センター（タイ―日本）**　バンコク青少年センターは、タイと日本の友好の名誉を

たたえており、両国の協力のもとに今日存在している。一九八〇年にタイと日本は、この広大なプロジェクトに両国が財政的な面において参加することに合意した。

④日本村　アユタヤ。一七世紀に、約一、五〇〇人の日本人がチャオプラヤ川の東岸に沿って一キロほどもある村に住んでいた。アユタヤの日本人のほとんどは、自国での迫害から逃げてきたキリスト教徒であった。タイの元首都であったアユタヤは、貿易、文化、政治、外交の交流を円滑にすることで、東と西を結ぶ最も重要な貿易港の一つと考えられていた。信頼できる商人、戦士、そしてアユタヤの日本人のリーダーであった山田長政は、タイとの関係を築き、今日の繁栄の基盤を確立した。

⑤アユタヤ歴史研究センター　アユタヤ歴史研究センターは、日本政府によって出資され、アユタヤの歴史を研究することを目的としてつくられた。同センターは、一九八六年にタイと日本の協力関係一〇〇周年を記念し、タイと日本の学者間の共同で設立された。

また、日本だけの出資ではなく、タイと他の国との共同出資でつくられた多くのインフラがある。バンコクにあるタイ・ベルギー高架橋は、バンコクの交通混雑緩和のための最初の高架橋であり、両国の協力の象徴となっている。

⑥タイとラオスの友好の高架橋　タイとラオスの友好の高架橋は、タイとラオスをつなぐためにメコン川を横切ってつくられた。

二つの国をつなぐ橋は多くある。しかしながら、オーストラリアは国際開発庁（ＡｕｓＡＩＤ）を通じ、タイ・ラオスの友好の証である初めての高架橋に財政的・技術的援助を行った。

このような援助は経済開発の促進において重要であり、両国間の良好な関係を強化するものである。

高架橋は、以前フェリーシステムに依存していた商品の輸送を容易にし、タイにおいては、ラオスのための深海港へのアクセスを提供することになった。そして、高架橋は貿易の焦点であり、オーストラリアの地域開発への約束の象徴であり続けている。

ハードウェア・インフラストラクチャーのみの国同士の協力は必要ではないが、協力とはどのような形にでもなり得るものだろう。例えば、異なる国々の人たちの間でのスポーツ活動も協力であると言える。スポーツゲームは人々の間で良い理解を作り出すのに役立つのである。

ここで、いくつかの国家的な協力プロジェクトを紹介する。

（4）環太平洋パートナーシップ（TPP）

TPPは米国と他の七つのアジア太平洋国間で「二一世紀」の自由貿易協定を協議するためのものであり、米国主導であった。

二〇一六年二月四日、一二カ国（日本、マレーシア、ベトナム、シンガポール、ブルネイ、オーストラリア、ニュージーランド、カナダ、メキシコ、チリ、ペルー、米国）がTPPに調印した。TPPは、経済関係の深化、関税の引き下げ、貿易の促進を目的としており、協定は、EUのように、新たな単一市場の創出、貿易障壁の撤廃により成長を促進するものであるとされた。関係する一二カ国には、世界貿易の約四〇％を占める約八億人の人口が存在し、欧州連合（EU）の単一市場の約二倍である。協定のメンバーはまた、経済政策と規制に関するより緊密な関係を促進することを望んでいた。

バラク・オバマ元米大統領は、在任期間中にこの協定を優先事項とみなし、この交渉は、中国の影響力が増しているアジア太平洋地域において米国の立場を強化していたと言える。しかし、ドナルド・トランプはこの協定を「恐ろしい取り引き」と呼んだ。

そして、米国の大統領選挙後の二〇一七年一月二三日、トランプ大統領によって米国はＴＰＰから離脱したのである。

2　中国の「一帯一路」構想

中国の新しい対外政策「一帯一路」、または新しい絹の道では、二〇一三年末に、世界人口の六四％および世界ＧＤＰの三〇％を占めるアジア、ヨーロッパおよびアフリカのサブ地域を覆う広大な地域の経済開発を刺激するために着手された。一帯一路は、インフラが不足している国における産業化という明確な開発目的を持っている。一帯一路は、以下の二つの主要な要素から構成される。

一つ目は陸路ベースの「シルクロード経済ベルト」（ＳＲＥＢ）であり、二つ目は二一世紀の「海上シルクロード」（ＭＳＲ）である。港と鉄道を通して、急速に成長する東南アジア地域と中国の南の州とをつなぐものである。「連絡性」と「協調」がＳＲＥＢ／ＭＳＲ（シルクロード経済ベルト／海上シルクロード）戦略のキーワードである。したがって、シルクロードに沿ったすべての国の経済発展をもたらし、イニシアチブでは、経済的、政治的、戦略的に、様々な分野で中国の影響力が反映されている。

図10-1　中国の「一帯一路」

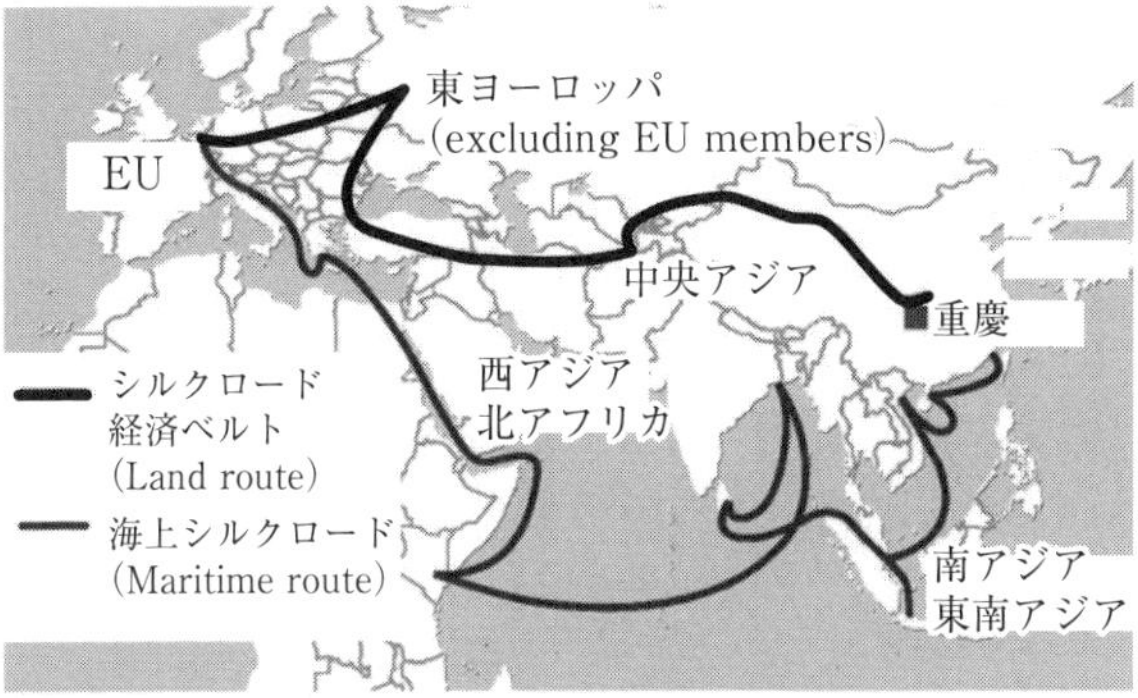

（出典）　BLOOMBERG STRAITS TIMES GRAPHI

（１）ＡＩＩＢと中国

また、ユーラシアの開発途上国間では資本と技術が不足している。ＳＲＥＢ／ＭＳＲ戦略の核心は特にインフラストラクチャーの連絡性にあった。その問題解決の要求を満たすために、アジアインフラ投資銀行（ＡＩＩＢ）が二〇一五年一二月二五日に設立された。ＡＩＩＢに参加することを約五七カ国が約束しており、これは実際には国際開発銀行としての役割の基盤にも影響している。ＡＩＩＢは、資本融資や技術サービスを提供することで、地域のインフラ整備の円滑化と加速化を目指している。ＡＩＩＢは、中国の一帯一路イニシアチブの陣頭指揮を務めるだろう。ＡＩＩＢもＯＢＯＲ（一帯一路）イニシアチブも地域経済と地政学の中心に中国を入れており、領域を超えて他のアジア諸国との経済関係強化を期待している。新しいシルクロードイニシアチブは、中国のインフラ整備、財務力、製造能力の強みを活用して、中国企業や資本が他の国に投資するための水路を提供する。一帯一路イニシアチブとＡＩＩＢは、アジアの経済・政治情勢を変え、二一世紀の最もダイナミックで経済的に活気に満ちた領域となるであろう。中国は、その停滞的な経済を促進するための新たな戦略が必要であった。過去三〇年において、中国は、安い財を製造することと輸出することを中心に冒頭の戦略を行った。ところが人件費の上昇にともない、労働集約型の財はもはや競争力がなくなり、労働集約型産業は徐々に近隣諸国へと移っていった。二〇一三年に至るまで、中国とその他の世界の間で根本的な変化が起こった。中国は世界第二位の経済成長を遂げており、最大の輸出国と二番目に大きな輸入国であり、海外直接投資の三番目に大きな源であり、そして最大の外貨準備の所有者である。中国は低迷する経済の改善のための難しい転換と、より持続可能な経済成長を管理しようと努力している。

(2) 中国への影響

SREB/MSR戦略は、二〇一六年から二〇二〇年にかけて中国の第一三次五カ年計画に顕著に現れ、その期間を通じて国家の経済・社会開発戦略を導くことが期待されている。それが直接的に何を意味するかは以下の通りである。

その戦略によって、石油、ガス、その他の必需品の輸送、特に中国経済を持続するために必要な中央アジアのエネルギー資源へのアクセスが確保できる。というのも、中国は、不動産・投資ブームが終わり、産業と建設の過剰、デフレーション、債務管理の 問題が生じたのである。この戦略の実施は、中国の商品の地域市場への参入を容易にし、中国の巨額の産業過剰能力を活用して、投資率の低下や自国における過剰設備の影響を相殺するのに役立つのである。また、長期的には、最も達成可能なOBOR(一帯一路)の目標は、中国の製造業の稼働率を上げるのに貢献するだろう。プロジェクトに資金を提供するAIIBの能力と、これらのローンの受取側に対する支配力を考えると、高速鉄道、

図10-2 ASEANと日本、ASEANと中国 の貿易（1990〜2016 年）

（単位：百万米ドル）

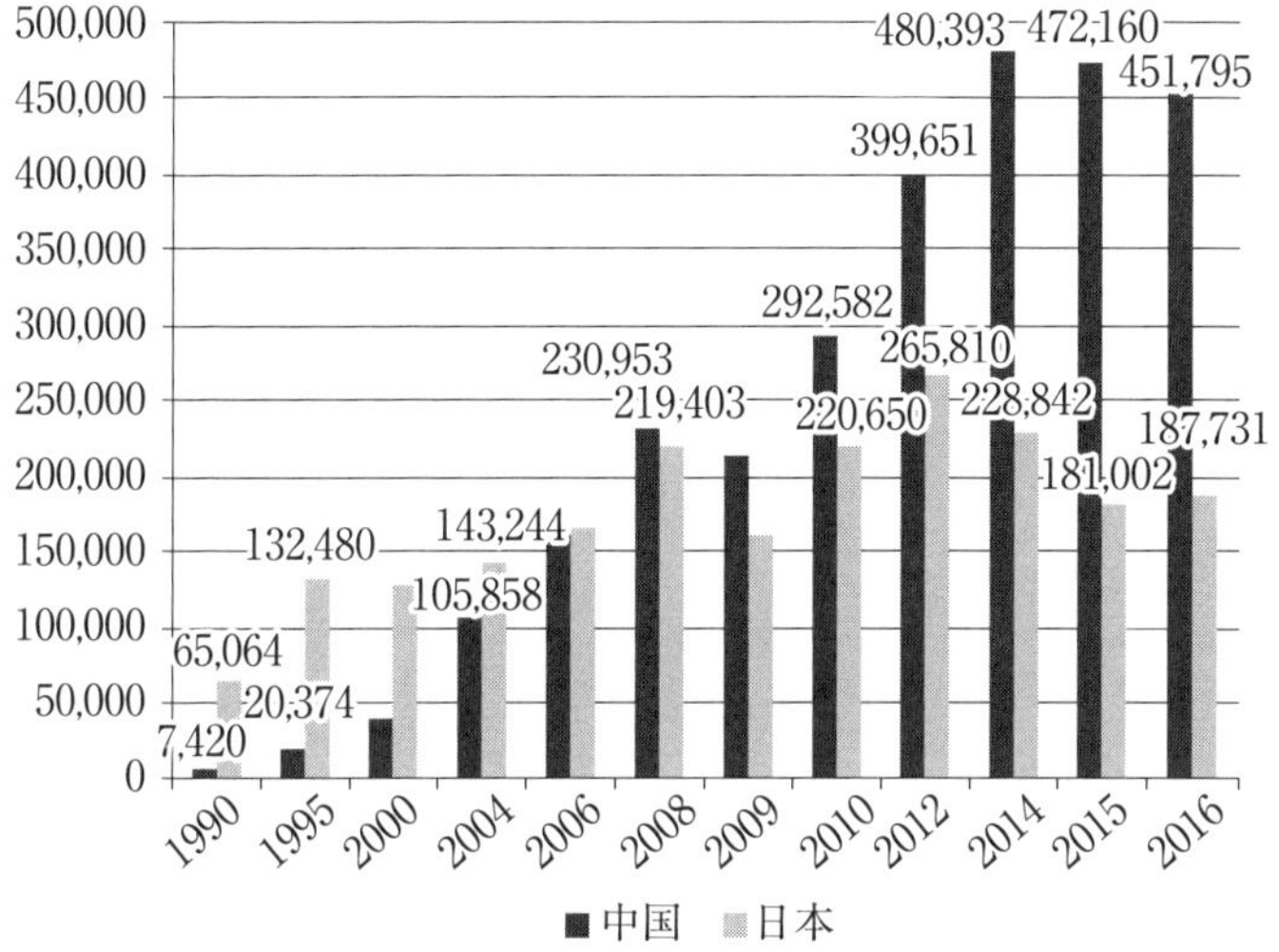

出典：末廣昭「東南アジアにおける中国の攻勢：中国化の地域構成とプロセス」

発電設備、通信機器などの中国製の最高仕様の工業製品が、おそらくＯＢＯＲ諸国で広く使用されるだろう。実際に、四兆ドル以上もの外国為替は巨額の海外直接投資としてうまく使用されている。

それと同程度にＳＲＥＢ／ＭＳＲは、各国経済が近代化するのに伴って、国内の経済格差を改善することができる。多国間にわたるインフラ整備プログラムは、中国の開発途上の後背地とラストベルト（衰退した工業地帯）の成長に拍車をかけることになるだろう。

（3） 中国―日本とASEAN

二〇〇〇年までＡＳＥＡＮと日本との貿易量は中国よりはるかに大きかった。二〇〇八年以降、ＡＳＥＡＮとの中国の貿易量は日本との貿易量を上回った。数値は、領域内で中国および日本との関係が徐々に変化してきたを明白に示している。

（4）ＡＳＥＡＮから中国へ輸出された品目に関して

第一グループには、天然資源や植物（原油、石油、パーム油、天然ゴム、米、タピオカ、砂糖、合板など）の加工から得られた伝統的な貿易財が含まれる。第二のグループは、一つの会社内に存在する二つ以上の事業体の間で行われる、いわゆる「企業内取引」を構成する。中国のＡＳＥＡＮ諸国からの輸入品目では、ＩＴ製品（コンピュータ内部品と企業内貿易の形態の完成品）と労働集約型財（繊維、衣服、小型船舶など）が大部分を占めている。

3　メコン地域における経済協力

（1）大メコン地域経済協力

メコン川は、ヨーロッパのドナウ川と同様に多くの国を通って流れるため、東ドナウと呼ばれる。メコン川は中国、ミャンマー、タイ、ラオス、カンボジア、およびベトナムの六つの国を流れている。また、農業、水産養殖、漁業、非魚類水産物、観光などの生産的な環境を提供し、地域住民の生活を支える重要な役割を果たしている。その上、洪水緩和、貯水および廃水処理と同様に重要な間接的利点も備えているのである。

(2) 加盟国間の鉄道連絡性

一九九二年に、アジア開発銀行(ADB)の支援を得て、六カ国は、経済関係を強化するためにつくられた地域経済協力プログラムを進めた。

大メコン圏は、カンボジア、中華人民共和国(PRC、とりわけ雲南省、広西チワン族自治区)、ラオス人民民主共和国(ラオス)、ミャンマー、タイ、ベトナムから構成される。

(3) 大メコン圏の目的

大メコン圏の目的として以下の三つが挙げられる。

一つ目は、物理的インフラの持続的な発展と国境を越えた経済回廊への輸送路の変容を通じて連絡性が高まることである。

二つ目は、人とモノの国境移動を効率的に円滑化し、市場、生産プロセス、価値体系の統合を通じて競争力が向上することである。

三つ目は、社会と環境の共有に取り組むプロジェクトやプログラムを通じて、より大きな地域社会の観念を築くことである。

メコン地域の豊かな人的資源と天然資源は、アジアの経済成長の新しいフロンティアになっている。メコン地域は自給農業からより多様化された経済に、そしてよりオープンな市場ベースのシステムへとよりシフトしている。この傾向と並行して、特に国境を越えた貿易、投資および労働流動性の点から、六つの大メコン圏の国間の商取引関係が拡大している。水力発電、農業、漁業、木材と同様に水を含む天然資源、石油や鉱物は、サブ地域の成長に大きく寄与し続けている。例えば、ADBとJI

CAがベトナムでのコーヒーバリューチェーンの拡充を支援していること、大メコン圏においてスマートエコノミーの構築が行われていること、他にも高品質のインフラによって貿易、投資、労働移動が国境を越えて活発化していることが挙げられる。

4 タイの経済発展と開発における課題

(1) タイ四・〇

タイは経済を促進するために多くの国々からの協力を求めている。タイ四・〇は、タイの経済をイノベーション主導型に変えるビジョンである。この政策は、キング・ラマ五世時代（または日本の明治時代）の最初の大きな発展後におこる、第二番目に大きな発展となるかもしれない。タイ四・〇の目標は、セキュリティ、繁栄、持続可能性である。タイ一・〇は農業開発を目指し、タイ二・〇は軽工業開発を目指した。タイ三・〇は重工業に関するものである。現在、タイは鉄鋼、自動車、天然ガス、その他を製造し輸出し続けている。タイはこれまでのところ、まだ輸出を推進する上で外国の技術に頼っていることが現状である。確かにタイ経済は堅調な成長を遂げた。そして、タイの経済は、堅調な成長を楽観視していた。しかし、近年、経済成長は三〜四％だけの増加にとどまっており、これまでのところタイは足踏み状態なのである。現状として次のことがいえる。

①中間所得層の罠　これは、中間所得層の水準に達した後に国の成長が減速する状況である。タイの

ような中所得国は、一方の成熟産業を支配する低賃金の競争相手と他方の急速な技術的変化の産業を支配する豊かな国の革新者との間で圧迫されている現状がある。

②所得格差　所得格差は拡大し貧しい人々はより貧しくなる一方、富者はより豊かになる。

③不均衡開発　環境に関して責任感のない経済成長を重視してきた不均衡開発をしてきた。

上記の①〜③の問題とは別に、国の問題として高齢化社会が近づいているため、より多くの問題を抱えているだろう。まさに最近、『エコノミスト』（二〇一八年四月五日）の「次の日本は中国ではなくタイである」という記事に、タイは「高齢社会」になる最初の開発途上国であり、六五歳を超える人口は、二〇二二年において約一四%になるだろうとあった。タイの高齢者の割合は、実は中国より早く上昇しているのである。それはタイが日本と同じ問題に直面し、成長が遅く、労働力が不足していることを意味しているのである。

表10-1　一人当たりのGDP（米ドル）

年	2012	2013	2014	2015	2016
	5,845	6,175	5,925	5,788	5,907

(2)　新しい産業へのシフト

過去にタイは、ゲーム、宝石類、観光旅行、自動車、電気・電子機器などの産業に頼った。高度成長の可能性を持っている産業は、より多くの付加価値産業に変えられる。例えば、未来食（おなじみの食糧を新しい方法で再生するために、高度な遺伝子工学ツールを使用する）、農業とバイオテクノロジー、医学および医療観光、ハイテクの電子技術、次世代自動車などである。

時代は変わり、将来のタイ四・〇の特定対象業種としては、次のものが注目されるだろう。ロボット、航空・物流、バイオ燃料・生化学、メディカル・ハブ、デジタルである。

(3) 東部経済回廊(EEC)―タイ四・〇の主力政策

政府は、新たな成長ハブを開発している。ラヨーン、チョンブリー、チャチョンサオの各州を対象とする東部経済回廊(EEC)から始まり、総面積は一三、〇〇〇平方キロである。タイ湾岸に位置する四五〇億ドル規模のEECプロジェクトは、ハイテク投資を誘致することを目的としており、成長を促進する政策の中心となっている。政府は、投資と経済成長のあらゆる側面をサポートするためにその地域の準備を迅速に整えており、EECは、投資、地域の交通、およびアジアへの戦略的なゲートウェイなどの貿易の重要な中心的存在となることを完全に期待されている。したがって、タイ四・〇政策は青写真であり、EECが主力なのである。これまでに、三三年目となる東部臨海工業開発計画がラヨーン地方の一人当たりのGDPを国内最高水準へと向上させている。一方、チャチェンサオ、チョンブリー、ラヨーンの三つの地方の貧しい人々の割合は、タイの残りの地方と比べると非常に低い。これは、この制度が地方住民にマイナスの影響を与えたが、国全体として生活水準を改善したことを示している。

(4) 最近の進歩

二〇一八年四月一九日、アリババの創業者で現会長のジャック・マーは、EECの投資・開発プロジェクトに理解を示し、四つの覚書に署名した。これは、ライバルとの競争が激化するなかで、東南アジアの農産物や観光市場が中国の消費者の食を刺激することを目的としている。

また、貿易、投資、電子商取引および観光のサポートをカバーする四つの覚書が交わされた。

①「スマートなデジタルハブセンター」の設立のための三億二、〇〇〇万ドルの投資プロジェクトに関するこの覚書については、来年に完成し運用開始予定である。同センターは、タイ、中国、ラオス、ミャンマー、カンボジア、ベトナム、世界市場間の貿易を促進するために、アリババの物流情報技術を利用する。このプロジェクトは、タイ中小企業の世界市場へのアクセスを支援するものである。

②デジタルと電子商取引分野の人材育成に関する覚書は、アリババがデジタルと電子商取引の有能な人材の育成にタイのパートナーとして加わることで合意した。

③タイの中小企業や新興企業向けのデジタルおよび電子商取引におけるスキル開発に関する覚書を交わした。

④他のメディアとつながるタイ観光のプラットフォーム開発についてのタイ観光局との協力に関する覚書である。

ここで、中国人観光客はタイで最大の訪問者である。中国人は、三、五〇〇万回の来訪を記録した二〇一七年のうちの約三分の一を占めているのである（約一、〇〇〇万人の中国人観光客）。

（5）国際協力銀行（JBIC）と東部経済回廊（EEC）

二〇一八年五月四日、国際協力銀行（JBIC）は、東部経済回廊（EEC）で事業展開する投資家に対してソフトローン（長期低利貸付）を供与することを約束しており、主力の経済特区を支える三つの空港間の高速連結投資を行う予定である。JBICは、中国、日本、タイとの連携を図りたいと考えている。日本の日立製作所は、三つの空港プロジェクトの間の高速リンクへの入札に関心を示している。

5 結論

協力とは、様々な種類があるが、どれもより良い生活と質のために行われるものである。また、協力のもと、より多くのインフラストラクチャーの開発を行うことによって、異なる国の人々の間で良い関係、理解を作り出すことを目指していることが念頭にある。

しかしながら、注意すべきことは最後の長期的な協力プロジェクトは特に、参加しているすべての関係者に利益をもたらす、ウィン・ウィンプロジェクトでなければ「真の協力」にはならないのである。

ブサバ・クナシリン

（松下　愛 訳）

第11章　台湾の日本語教育とアジア諸国の相互理解

1　台湾の基本情報

台湾は南北に細長い島で、アジア大陸の東南に位置し、北は日本、南はフィリピン諸島に隣接している。面積は約三万六、〇〇〇平方キロメートルで、九州（三万六、七五三平方キロメートル）よりやや小さい。また、島内に富士山を超える山が三座、三、〇〇〇メートル級の山が二六九座もある山岳国で、国土の七〇％を山地が占めている。台湾の西南部にある嘉義市付近を北回帰線が通っており、それを挟んで北は亜熱帯気候、南は熱帯気候に属している。日本との時差は一時間で、日本全国から多くの直行便が飛んでいる。

台湾の人口は二、三五七万人であるが、前述のように、人口が一、三一〇万人の九州より面積がやや小さいことを鑑みると、台湾の人口密度が如何に高いかが分かるだろう。また、台湾には漢民族と先住民族が住んでおり、先住民族は更に一六族に分かれている。言葉も多種多様で、マンダリン、台湾語、客家語、各先住民の言語などがある。宗教信仰は自由で、仏教、道教、キリスト教、イスラム教などがある。

2 「親日の国」台湾

台湾は親日の国としても知られている。台湾との窓口機関である公益財団法人日本台湾交流協会が台湾で行った「二〇一五年度　対日世論調査」[1]を見ると、五六%が最も好きな国を「日本」と答え、第二位の「中国」(六%)や「アメリカ」(五%)等を大きく引き離している。そして、日本は親しみを感じる国であると答えた人は八〇%で、日本に旅行したいと答えた人は八八%であった。

一方、台湾側の窓口機関である台北駐日経済文化代表処も二〇一七年に日本人の「台湾に対する意識調査」[2]を行ったが、その調査結果によると、アジアの中で最も親しみを感じるのは「台湾」だと答えた人の割合が最も高く、五一・七%で、次いで「韓国」が一二・八%、「中国」が三・一%の順であった。また、台湾に行きたいかという質問には五三・〇%の人が「行きたい」と答えた。年齢別では二〇~二九歳の六五・六%が「行きたい」と答え、他の年齢層と比べその割合が高かったという結果も出ている。

さらに、台日間の年間往来客数を見てみよう。二〇一七年の台湾の出国者数は一、五六五万四、五七九人で、そのうち訪日者数は四五六万四、〇五三人、出国者数の全体の二九・二%を占めていた。つまり、台湾の海外旅行者全体の三割が日本へ旅行に行っており、しかも、その数は台湾の人口の約二〇%に相当する人数であるから、五人に一人の台湾人が日本を訪れているということになる。また、その人数は日本を訪れた外国人旅客数二、八六九万一、〇七三人の一五・九%を占め、中国、韓国に次ぎ、第三位になっている。ちなみに、二〇一七年に台湾を訪れた訪台外国人旅客数は一、〇七三万九、六〇一人であったが、その中で、日本人の旅客は一八九万八、八五四人で、一七・七%を占め、中国に次ぎ、第二位であった。また、二〇一七年の台湾への日本人旅客数は、日本出国者数一、七八八万九、二九二人の一〇・六%を占め、中国、韓国に次ぎ、第三位であった。[3]

要するに、二〇一七年に日本を訪れた台湾人は約四五六万人で、台湾を訪れた日本人は約一九〇万人、台湾と日本の観光往来が合計で約六四六万人もあったわけであるが、日本と台湾の間には、二六六万人の観光客数の差があることが窺える。

3　台湾の日本語学習者数

次に、台湾での日本語学習者数を見てみよう。日本の国際交流基金が実施した「二〇一五年海外日本語教育機関調査」[4]によると、台湾の日本語学習者数は二二万四五人であった。台湾の総人口は二、三五七万人であるから、台湾人のおよそ一〇〇人に一人が日本語を学習している計算になる。JLPT[5]という「日本語能力試験」の申込者数からも見てみよう。二〇一七年のJLPT受験者数は約八八万七、〇〇〇人であったが、このうち台湾での受験者数（申込者数）は七万八、七〇五人で、世界第二位であった。トップは中国の二一万七、〇〇〇人であったが、人口比を考えると、台湾の日本語学習熱が相対的に高いことが分かるだろう。(6)

4 台湾の日本語教育について

（1）台湾の教育体系

台湾では六・三・三制の学校教育制度が採られている。小学校が六年間（六～一二歳）、中学校が三年間（一二～一五歳）、日本の高校にあたる高級（職業）中学校が三年間（一五～一八歳）で、小・中・高、計一二年間の義務教育が実施されている。また、台湾の教育制度では図11-1のように、中学校卒業後は普通教育（高級中学校）と職業教育（高級職業中学校）に分かれ、普通教育を選択した場合、高級中学校から一般大学（四年制綜合大学）への進学が一般的となる。これに対し、職業教育を選択すると、高級職業中学校または五専（五年制高等専門学校）に進み、前者は「四技」（四年制技職系大学）または「二専」（短期大学）へ、後者は「二技」（「五専」卒業者向けで大学の三～四学年に相当）へ進学するのが一般的である。二〇一七年の中学校から高級中学校及び高級職業中学校などへの進学率は九九・七八％で、高級中学校及び高級職業中学校から大学への進学率はそれぞれ九五・九五％、七九・二五％であった。現在、台湾には全部で一四四校の大学があり、その中で一般大学は七〇校、技職系の大学は七四校である。(7)

図11-1　台湾の教育制度

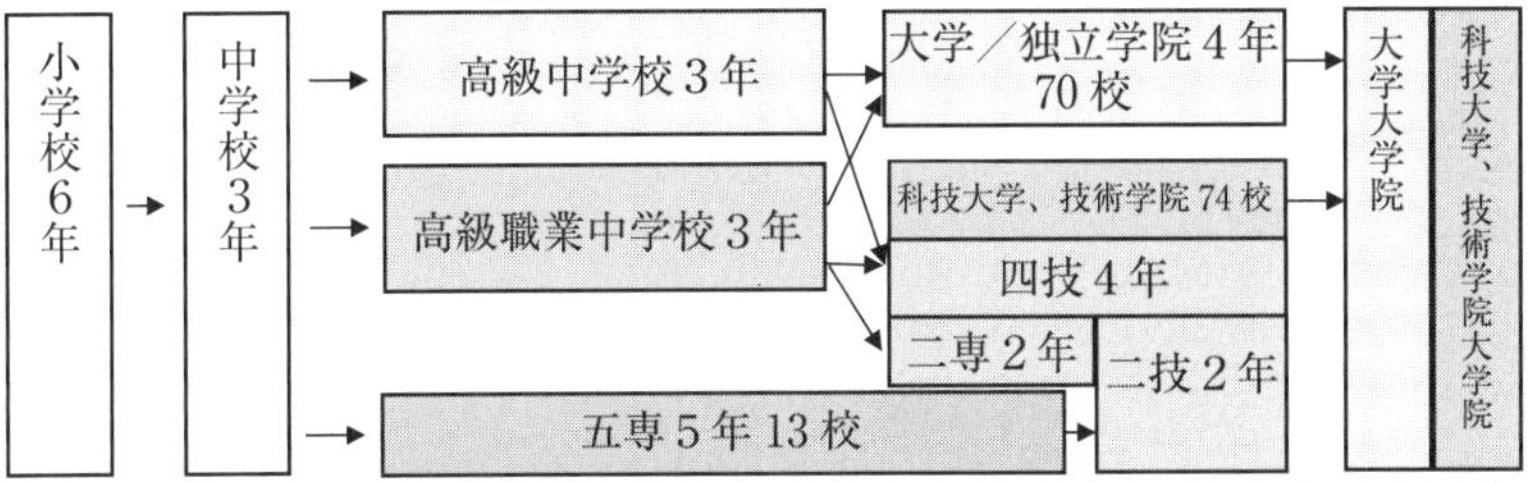

出典：台湾教育部統計處「教育統計查詢網」https://stats.moe.gov.tw/（2018.10.29）より筆者作成。

(2) 台湾における日本語教育の歴史

①日本統治時代（一八九五年～一九四五年）

台湾における日本語教育の歴史は、日本の統治下にあった時代から始まっている。

日清戦争後、下関条約（一八九五年四月一七日）に基づき、台湾は日本の最初の植民地となった。その後、一九四五年までの半世紀にわたり日本の統治下に置かれた。その間の台湾の教育は、初等教育に力が注がれ、日本語教育に集中していた。

一八九五年、初代学務部長伊沢修二が「芝山巖学堂」を設け、台湾人子弟六名に対し国語（日本語）教育を始めた。これが日本植民地時代の台湾における日本語教育の嚆矢である。[8] 翌年の一八九六年には、国語学校及び国語伝習所[9]が設置された。国語伝習所は「国語（日本語）」普及を目的とした最初の官立台湾人初等教育機関であり、その経費は国庫支弁であった。

さらにその二年後の一八九八年には、更なる日本語普及の必要に応じ、国語伝習所が公学校に改設され、新たな台湾人初等教育機関となった。また、公学校令の発布とともに、授業料も徴収された。

なお、日本統治下の台湾における初等教育機関は、一九二二年の改正教育令が発布される以前は、小学校・公学校・蕃人公学校の三種に分かれ、それぞれ内地人（日本人）・本島人（漢民族系台湾人）・高砂族（台湾の先住民）の種族別に入学するようになっていた。一九二二年、「内台人共学」（日本人と台湾人の共学）を標榜した改正教育令の発布により、初等教育においては、蕃人公学校が廃止され、小学校と公学校のみとなった。それまでの内地人、本島人の種族別の呼称を使わずに、表向きは、「国語（日本語）」を常用する（日本人を想定）か、しないか（本島人、高砂族を想定）によって、就学先を区別した。その後、一九四一年の台湾教育令により、全台湾の小・公学校は一斉に国民学校と改称された。

日本は台湾統治の五〇年間に、徹底的に日本語を強制した。そこには、単に日本語を習得させるだけでなく、台湾人を日本人に同化させようとする意図が内包されていた。つまり、日本語を通して台湾人に日本文化や歴史、日本人の生活様式、思考法などを受け入れさせ、忠順な日本臣民に育成するという目的を持っていたのである。特に一九三三年の満州事変勃発後は、台湾も戦時体制に入り、軍事基地としての地位が一段と高まった。そのため、台湾人の日本人化が一層必要となり、日本語教育が一段と重視されるようになった。日本語の習得は、日本人になるための最大の必要条件と考えられたのである。そして、台湾総督府は一九三三年に「国語普及一〇カ年計画」を立て、日本語を解するものを一〇年以内に五〇%にするという目標を打ち出した。更に日中戦争勃発の前年に総督が文官から武官に代わると、「皇民化・工業化・南進基地化」が台湾統治の三大施政方針となり、「皇民化」が明確に打ち出された。その中でも殊に、「本島統治の根本義である皇國民化運動の樞軸を為すものは國語普及運動である」[10]としたように、日本語普及運動は皇民化運動の重要な一環として展開され、主として初等教育機関である公学校と、国語講習所・簡易国語講習所で行われた。この間、台湾人児童

表11-1　小学校及び公学校の就学率

年度	小学校		公学校	
	児童数	就学率%	児童数	就学率%
1933	36,970	99.25	301,974	37.02
1934	38,136	99.10	327,243	38.94
1935	38,789	99.26	356,570	41.10
1936	39,601	99.43	390,230	43.44
1937	40,466	99.49	436,847	46.36
1938	41,441	99.48	503,609	49.58
1939	43,256	99.54	554,859	52.97
1940	44,210	99.55	622,409	57.57
1941	45,753	99.59	679,324	61.54
1942	47,468	99.59	733,599	61.54
1943	48,884	99.66	795,927	65.76
1944	50,599	99.62	862,769	71.17

注：表中の小学校児童数は日本人のみ 、公学校児童数は台湾人のみである。
出典：台湾総督府各年度学事年報及び台湾学事一覧により筆者作成。
1944年は『昭和二十年臺灣統治概要』45頁、51頁による。

の入学率は、表11-1のように一九三九年に至ってようやく五〇%を越え、一九四四年には七一%に達した。その結果、一九四〇年代には全人口の六〇%程度の人が日本語を理解するようになっていたといわれる。

②日本語教育空白期（一九四五年〜一九六二年）

戦後の台湾ではマンダリン（いわゆる中国語。台湾では「国語」と呼ぶ）による教育が進められ、「日本語禁止令」が発令された。日本語の新聞・雑誌が廃止され、日本語のレコードを聞くのも禁じられ、公式な場での日本語の使用も禁止されていた。

③私立高等教育機関に日本語学科設置（一九六三年〜一九七二年）

一九六三年、台湾では戦後初めて、現在の私立文化大学に日本語学科（当時の名称は東方語文学系日文組）が設置された。これを契機とし、その後の一〇年間に、私立淡江大学（一九六六年）、私立輔仁大学（一九六九年）、私立東呉大学（一九七二年）と、計四校の私立大学に日本語学科が設置された。

大学院修士課程は、一九六八年に文化大学日本語学科に最初に設置され、一九八〇年に東呉大学、一九八三年に淡江大学（日本研究修士課程が最初。二〇〇六年には日本語学科にも修士課程設置）、一九九三年に輔仁大学に設置された。博士課程は、一九九一年に東呉大学に最初に設置された。

④日台断交後（一九七三年〜一九八八年）

一九七二年九月二九日、日本は中国と国交を結び、台湾とは断交した。日台断交後、台湾では日本語学科の増設は一時期許可されなくなったが、一方で経済・観光・文化などの領域における台日間の交流は増え続けた。その後、日本語の話せる人材育成の必要性から、一九八〇年に国立の技職系高等教育機関として初めて、台中商業専科学校（現在の台中科技大学）に応用日本語学科（当時の名称は応用外語科日文組）が設置された。しかし、一般大学への設置は認められなかった。

また、一九八六年には職業高校として初めて私立の育達商職に商用日本語科が設立された。

⑤日本語学科の激増（一九八九年〜）

一九八七年に戒厳令が解除され、一九八八年に親日家としても有名な台湾出身の李登輝が総統に就

表11-2　台湾の高等教育機関の日本語専攻者数

一般大学		技職系大学	
教育制度	人数	教育制度	人数
大学	10,698	四技	5,251
–	–	二技	257
–	–	五専	892
小計	10,698	小計	6,400
修士	457	修士	107
博士	38	–	–
合計	11,193	合計	6,507
総計	17,700		

注：学生数は台湾教育部統計處の「學校基本資料」をもとに作成したが、応用外国語学科の場合、日本語組と英語組との合計数しか表示されなかったので、日本語組の学生数を明らかにするため、各学校に電話で聴取し、書き加えた。

出典：台湾教育部統計處の「學校基本資料」https://depart.moe.edu.tw/ed4500/News_Content.aspx?n=5A930C32CC6C3818&sms=91B3AAE8C6388B96&s=2D0E391A40CFC3C4（2018.07.04）より筆者作成。

任すると、日本語教育をめぐる政策は一変した。一九八九年、国立の一般大学として初めて国立政治大学に日本語学科（当時の名称は東方語文学系日文組）が設立され、一九九四年には最高学府である国立台湾大学にも日本語学科が設置された。これを契機として、日本語学科や応用日本語学科の設立が相次いだ。また、二〇〇三年には、国立政治大学と国立台湾大学に、修士課程が設置された。

二〇一四年には国立職業高校として初めて、水里高級商工職業高校に応用外語科日文組が設立された。

（3）台湾の日本語教育の現状

①高等学校

二〇一七年現在高校五一一校のうち、職業学校（綜合高校を含む）は三四八校、応用外語学科日本語組を有するのは三六校で、約一割を占めており、その学生数は六、八一二人である。[11]

②高等教育機関

二〇一七年現在、高等教育機関は一五七校あり、一般大学は七〇校で、日本語学科を有する大学は二三校、全体の三二・九％を占めている。これに対し、技職系大学（専門学校を含む）は八七校で、応用日本語学科を有するのは一五校、全体の一七・二％だけであった。大学院も、一般大学で日本に関する修士課程を有するのは一二校一四カ所、博士課程は二校であるのに対し、技職系大学の場合は修士課程のみでわずか三校にすぎない。[12]

次にその学生数を見てみよう。表11-2から分かるように、台湾の高等教育機関での日本語専攻者数は、合計一万七、七〇〇人で、そのうち、一般大学での日本語専攻者数は一万一、一九三人であった（大学生一万六九八人、修士四五七人、博士三八人）。一方、技職系大学での応用日本語専攻者数は全部で六、五〇七人であった（四技生五、二五一人、二技生二五七人、五専生八九二人、修士一〇七人）。二〇一七年現在、台湾の大学生は全部で一二七万三、八九四人だが、その中で、大学で日本語を主専攻としている学生が占める割合は、わずか一・四％である。要するに、台湾では日本語学習者数は比較的多いが、大学で日本語を主専攻としている人はさほど多くはないのである。

図11-2　日本語を学習する理由

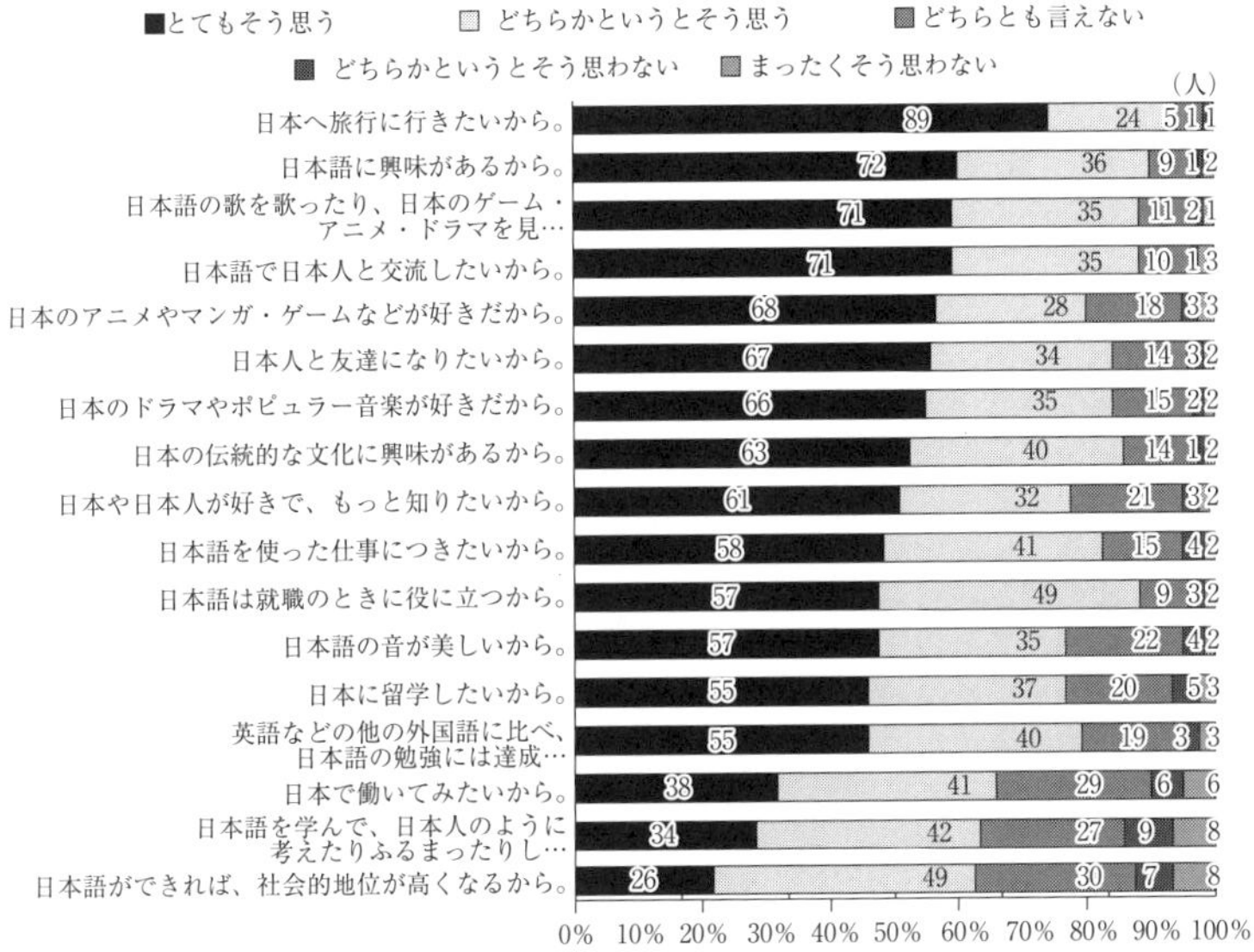

5　日本語を主専攻とする学生の日本語学習動機と対日イメージ

台湾において日本語を主専攻とする学生の日本語学習動機と、学習者の対日イメージを明らかにするために、台湾の大学生と高校生を対象にアンケート調査を行った。調査対象は、技職系大学のK大学応用日本語学科の学生七三名（二年生三八名、四年生三五名）と、全国にある職業高校応用外語学科日本語組の中から無作為に選んだ学生四七名、計一二〇名である。

（1）日本語学習動機についてのアンケート調査

日本語を学習する理由について聞いたところ、図11-2のように「日本へ旅行に行きたいから」という理由が最も多く、「とてもそ

図11-3　日本に対するイメージ

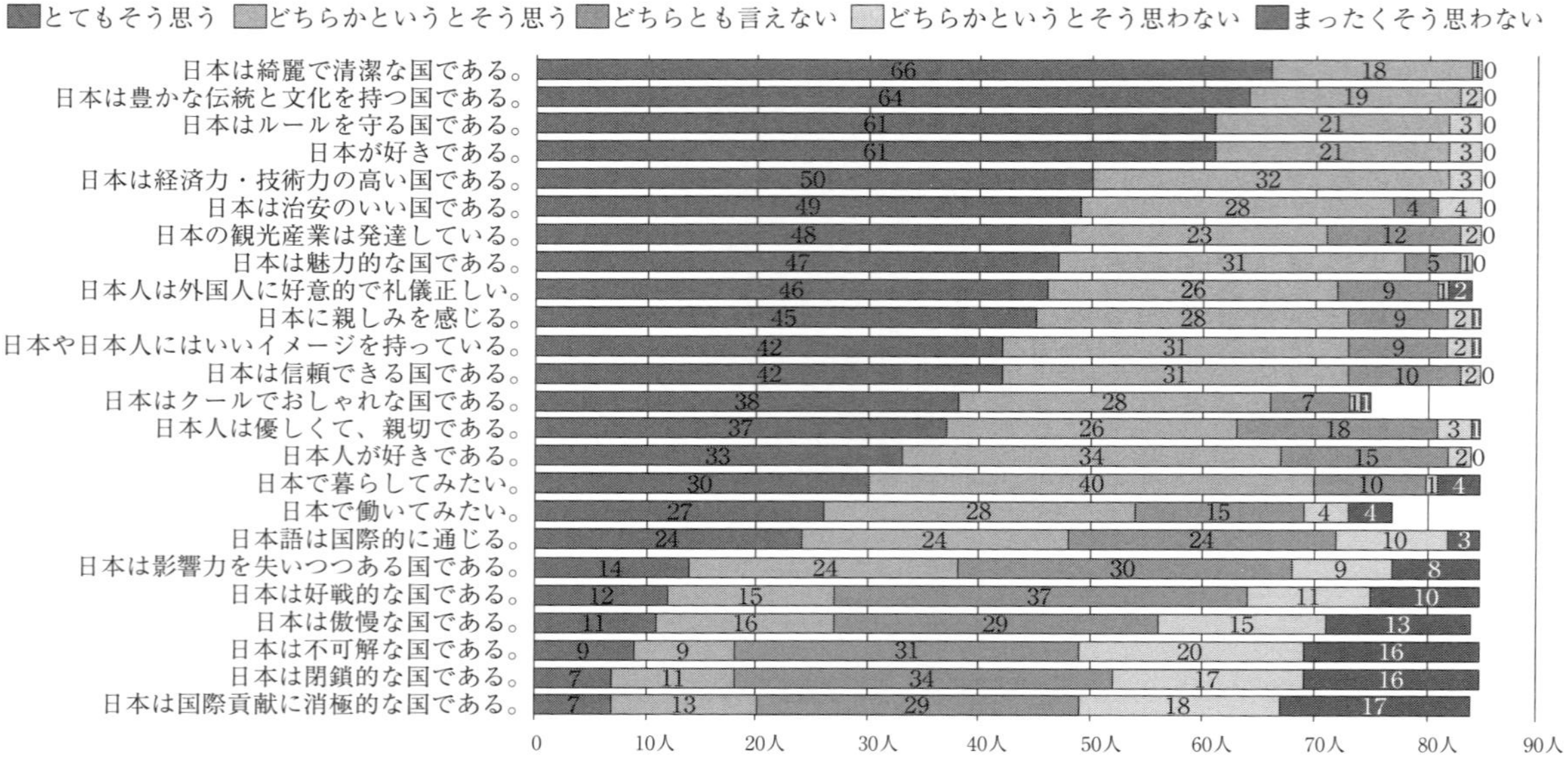
とてもそう思う
どちらかというとそう思う
どちらとも言えない
どちらかというとそう思わない
まったくそう思わない
日本は綺麗で清潔な国である。
日本は豊かな伝統と文化を持つ国である。
日本はルールを守る国である。
日本が好きである。
日本は経済力・技術力の高い国である。
日本は治安のいい国である。
日本の観光産業は発達している。
日本は魅力的な国である。
日本人は外国人に好意的で礼儀正しい。
日本に親しみを感じる。
日本や日本人にはいいイメージを持っている。
日本は信頼できる国である。
日本はクールでおしゃれな国である。
日本人は優しくて、親切である。
日本人が好きである。
日本で暮らしてみたい。
日本で働いてみたい。
日本語は国際的に通じる。
日本は影響力を失いつつある国である。
日本は好戦的な国である。
日本は傲慢な国である。
日本は不可解な国である。
日本は閉鎖的な国である。
日本は国際貢献に消極的な国である。
0
10人
20人
30人
40人
50人
60人
70人
80人
90人

図11-4 海外旅行をするとした場合、最も行きたい国

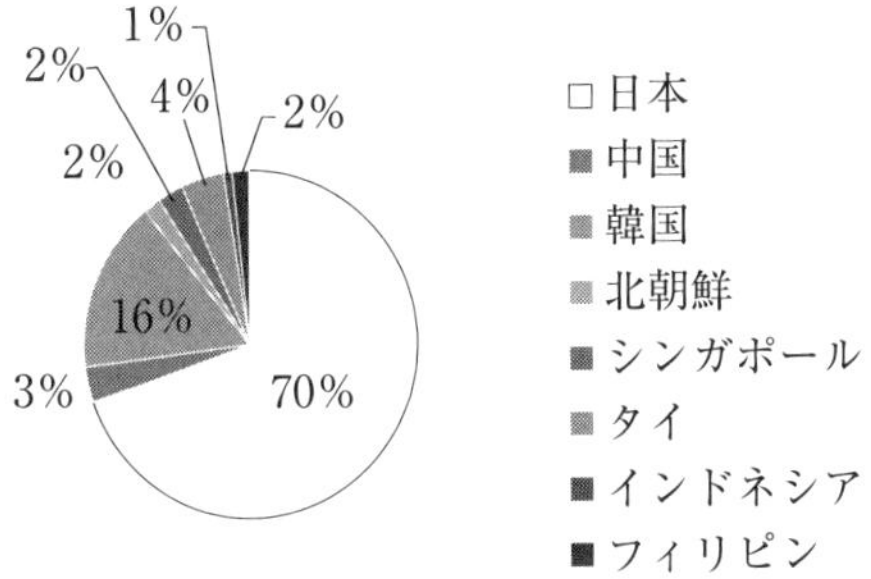

う思う」と「どちらかというとそう思う」と答えた人を合わせると、一一三人（九四%）であった。次は「日本語に興味があるから」という理由で、「とてもそう思う」と「どちらかというとそう思う」と答えた人を合わせると一〇八人（九〇%）、さらに「日本語の歌を歌ったり、日本のゲーム・アニメ・ドラマを見て内容を理解できるようになりたいから」及び「日本語で日本人と交流したいから」という理由が続き、「とてもそう思う」と「どちらかというとそう思う」と答えた人を合わせると一〇六人（八八%）であった。日本語を勉強するきっかけは、日本のアニメやマンガ・ゲームが好きだからという人が多いようであるが、日本語を主専攻とする学生では、「日本のアニメやマンガ、ゲームなどが好きだから」という理由は四位となっている。一方、「日本語ができれば、社会的地位が高くなるから」という理由は一番低いが、それは次項の日本に対するイメージ調査の「日本語は国際的に通じる」という質問と関連している。

(2) 日本に対するイメージ調査

次に、日本に対するイメージの調査結果を見てみよう。この調査は、K大学の四年生を調査対象から省いている。というのは、後ほど述べるが、K大学の四年生三五名に対しては、日本での一年間のインターンシップの前後で、日本に対するイメージに変化があったかどうかについて答えてもらっているからである。

図11-3の日本に対するイメージによれば、「日本は綺麗で清潔な国である」の項目では、「とてもそう思う」と「どちらかというとそう思う」を合わせると、八四人（九九％）であった。つまりこれは、今回の調査対象のほとんどの人の日本に対する主要なイメージであると言ってもよかろう。その次に多かったのは、「日本は豊かな伝統と文化を持つ国である」で、「とてもそう思う」と「どちらかというとそう思う」と答えた人を合わせると八三人（九八％）であった。次いで、「日本はルールを守る国である」及び「日本が好きである」という項目が多く、「とてもそう思う」と「どちらかというとそう思う」と答えた人を合わせると、八二人（九六％）であった。つまり、K大学二年生と高校生は、日本に対してかなり強くプラスのイメージを持っているということが分かる。

次に、海外旅行をするとした場合、アジア地域で最も行きたい国はどこか、という質問に対して、図11-4のように七〇％が日本と答え、第二位の韓国（一六％）やタイ（四％）などを大きく引き離した。

(3) インターンシップ前後での日本に対するイメージの差異

前述の通り、K大学では三年次に全員が一年間のインターンシップに行かなければならず、そのほとんどは日本のホテル業界でのインターンシップである。学生が日本或いは日本人に対してどのようなイメージをもち、それがインターンシップの前後でどう変化したのかを明らかにするため、調査をして、図11-5と図11-6にまとめた。

図11-5　1年間インターンシップに行く前、日本に対するイメージ

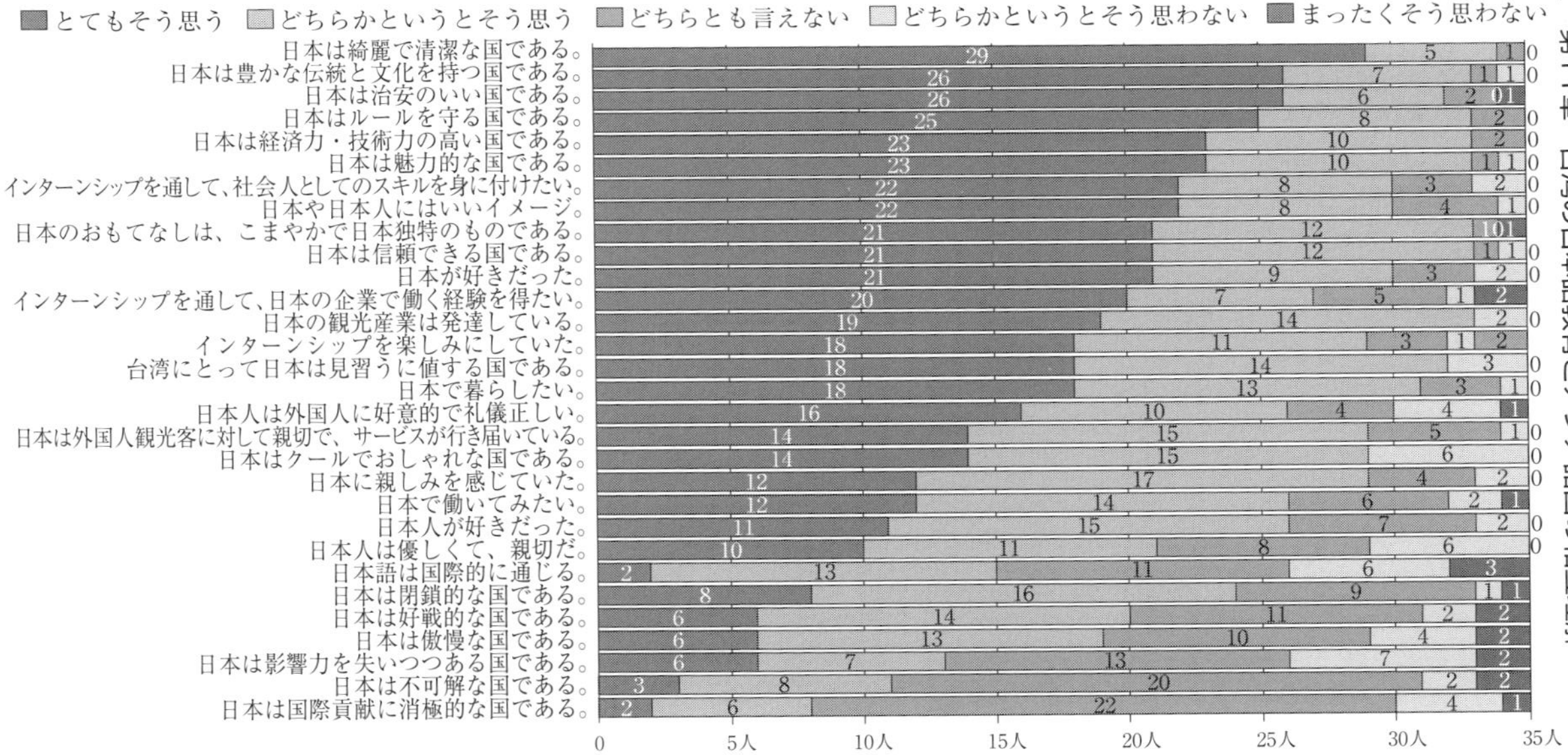
とてもそう思う
どちらかというとそう思う
どちらとも言えない
どちらかというとそう思わない
まったくそう思わない
日本は綺麗で清潔な国である。
日本は豊かな伝統と文化を持つ国である。
日本は治安のいい国である。
日本はルールを守る国である。
日本は経済力・技術力の高い国である。
日本は魅力的な国である。
インターンシップを通して、社会人としてのスキルを身に付けたい。
日本や日本人にはいいイメージ。
日本のおもてなしは、こまやかで日本独特のものである。
日本は信頼できる国である。
日本が好きだった。
インターンシップを通して、日本の企業で働く経験を得たい。
日本の観光産業は発達している。
インターンシップを楽しみにしていた。
台湾にとって日本は見習うに値する国である。
日本で暮らしたい。
日本人は外国人に好意的で礼儀正しい。
日本は外国人観光客に対して親切で、サービスが行き届いている。
日本はクールでおしゃれな国である。
日本に親しみを感じていた。
日本で働いてみたい。
日本人が好きだった。
日本人は優しくて、親切だ。
日本語は国際的に通じる。
日本は閉鎖的な国である。
日本は好戦的な国である。
日本は傲慢な国である。
日本は影響力を失いつつある国である。
日本は不可解な国である。
日本は国際貢献に消極的な国である。
0
5人
10人
15人
20人
25人
30人
35人

図11-6　1年間インターンシップを終えた今、日本に対するイメージ

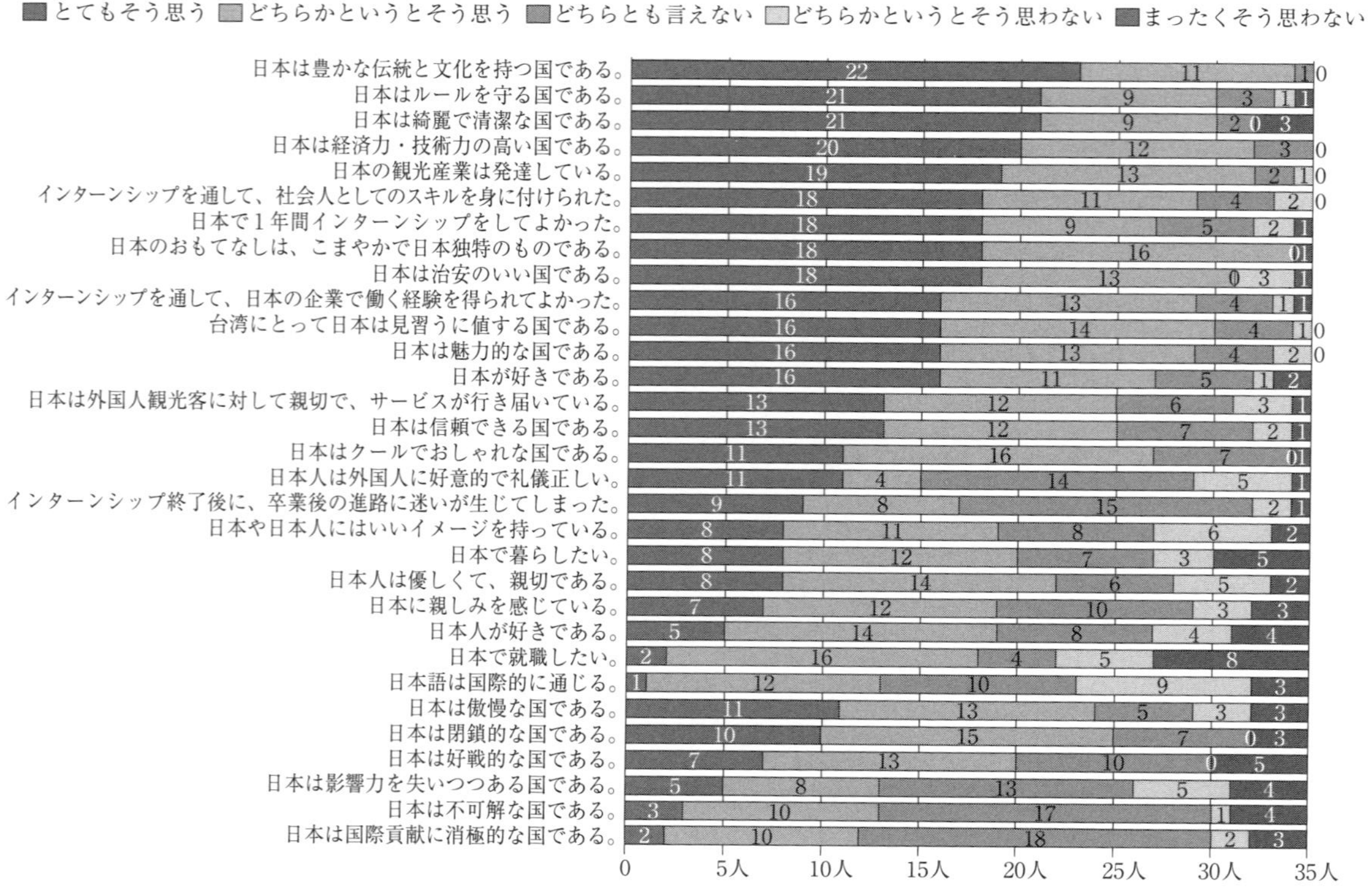
とてもそう思う
どちらかというとそう思う
どちらとも言えない
どちらかというとそう思わない
まったくそう思わない
日本は豊かな伝統と文化を持つ国である。
日本はルールを守る国である。
日本は綺麗で清潔な国である。
日本は経済力・技術力の高い国である。
日本の観光産業は発達している。
インターンシップを通して、社会人としてのスキルを身に付けられた。
日本で1年間インターンシップをしてよかった。
日本のおもてなしは、こまやかで日本独特のものである。
日本は治安のいい国である。
インターンシップを通して、日本の企業で働く経験を得られてよかった。
台湾にとって日本は見習うに値する国である。
日本は魅力的な国である。
日本が好きである。
日本は外国人観光客に対して親切で、サービスが行き届いている。
日本は信頼できる国である。
日本はクールでおしゃれな国である。
日本人は外国人に好意的で礼儀正しい。
インターンシップ終了後に、卒業後の進路に迷いが生じてしまった。
日本や日本人にはいいイメージを持っている。
日本で暮らしたい。
日本人は優しくて、親切である。
日本に親しみを感じている。
日本人が好きである。
日本で就職したい。
日本語は国際的に通じる。
日本は傲慢な国である。
日本は閉鎖的な国である。
日本は好戦的な国である。
日本は影響力を失いつつある国である。
日本は不可解な国である。
日本は国際貢献に消極的な国である。
0
5人
10人
15人
20人
25人
30人
35人

図11-5と図11-6を比較すると、「日本は綺麗で清潔な国である」という項目では、インターンシップ前は、「とてもそう思う」と答えた学生が二九人で一番多かったが、インターンシップ後は、この項目で「とてもそう思う」と答えたのは二一人に減った。代わって、「日本は豊かな伝統と文化を持つ国である」という項目で「とてもそう思う」と答えた人が二三人になった。インターンシップの前後で日本に対する主要なイメージが変化していることが分かる。

特に注目すべきは、インターンシップの前後で、「日本や日本人にはいいイメージを持っている」という項目と「日本で就職したい」という項目で「とてもそう思う」と答えた学生が大幅に減った点だ。また、「日本で暮らしたい」と「日本は治安のいい国である」、「日本は信頼できる国である」、「日本は魅力的な国である」という項目でも、それぞれ若干低下している。さらに、マイナス項目の「日本は傲慢な国である」という項目では「とてもそう思う」と答えた学生が六人から一一人に増加し、「日本は閉鎖的な国である」という項目でも、「とてもそう思う」と答えた学生が八人から一〇人に増えている。学生たちが記述した回答も見てみよう。

- 外国人、特にアジア人に対して好意的ではない。
- 日本人は欧米圏の外国人だけに優しい。
- 自分のことが大好きで、外国のことを全く知らなくても平気のような気がする。
- 日本人はアジアで日本が一番いい国だと思っている。
- 日本人は冷たい。
- 表面だけの努力をする国だと思った。

・日本は素敵で憧れていたが、一年後そのイメージは破壊された。

なぜ、たった一年間のインターンシップで日本へのいいイメージがこんなにも顕著に低下したのだろうか。それは、インターンシップ先がほとんどホテルかレストランなどのサービス業であり、日本では、近年特にサービス業に従事する人の人権が軽んじられる傾向があるので、いい職場体験ではなかったと感じ、日本或いは日本人に対するイメージがマイナスの方に変わったのではないだろうか。

6　アジア諸国の相互理解

次に、最も好きなアジア地域の国を「日本」、「中国」、「韓国」、「北朝鮮」、「シンガポール」、「タイ」、「インドネシア」、「ベトナム」、「マレーシア」、「フィリピン」、「ミャンマー」の中から選んでもらったところ、図11-7のように「日本」と答えた人の割合が一番高く、八三%で、その次は「韓国」七%、中国五%という順になった。

また、最も親しみを感じる国では、図11-8に示すように、八三%が日本と答え、第二位の中国一一%と大きく開いていることが分かる。なお、図11-9と図11-10のように学年別にみると、特に高校生では「日本」が最も好きだと答えた割合と、最も親しみを感じると答えた割合が顕著に高く、それぞれ八七%、八九%であった。その次は大学二年生で、それぞれ八一%と八二%であった。しかし大学四年生では、それぞれ八〇%と七七%になっている。注目に値するのは、低い学年ほど日本が好きだという点である。日本が好きだからこそ、日本語を学習するモチベーションも高く、高校時代から日本語を主専攻とする道を選んだということなのであろう。

次に、アジア地域の国を好み、親しみを感じているかを見てみよう。図11-11〜図11-13を見ると、今回の調査対象である日本語主専攻の学生は、日本以外の国にあまり関心を持っていないという傾向が見られる。しかし、台湾政府の統計によると、台湾では二〇一八年の五月の時点で、新住民（外国から嫁いできた女性）の人口は約五三万六、〇〇〇人で、その中の三〇%はベトナム、インドネシア、タイ、フィリピンなどの国から、六六%は中国から来ているとのことである。また、二〇一七年の時点では、ベトナム、インドネシア、タイ、フィリピンからの外国人労働者がすでに約六七万六、〇〇〇人に達した。つまり、アジア各国から来た一二〇万もの人が台湾各地で生活しているにもかかわらず、学生たちはあまり親近感を持っておらず興味がないようである。アジアにいながら、アジア諸

図11-7　最も好きなアジア地域の国

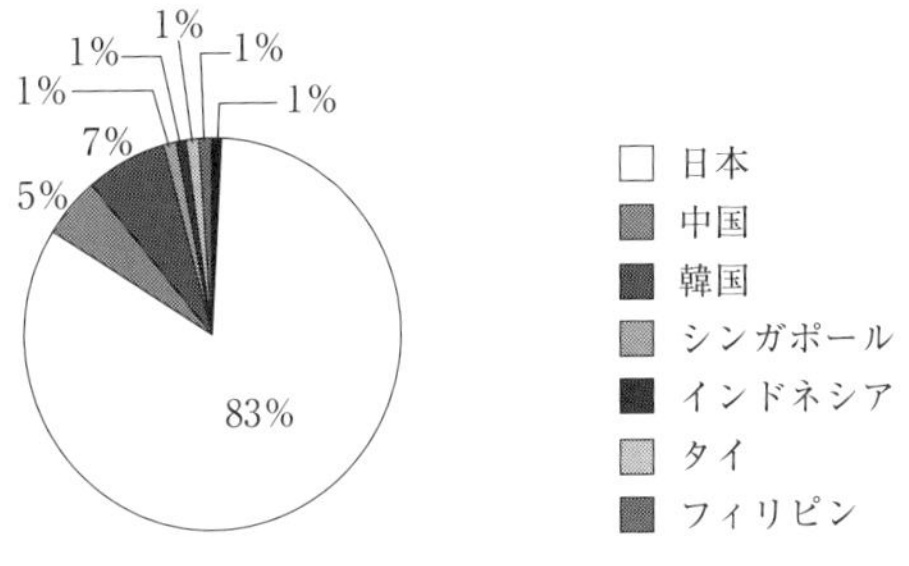

図11-8　最も親しみを感じるアジア地域の国

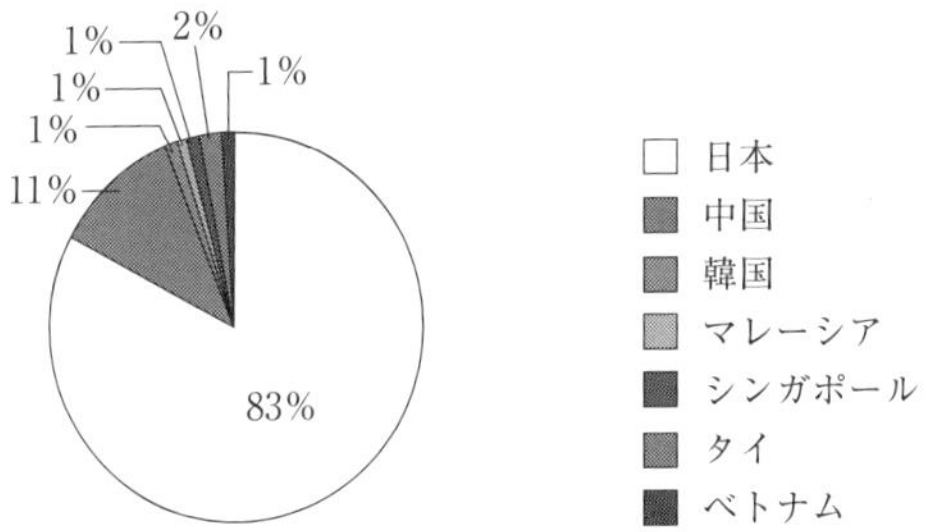

図11-9　学年別に見る最も好きなアジア地域の国

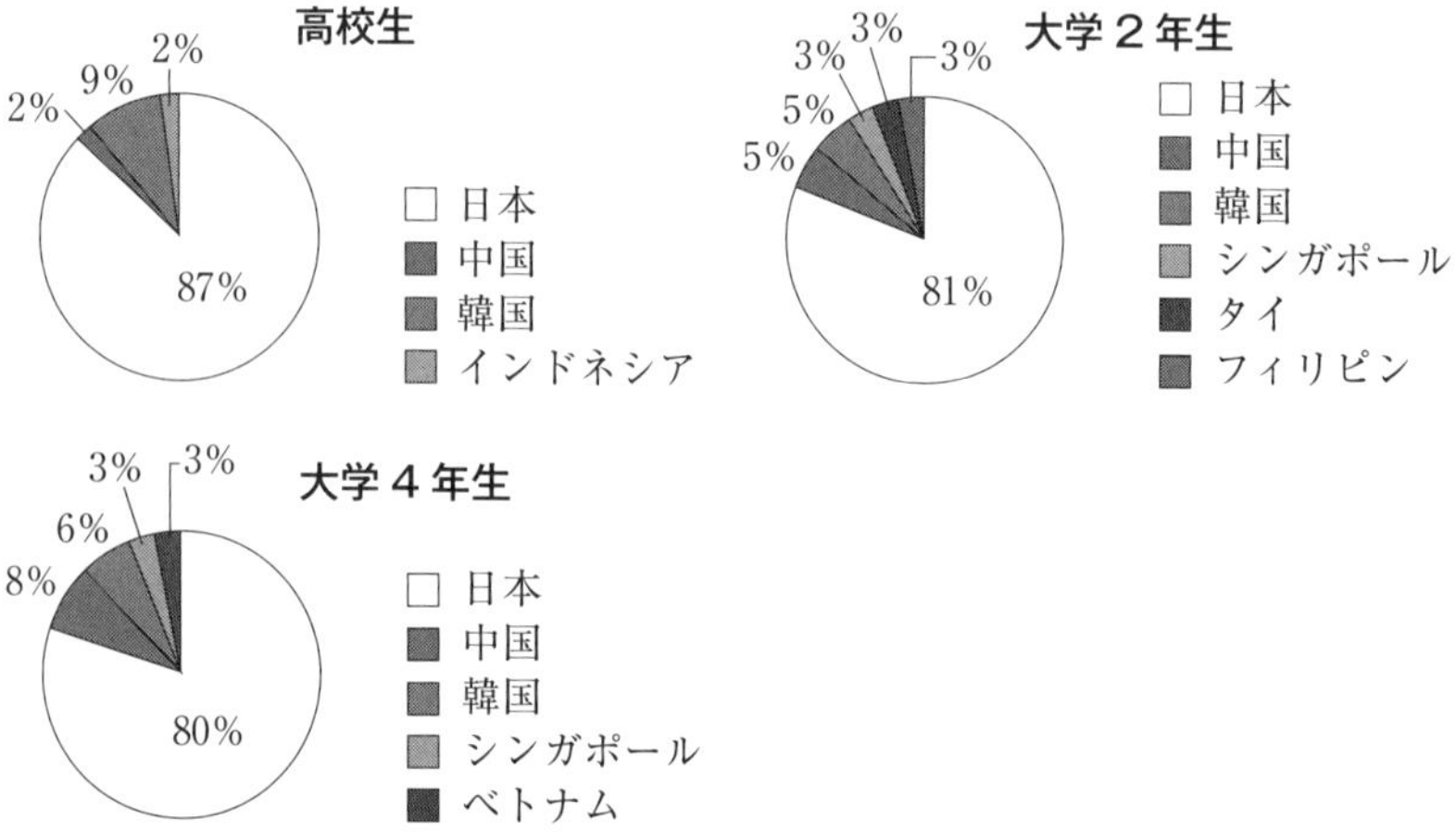

図11-10　学年別に見る最も親しみを感じるアジア地域の国

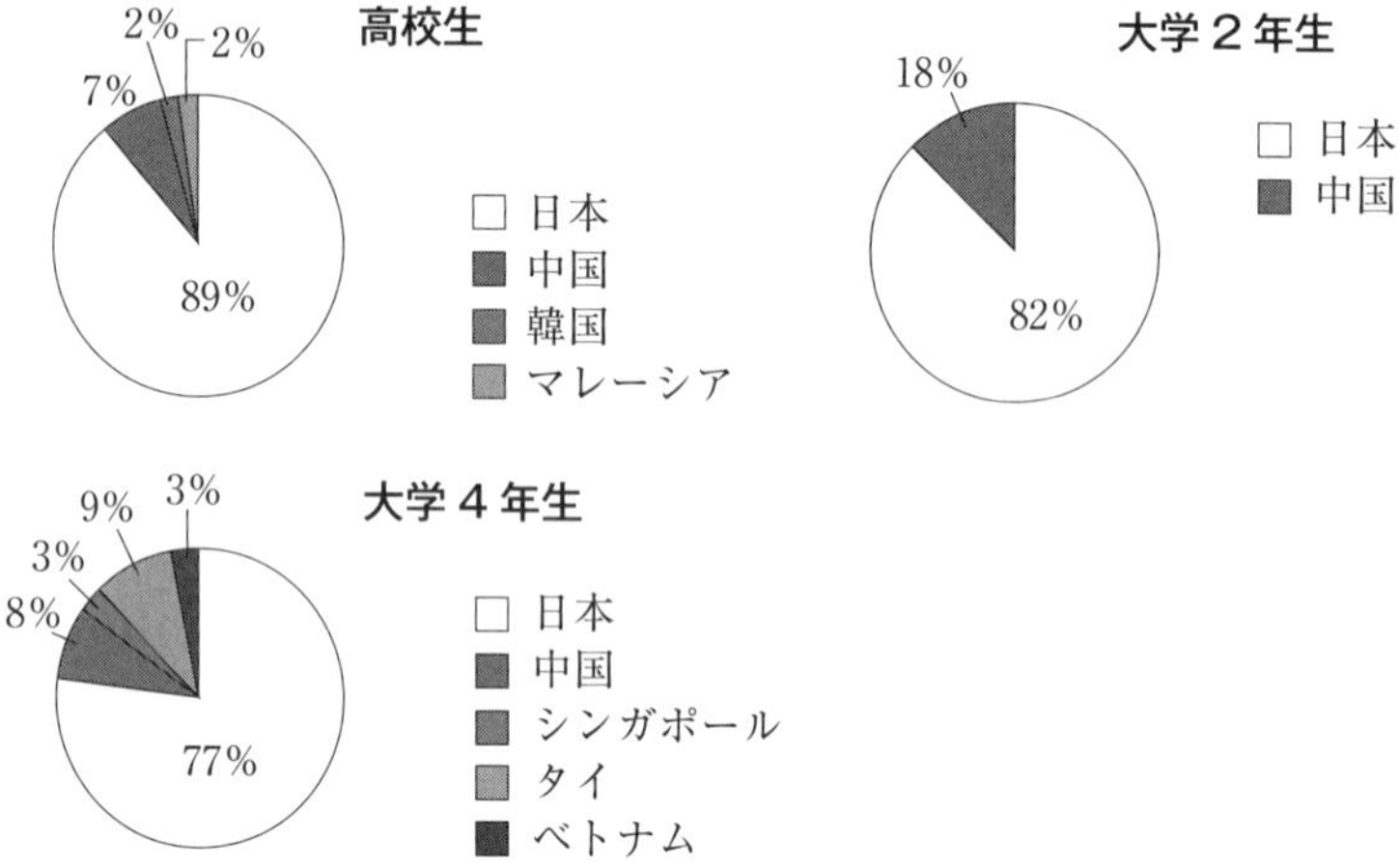

図11-11 アジア地域の国が好きかどうか

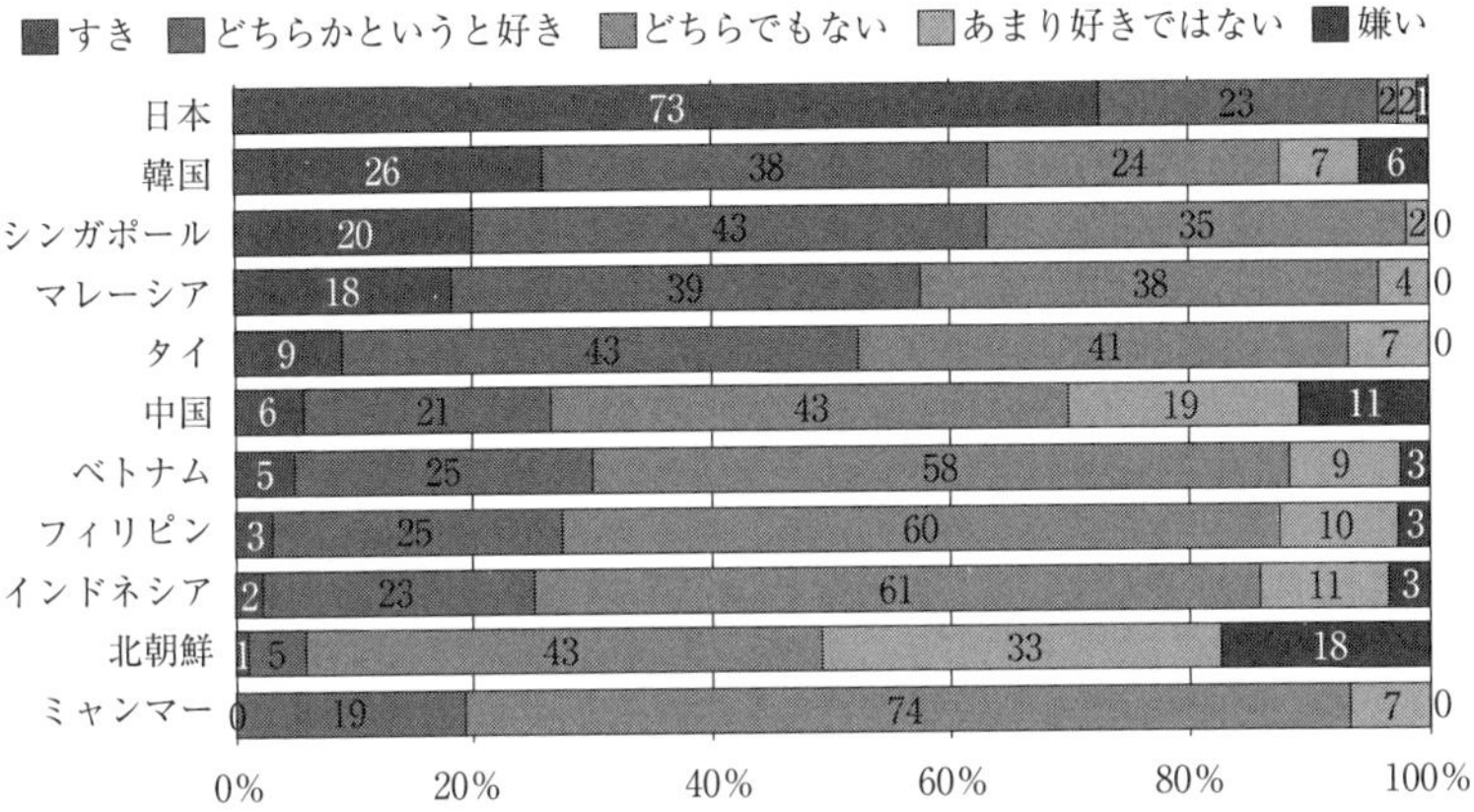

図11-12 アジア地域の国に親しみを感じるか

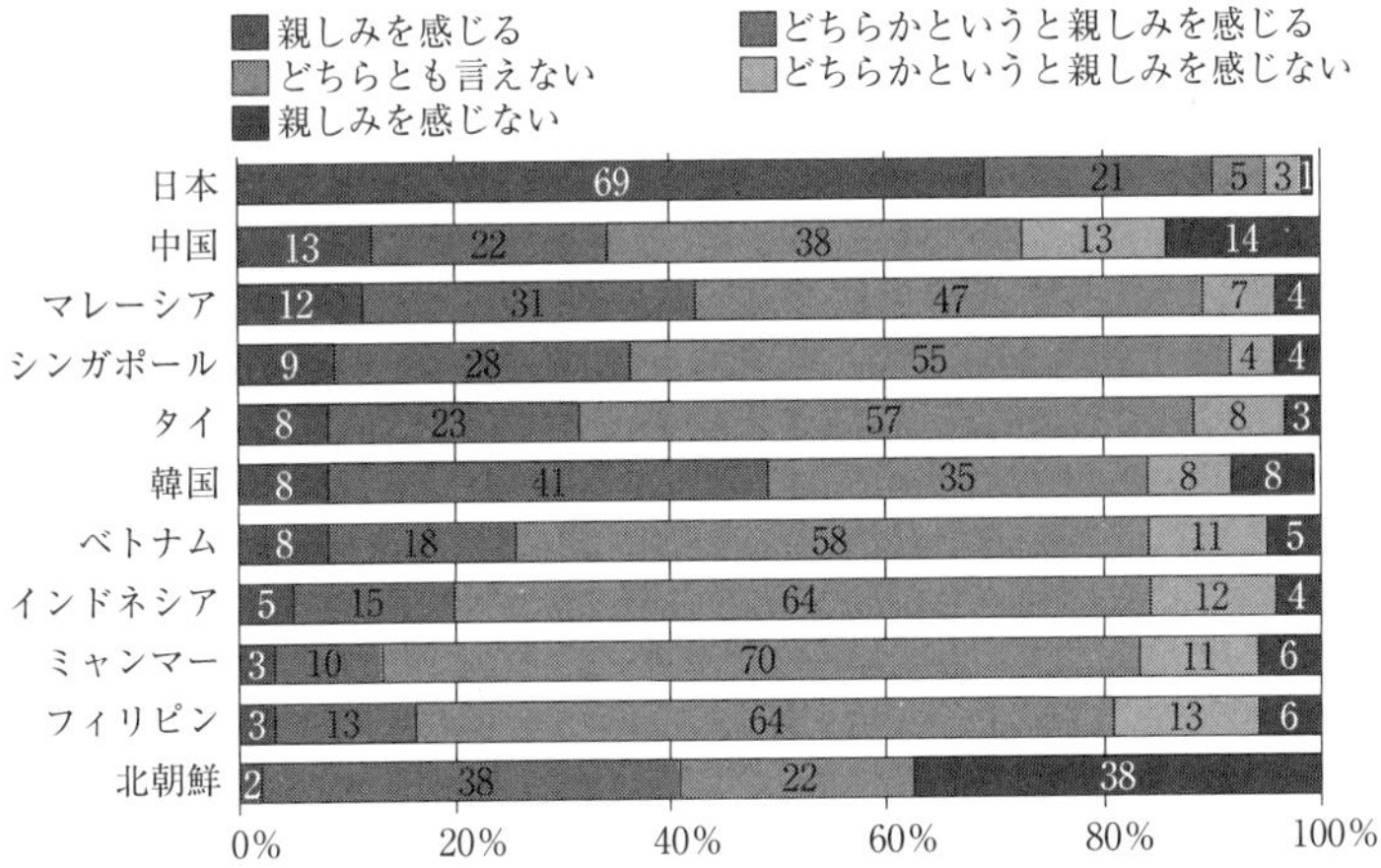

図11-13　アジア地域の国に行きたいか

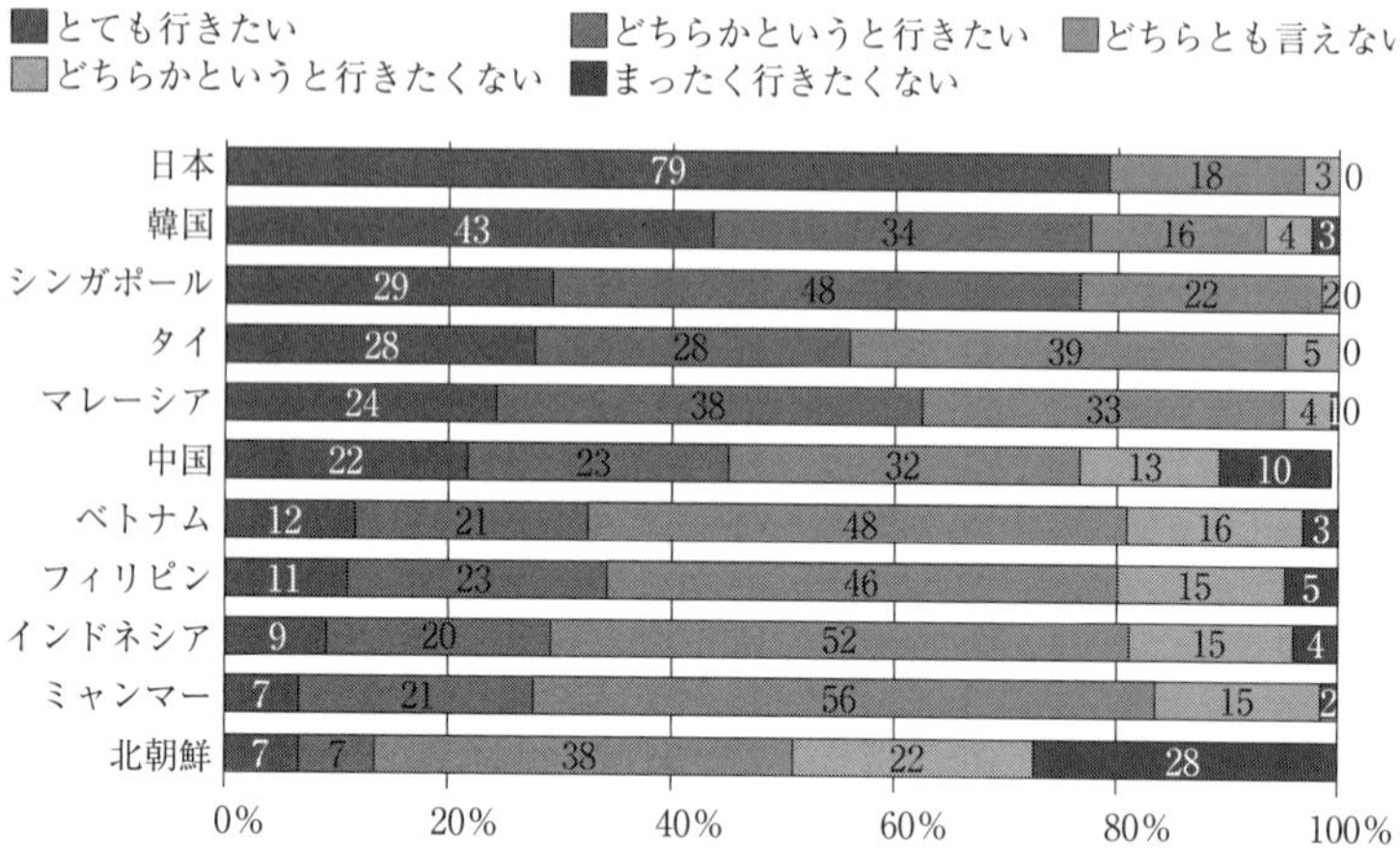

国に対して無関心であってはいけない。少子高齢化による人口減少とそれに伴う人手不足が深刻になりつつある日本も、二〇一六年に外国人技能実習制度を取り入れ、外国人労働者を積極的に受け入れ始めた。二〇一七年の時点で、外国人研修生・技能実習生数は二四万二、六八七人で、人口一〇万人当たり一九一・一九人に達しており、そのほとんどは中国、ベトナム、タイ、フィリピン、インドネシアなどの国から来ている[13]。要するに、台湾も日本もアジア諸国との往来が頻繁になってきているのである。

今後、アジア諸国との相互理解を促進するためには、様々な形で積極的に交流し、お互いの文化や習慣を理解し合うべきであろう。そして、寛容の精神を持ち、互いを尊重すべきであろう。

注

（1）日本台湾交流協会「第五回台湾における対日世論調査（二〇一五年度）」https://www.koryu.or.jp/business/poll/2015/（2018.07.07）による。

（2）台北駐日経済文化代表処「日本人の台湾に対する意識調査結果 二〇一七年」https://www.roc-taiwan.org/jp_ja/post/53260.html(2018.07.07) よる。

（3）日本政府観光局（ＪＮＴＯ）「統計・データ」https://www.jnto.go.jp/jpn/statistics/visitor_trends/index.html(2018.07.07)、台湾交通部觀光局行政資訊網の「業務資訊觀光統計」https://admin.taiwan.net.tw/index.aspx（2018.07.07）参照。

（4）国際交流基金「二〇一五年度 海外日本語教育機関調査」https://www.jpf.go.jp/j/project/japanese/survey/result/survey15.html(2018.07.04) 参照。

（5）ＪＬＰＴは、日本の専門機関・国際交流基金と日本国際教育支援協会が運営する、日本語を母語としない人を対象にした日本語能力検定試験である。

（6）日本語能力試験「統計データ」https://www.jlpt.jp/statistics/index.html(2018.07.04) による。

（7）台湾教育部統計處「教育統計査詢網」https://stats.moe.gov.tw/（2018.10.29）による。

（8）台湾経世新報社編『台湾大年表』（復刻版）緑蔭書房、一九九二年、一三頁参照。

（9）植民地時代、台湾における日本語は「国語」と称されていたので、ここでは機関名をそのまま「国語」と称することとする。

（10）臺灣總督府『昭和十五年度臺灣の社會教育』一九四〇年、八四頁参照。

（11）台湾教育部統計處「學校基本資料」https://depart.moe.edu.tw/ed4500/News_Content.aspx?n=5A930C32CC

6C3818&sms=91B3AAE8C6388B96&s=2D0E391A40CFC3C4（2018.07.04）参照。

（12）同注8。

（13）都道府県別統計とランキングで見る県民性「外国人研修生・技能実習生数」https://todo-ran.com/t/kiji/19376（2018.07.07）参照。

蔡　錦雀

第12章 アジア・アラブと日本の交流史

アラブ世界は、西のモロッコから東のイラクまで広がっていて、二二カ国を含んでいる。それもアフリカやアジアに跨っている形になっている。アジアに存在するアラブ諸国は、エジプトのシナイ半島をはじめ、サウジアラビア、イラク、ヨルダン、シリア、パレスチナ、レバノン、イエメン、オマーン、アラブ首長国連邦、バーレーン、カタールの一一カ国に及ぶ。

1 アラブからみた日本のイメージ

アラブで日本というと、まず浮かんでくるイメージは、芸者・着物・侍・忍者などである。一方、日本人がアラブといえばすぐに思い浮かべるのは、ラクダ・砂漠・四人妻・豚肉を食べないことなどである。

日本人のアラブに対する一般の関心が非常に低いということは事実である。日本のテレビのニュースや新聞でも、通常、アラブのことを取り上げたものはほとんどと言っていいほど見当たらない。ところが、何か大きな事件がおきると、テレビがその事件のことを大げさに報道してしまう。これでは日本人がアラブ・イスラム世界についてマイナスのイメージを抱いても仕方がない。

一八六二年に、文久遣欧使節団《ふみひさけんおうしせつだん》は西洋文明全般にわたる調査研究のためヨーロッパに派遣された。使節団は計三六人で品川を出発してヨーロッパを目指した。一行はイギリス政府のフリゲート艦「オーディン」号で品川からスエズまで行き、陸路でカイロを経由してアレクサンドリアまで向かいました。この使節団がピラミッドのスフィンクスの前で集合写真を撮っている。

アラブ・イスラム世界における日本社会の紹介と認識が日本でのそれよりやや遅れて始まったのである。昔は、日本はシナの一部で、アラビア語で「ワークワーク」と呼ばれる黄金がとれる極東の小さな島というイメージであった。しかし、近代アラブの日本認識に大きな影響を与えたのは、日露戦争での日本の勝利が挙げられる。日露戦争の日本の勝利によって日本に対するアラブの関心が一気に高まった。当時エジプトに生まれたたくさんの子供に「東郷」という名前がつけられたほどである。こうしてアラブの人々は憧れと尊敬の目で日本を見るようになり、そのプラスイメージが定着するに至ったのである。日露戦争直後のアラブ・イスラム世界では、西欧列強による植民地政策がはじまっていた。その代表的な例として、一八八二年から始まったイギリスによるエジプトの占領が挙げられる。イギリスの支配下に置かれたアラブの数多くの民俗解放運動の指導者たちは、西欧列強の仲間であるロシアを破った日本を模範にすることによって、祖国の独立を図ろうとしたのである。

その後、日本に対してさらに関心を高めたのは、第二次世界大戦中の真珠湾攻撃と神風特攻隊の戦いぶりである。もちろん、その戦争の末期におきた長崎や広島に対する原爆投下はアラブ人の日本人に対する同情の念を引き起こした。

まず、二〇世紀初めにエジプトの民族運動の指導者ムスタファ・カーメルが日本の躍進ぶりを教訓とし、『昇る太陽』（アルシャムス・アルムシュレカ）という日本を紹介する本を一九〇四年に発表した。ムスタファ・カーメルのこの著作は当時の知識人ではなく、一般大衆の間でもたいへん人気があった。そこで数多くのエジプト人やアラブ人は日本に憧れるようになった。

その次に、「ナイル川の詩人」と呼ばれた当時のエジプト人詩人のハーフィズ・イブラヒムは、日本による日露戦争の勝利を褒め称える詩を作った。タイトルは「日本の乙女」、アラビア語で「ガーダト・アルヤーバーン」であった。この詩は母親時代、つまり半世紀前まで多くのエジプト人知識人が丸暗記していた。当時、国語の教科書に載っていたからである。この詩の冒頭は次のようである。

砲火飛び散る戦いの最中にて、
傷つきし兵士たちを看護せんと若き日本の乙女たち働きけり、
牝鹿にも似て美しき汝れ、危うきかな！いくさの庭に死の影満てるを、
われは日本の乙女、傷病兵に尽くすは我が務め、
ミカドは祖国の勝利のため、死をさえ教えたまわりき。
ミカドによりて祖国は大国となり、西の国々にも目を見張りたり。
我が民こぞりて力を合わせ、世界の雄国たらんと力尽くすなり

さらに、イラクでは詩人のマアルーフ・ラサーフィーは当時、「対馬沖海戦」という詩を書いたし、レバノンのアミール・ナセルという詩人もまた「日本人とその恋人」という詩を発表している。

アラブにおける日本認識に大きな影響を与えた二つ目の出来事は、一九二三年の関東大震災である。先ほど取り上げた「日本の乙女」という作品を通じて日本への親しみと憧れがすでに出来上がっていたため、関東大震災のニュースがアラブ世界で流れた際の人々の衝撃や悲しみは深かった。そこでエジプトの詩人アハマド・シャウキーが『日本の地震』というタイトルの詩でその出来事に対するアラブ人の気持ちを表した。

その後、エジプトの代表劇作家アルハキームは『洞窟の人々』という戯曲を作り、その中で日本の浦島伝説からモチーフを得たのである。この作品はアレゴリーを含んだもので、つまりイギリスの支配からエジプトの独立を願うという切実な思いが込められていた。

日本とアラブ・イスラム世界のかかわり方と西洋とアラブのそれを比較した場合、西洋とアラブの長い交流の間に戦争や憎しみが幾度もあったことがわかる。八世紀には、アラブ人がイベリア半島を植民地にした。そのことを恨みに思った西洋人が十字軍遠征の形で復讐をしようとしたと思われる。そこから両者間の敵対関係が生まれ、その後一九世紀における西欧列強のアラブ・イスラム世界に対する植民地政策によって両者間の溝が深まっていった。一方、日本とアラブとの交流は一九世紀半ば頃までほとんどなかったので、西洋のように真正面からぶつかるようなことがなかった。そのため、敵対感がなく、かえって憧れの対象であった。そこで、西洋の支配から独立することを願おうとする際に、常に日本のことをモデルにして民族運動の指導者が国民の奮闘精神を促そうとした。

一九二六年に日本政府がアレキサンドリアに総領事館を開設し、その後すぐにカイロにも大使館を開いた。

　太平洋戦争のはじめ頃に、マレー沖で日本海軍がイギリスの軍艦プリンス・オブ・ウエールズやレパレスを攻撃し沈めた報道を受けたエジプト人はカイロなどの大都市でそれを喜んでデモ行進をした。その翌日にイギリス大使館がそうしたデモ行進に対して当時のエジプト政府に抗議をした。当時エジプトや他のアラブ諸国はイギリスやフランスの支配下に置かれながら、独立の夢を見ていた。そのため、第二次世界大戦が勃発したときに、イギリスの支配下で苦しむエジプト人の数多くの知識人にとって、日本の勝利への期待はきわめて大きかった。日本を含む枢軸国がイギリスを含む同盟諸国を破れば、祖国の独立につながるという見方をするアラブの民族運動の指導者も少なくなかった。そのため、戦争中アラブ人の視線は日本に向けられていたし、戦争に関する報道を受けながら日本の動きを見守っていたのである。そのことから日本への興味が深くなったことは言うまでもない事実である。日本がイギリスを破れば、自分たちの解放につながる。それがきっかけで、日本はどんな国であるかとか、日本人のライフスタイルやものの考え方に興味をもつようになった。それに答えるような形でいくつかの雑誌の編集者が日本に関する記事を載せたりした。たとえば、日本の天皇制に関する紹介記事が出され、日本の着物や日本の食文化を紹介する記事もあった。

　このようにイギリスの支配下に置かれて独立を願うエジプト国民から日本に寄せられる期待は非常に大きいものであった。そのため、日本の敗戦に対する衝撃は大変大きかった。特に原爆投下による長崎と広島の惨劇はアラブ・イスラム世界に甚だ大きな衝撃を与えてしまった。

　当時、アラブ・イスラム世界の新聞や雑誌は日本の敗戦に関するニュースであふれていた。例えば、一九四六年五月二六日の日付けの『ムサッマラート』という雑誌に、日本の敗戦についてあるルポルタージュが載っていた。ルポルタージュのタイトルは「日本はなぜ負けたか」というのであったが、日本海軍の野村大将とのインタービューがアラビアで紹介されていた。また同年一〇月二〇日に、同じ雑誌の文面に、占領下の日本社会の状況について記事が載っていた。

2 アラブ諸国と日本との国交回復

一九五二年七月にエジプトのナギーブ将軍が革命を起こし、ファルーク国王政権を倒した。同じ年の一一月にエジプトは日本と国交回復を果たし、同じ年の一二月にカイロにおける日本公使館を開設した。一九五三年四月には公使館を大使館に昇格させた。その後、一九六〇年代になると日本の高度経済成長とともに、日本の製品が進出し高い評価を得るようになった。アラブ・イスラエル紛争が激化するとともに、イスラエルを全面的にバクアップしている欧米諸国の製品をボイコットしていたアラブ諸国は、高い評価を受けていた日本製品をどんどん受け入れた。日本製品は非常に性能がよくて、長持ちするのでアラブ人の間で異常な人気を得、他の西欧製品のものを信用しないような傾向があった。二〇〇〇年には、トヨタ自動車がカイロ郊外で組み立て工場ができたし、二〇〇五年にも日産自動車の組み立て工場がカイロにできた。

一方、日本とサウジアラビアの関係についてであるが、一九〇九年には山岡光太郎という人が最初の日本人イスラム教徒として聖地メッカの巡礼を行った。日本とサウジアラビアとの最初の公式な接触は一九三八年であった。そのときは、サウジアラビアの駐英公使であったハフィズ・ワハバが東京の代々木モスクのオープニング式典のために日本を訪れた。一九五三年には日本はサウジアラビアに経済使節団を派遣し、一九五五年にはサウジアラビアとの国交樹立が果たされた。一九七一年に、当時のサウジアラビア国王ファイサルが日本を公式訪問をした。一九八一年には、当時の日本皇太子明仁（現在の天皇）と美智子妃殿下がサウジアラビアを公式訪問をした。二〇〇三年には当時の日本総理大臣小泉純一郎がサウジアラビアを訪問し、日本とサウジアラビアとエジプト三カ国で「日アラブ対話フォーラム」が設立された。二〇一一年三月に起きた東日本大震災のときに、サウジアラビア政府が日本に二、〇〇〇万ドル相当の液化石油ガスを提供した。二〇一七年三月には、サウジアラビアのサルマン国王が訪日した。これが、サウジアラビア国王の訪日としては三〇年ぶりの出来事であった。サウジアラビアは日本にとって最大の原油供給国となっている。

一方、日本とイラクの関係であるが、正式に国交が樹立したのは一九三九年のことである。しかし、一九四一年にイギリスがイラクを占領したことによりイラクが連合国の側に立ち、枢軸国の一員だった日本とは国交断行をしてしまった。一九五五年のサンフランシスコ講和条約の後、両国の国交が回復した。しかし、一九九〇年八月のイラク軍によるクウエート侵略の際、日本は国連安保理決議六六一を通じてイラクを制裁し、事実上の国交断絶となった。二〇〇三年三月二〇日、米軍を中心とした有志連合がイラクを侵攻した。同年一二月に、自衛隊がイラク南部のサマワ地方に派遣され、復興支援活動に当たった。二〇〇四年六月には、イラク暫定政権が発足したことを受け、日本と国交が一二年ぶりに回復した。イラクから日本への輸出品目はもっぱら原油で、一日当たり約六万バーレルが日本へ輸出されている。

3　エジプトと日本の文化交流

一九五七年にエジプトと日本との文化交流協定が結ばれた。それによって両国間の人物交流が活発化した。一九六〇年代にはカイロ郊外のヘルワン地区では日本庭園ができた。現在でもその庭園が残っていて、小学生は必ずそこへピクニックに行ったりする有名なスポットになっている。

一九六三年に、日本とエジプトの共同作品として日活映画で石原裕次郎と芦川いづみ主演の「アラブの嵐」という映画が日本で上映される。ここで出ている石原裕次郎はどちらかというと内弁慶なボンボン役で、無理やり海外に飛び、無謀な旅行をするという筋立てである。石原裕次郎は祖父の遺言で日本を飛び立つ。エジプト行きの旅客機の中で行方不明になった両親を探す芦川いづみと出会う。やがてエジプトに降り立った二人は独立運動に巻き込まれる。ピラミッドをバックに石原裕次郎がロバにまたがるシーンもあった。エジプト現地ではエジプト人女優のシャディヤに出会い、そしてそこで冒険がはじまる。

一九七二年に、東京都知事小池百合子がエジプト留学をし、同年カイロ大学文学部社会学科に入学、一九七六年に同学部同学科を良の成績で卒業する。以来、日本とエジプトの架け橋の役割を果たす。

一九七〇年代になると、エジプトにおける日本認識が具体的なものになった。一九七二年に、エジプトの首都カイロで国際交流基金のオフィスが設けられた。そして一九七四年の秋には、カイロ大学文学部に日本語・日本文学科ができた。それがアラブ諸国初の日本語学科であり、その後のエジプトを含むアラブ地域における日本認識と日本研究に大きな影響を与えた出来事の一つになった。一九七八年に第一期生が卒業し、優秀な学生が日本文部省から奨学金をもらい、日本の大学院に進学し学位を修得してエジプトに帰った。帰国後、彼らは同学科の教員を勤め大きな役割を果たしている。毎年二〇人ずつが卒業し、日本とエジプトの架け橋となって相互理解を深めるのに貢献している。たとえば、一九七〇年代後半からはじまった日本人観光客のエジプトへの団体ツアーの通訳などがあげられる。それ以外にも日本語学科の現地スタッフによる一般人向けの日本文化紹介と日本文学作品のアラビア語への翻訳もあげられる。なかでは、『源氏物語』、『落窪物語』、『義経記』などのアラビア語訳が挙げられる。そのおかげで、数多くのアラブ人が日本文学の優れた作品を知ることができたし、違った目で日本を眺めるようになったと言える。一九九〇年代後半になると、日本語を習おうとするエジプト人の数が増えたので、二〇〇一年にカイロ大学に次ぐ二〇万人の学生を抱える国立大学のアイン・シャムス大学にも新しい日本語学科が開かれた。

現在でも日本に興味を持って日本語を習いたいというアラブ人学習者の人数が増えつつある。そのことはエジプトに限ったことではなく、サウジ・アラビアやシリアやスーダンなどでは日本語学科が次々にできたのである。サウジ・アラビアの場合はキング・サウド大学、シリアの場合はダマスカス大学である。このように、いくつかのアラブの国で新しく設置された日本語学科で数多くのアラブ人の大学生が日本語を学び、日本語がしゃべれるアラブ人も前のように珍しくなくなった。それによって両者間の相互理解が深まるようになったことは言うまでもない事実である。

在カイロ日本大使館文化センターもエジプトにおける日本文化の紹介と日本語の普及に大きな役割を果たしてきた。一般人向けの日本語講座を定期的に行い、そこで様々な分野で働く専門家や社会人及び大学生などが日本語を学ぶことができるようになったのである。しかも、日本文化紹介の一つの活動として、毎週水曜日に日本で大ヒットしたアラビア語字幕スーパーの映画を紹介するという企画がある。上映された映画の中で、山田洋二監督の『男はつらいよ』の映画シリーズが挙げられる。

一九八三年にムバラク元大統領が国賓として、エジプトの国家元首としては初めて訪日したが、このことによって両国の関係いっそう緊密なものとなった。両国の間には、ムバラク元大統領訪日の際に合意された合同委員会が設置され、国際情勢、二国関係全般に関する意見交換の場が設けられるようになった。同委員会とは別に、国会議員をはじめとして両国要人の往来が活発に行われ、様々なレベルでの意見交換が行われた。

ムバラク元大統領が日本を訪れ、日本への関心が徐々に高まるになったことと並行して、日本がエジプトに重点的な経済援助をあたえるようになり、無償供与で小児科病院を建設した。その病院はカイロ市民の間では評判がよく、カイロ郊外や地方の人々までわざわざカイロまで出向いて病気になった我が子をその病院の医師に診てもらったりしている。この病院にはアラビア語の名がついているにも関わらず、誰もその名前を呼ばず、「日本の病院」という呼び方で知られるようになった。

一九八四年、ロサンゼルス・オリンピックでエジプトのラシュワン選手と日本の山下選手のあの有名な無差別級決勝戦の試合が行われた。ラシュワン選手は相手の山下選手の負傷していた右足を攻めなかった。結果的にラシュワン選手は金メダルを獲得しなかった。表彰台に上るときも、ラシュワン選手は山下選手に手を貸した。この行動が絶賛されて、この年のユネスコ・フェアプレー賞をラシュワン選手が受賞した。ラシュワン選手のフェアプレーのかげで、日本におけるエジプトのイメージが高く評価された。

二〇一二年には、エジプト出身の相撲力士「大砂嵐」が初土壌を踏んだ。イスラム世界から初めての相撲力士として誕生する。二〇一八年三月に引退した。引退後はすでに断髪していて、日本のテレビ・チャネルでタレントとして出演している。

一九八〇年代に、日本政府の援助協力によって、カイロでは新しいオペラハウスが建設された。オープニング・セレモニーに際して日本の花火がはじめてカイロの空に打ち上げられたし、岩崎宏美がギザのピラミッドやスフィンクスをバックにオープン・ステージで日本の歌を披露した。

一九九八年一〇月に、日本政府が協力を続けてきたスエズ運河友好の架橋が開通した。橋梁は総延長九キロメートルで四車線を確保している。運河水面から桁下までの高さは、航行船舶を考慮して七〇メートルと世界最大級。架橋工事は日本側が六〇%、エジプト側が四〇%を担当し、一九九八年に着工していた。

一九八〇年代後半には、エジプトの国営テレビで放送されたNHKの大河ドラマ「おしん」がなぜかエジプト人の間で大人気を得たのである。放送時間になると、子供から大人まで家族全員が集まり、テレビ画面の前で釘づけになっていた。その頃、女の子の子供に恵まれた家族の一部はその子にオシンという名前をつけたりした。「おしん」がエジプトで放送された一九九〇年代は正にエジプトでは日本ブームが巻き起こった。そのブームのかげで、日本語を勉強しようとするエジプト人の数が増えてきた。「おしん」の放送をきっかけに、対日関心が高まり、様々な日本紹介記事やニュースが取り上げられるようになった。「おしん」のかげで、エジプト人に与えられた日本のイメージはまたになったため、戦前から出来上がっていた日本への「片思い」をいっそう強いものにしたと言える。

「おしん」以外に大きな役割を果たしてきたテレビ番組といえば、日本のアニメがあげられる。一九九〇年代にエジプトや他のアラブ諸国では「キャプテンつばさ」というサッカー・アニメが放送された。もちろんそのアニメにはアラビア語の吹き替えがついていた。このアニメのアラビア語のタイトルは「キャプテン・マージッド」であった。このアニメを通してアラブの子供たちは日本の学校の仕組みや日本社会の人間関係を垣間見ることができたと言えよう。

4 戦後日本におけるアラブ・イスラム研究

戦前におけるアラブ・イスラム研究は、当時日本の戦略的また経済的政策と深いかかわりを持って現れた。その中で大川周明の活躍が挙げられる。しかし、太平洋戦争の日本の敗北でこの研究活動は大きな打撃を受けた。

戦後日本史におけるアラブ・イスラム研究の動向を、三つの転換期に分けて考えたい。

まず戦後日本史における最初の転換期は一九五〇年前後に現れ、その時期における日本人の国家目標は産業貿易立国であったため、アラブ地域との関係がその目標に沿って再開されるようになった。その政策の中では、当時アラブ地域で次々と現れた民族運動はむしろ日本の目標を実現するのに不安定要因と見られ、日本の産業貿易立国にとって阻害要因とみられる傾向があった。そこでは、常にアラブ世界での政治社会的変動への警戒が必要だった。このようなアラブ世界における激しい変動とそれに伴う経済的重要性の増大は戦後日本における調査研究機関設立の最初の引き金となった。こうして中東調査会、アジア経済研究所、ジェトロなどの研究所が新設され、それに政府財界の積極的な参加も見られるようになった。中東調査会は日本外務省によって一九五六年に新設され、中東地域における政治的な諸問題を取り上げて分析した。アジア経済研究所は一九五八年に通産省によって設立され、東アジアおよび中東地域並びに発展途上国の経済的な諸問題に注目した。

しかしこの時期のアラブ・イスラム研究においては、個人的な努力が何よりも活発でこの時期の特殊な色合いを定める一つの明白なファクターであった。つまり、戦前期におけるアラブ研究への投資が収穫につながり、現地留学および大阪外国語学校でアラビア語を身につけた人たちが何らかの形でそれらの研究に貢献するようになった。そして敗戦とともに解体された諸研究所に所属していた何人かのアラビア語の研究者が引き続きアラビア語の研究に努め、各地の大学のスタッフとなって行った。

例えば、南満州鉄道会社によって設立された回教圏研究所に所属していた前嶋信次氏が慶応大学のスタッフになった。彼はイスラム史の先駆者として知られるが、同大学にイスラム史研究科を設立し、いくつかの作品をアラビア語の原文から日本語に直訳した。彼によって出版されたアラビアンナイト(千夜一夜物語)の日本語版は日本でのアラブ認識およびアラブ世界のイメージの定着に大きな影響を与えた。その後、彼によってアラブの地理学者イブヌ・バットウータの旅行日記およびアラブの中世時代の詩人アルジャーヒズの詩集の日本語版が刊行された。同じく慶應大学の井筒俊彦氏がイスラム思想に注目し、一九五七年にアラビア語原文からの直訳の日本語版のコーランを三巻本で日本に紹介した。そして彼の次の作品である「コーランにおける神と人間」が長年にわたって、その分野のユニークな参考文献として知られるようになった。

日本の戦後時代における第二の転換期は一九六〇年前後であった。一九六〇年代になるとアラブ地域における民族運動と社会主義政策が活発に行われ、イギリスやフランスの統治下に置かれていたアラブ諸国が次々と独立への道を進んでいった。その民族運動の主導権を握って国民を引っ張っていたアラブ主導者の多くが軍隊出身の人たちであったので、彼らに対して欧米諸国が根強い不信と不安を抱くようになった。また、当時アラブ諸国に対する日本の政策姿勢もそれによって大きく左右されるようになった。

しかし、この時期における現代アラブ研究および調査は一九五〇年代と比較して質・量ともに大きく前進した。それにしてもアラブ地域で次々現れた政治的、社会的不安定および諸問題に対する危機意識は以前とはほとんど変わらず薄いものでしかなかった。

日本国内においては、敗戦直後の混乱が徐々に収まり、一九五二年四月の独立と共に新しい時代を迎え始めた。敗戦国の日本は経済的な「離陸」をはじめた。そしてその数年後一九六〇年代に日本の産業ブームが起こり、それに伴ってアラブ諸国が日本にとって大切な燃料資源地域であると改めて認識されるようになったが、政治的な側面において、日本はできるだけ地域で起こっている諸事件に首を突っ込まないで、継続して一歩引いた付き合いをするような方式をとった。

一九六一年に、東京外国語大学にはアラビア語・アラブ文学科が新設された。それと同時に、大阪外国語大学のセム語学科の一科目だったアラビア語が独立してアラビア語学科が誕生した。さらに、東海大学、天理大学、早稲田大学、慶應義塾大学と拓殖大学などでアラビア語の講座が次々と設けられた。

こうして日本におけるアラブ・イスラム研究が再び新しいブームを迎えた。日本の文部省、通産省、外務省ならびに日本全国の企業の関係者がアラブ情勢の研究にかかわっている諸研究所および調査プロジェクトのために財政上の資金を備え始めた。

戦後日本のアラブ研究における第三の転換期は一九七〇年代初頭から始まった。それまでは遠い存在の地域でしかなく、そこでの出来事が「他人事」だと思われてきた諸問題が一気に身近な問題として意識されるようになったのである。一九七三年一〇月の第四次中東戦争とそれに伴った石油危機の際に、アラブの指導者が石油問題と中東の和平問題とをリンクさせた形で日本を含む先進国に対するアラブ政策、アラブ認識の透明さを迫ったのである。日本における石油危機のインパクトは他の先進国よりもはるかに深刻な問題であった。当時発表された経済開発協力機構（ＯＥＣＤ）のレポートによると、日本で使用される資源のほとんどが海外からのものであり、特に石油の場合は他の先進国より、アラブからの石油に依存するところが大きいということが述べられている。当然の結果として第一次石油危機が日本の対アラブ政策に大きな修正をもたらすきっかけとなったし、アラブ・イスラエルの衝突に対する日本の政治的な姿勢を変えることになった。日本外交および企業関係者の中に、西洋のレンズを通してアラブを眺めるという姿勢ではなく、相対的に独自な路線を目指す集団が形成されるようになった。そしてその時期に初めて石油問題と政治問題の一体化というアラブ問題の認識が定着した。つまり日本の経済的安全保障は中東和平と切り離して考えることができないとする姿勢である。

この時期になると日本はすでに産業貿易立国という目的を果たし、国際社会で対外援助、協力、対外投資を行う経済大国として、位置づけられるようになった。アラブ地域に関しても、石油危機は政策上の意思表明を日本の利害の観点からと同時に、国際社会における大国の観点から提出することを要求する意味をもっていた。対アラブ認識における経済と政治問題の一体化認識の中で生まれた新しい政策は主に二つの特徴をもっていた。まずこれまでと違って、日本の文化的、社会的背景に合うような日本独自のアラブ政策を実施するということで、常に中東での政治的問題を重視するというもので、対外経済政策の重点を湾岸産油国、北アフリカ産油国そしてエジプトに絞るという特徴である。その結果として、アラブ世界に対する新しい接近法は、以前のように日本政府および民間企業に限られたことではなくなった。一般庶民もまたアラブ情勢に関心を抱き始めるようになったし、日本の大学のアラビア語学科を志願する学生数も増えつつあった。それに伴って日本中の出版社がアラブ現代史および文学、地理、社会などに関する多くの著書を出版するに至った。

第一次石油危機から第二次石油危機までの間、日本政府並びに民間企業に中東の情報を提供するべく六〇年代に設立された研究所の他に同じ目的のためにたくさんの研究所が新設された。例えば中東協力センター、中東経済研究所はその良い例であり、対外経済政策の実務に直結するような機関の新設もあった。

この時期に現れたアラブ関係の研究者は三つの種類に分けることができる。まず西洋においてアラビア語およびアラブ文学の研鑽《けんさん》を積んだ人たちであるが、彼らは西洋のアラブ研究の影響を受けながら、現代アラブ・ムスリム社会におけるネイティブの学者の研究を無視していたのである。

二つ目は西洋の東洋アラブ学者の研究ならびに現代アラブネイティブの研究者の研究に頼らず、日本独自のイスラム研究法を求めた人たちである。彼らはアラビア語原文の資料を取り上げるように努めながら、日本人独自の発想法や文化的背景に見合った日本独自の視点を取るようにした。

三つ目は西洋での東洋学は帝国主義政策とのしがらみから生まれたものであるというふうにとらえた。つまり西洋によって紹介されたアラブ・イスラムの社会像が必ずしも正確なものではないというのである。そのために西洋の学者の諸著書に頼らず、アラブ・イスラム諸国のネイティブの学者の経験を参照しながらできるだけ原文を取り上げるようにした。

アラブ諸国における現状への研究関心が増えつつあったにも関わらず、日本国内の大学、例えば東京・慶應・京都大学の東洋研究科に設定された根本的なイスラム研究には変化がなく、設立当時とほぼ変わらない取り組み方であった。

参考文献

ハッサン・カーメル「日本とアラブの交流史―両者の相互理解に関する試論」名古屋大学学術機関リポジトリ、二〇〇五年、七一～八六頁。
杉田英明『日本人の中東発見』東京大学出版会、一九九五年。
「現代アジアへの視点」歴史学研究会、青木書店、一九八五年。
「Arab-Japanese Relations」Japan National Committee for Study of Arab Japanese Relations,Tokyo Symposium, 1980
Arab Japanese Relations,Japan National Committee for Study of Arab Japanese Relations,Mishima Symposium,1982
中谷武世『アラブと日本―日本アラブ交流史』原書房、一九八三年。
三好徹、『アラビア太郎の勝負―山下太郎』読売新聞社、一九七五年。

アハマド・ラハミー

第13章　日本近代文学とアジア・太平洋
――中島敦を巡って

1　明治時代の思潮

明治時代の文献で「東邦協会報告」一八九一～一八九二年（明治二四～二五年）というのがある。(1)そこに書かれている東邦協会設置の主旨は、

東洋の先進を以て自任する日本帝国は近隣諸邦の実力を外部に張り、以て泰西諸邦と均衡を東洋に保つの計を講せさる可らす、未開の地は以て導くへく、不幸の国は以て扶くへし、徒らに自ら貧弱なるを怖れて袖手傍観するは是れいわゆる座して亡を俟つの類にあらすや。（略）然らは東洋の諸邦、南洋の諸島、凡そ我が帝国近隣の勢情を詳かにして之れを国人の耳目に慣れしむる

ハ今日当に務むへきの急にあらすや。

ということである。

ここには、日本近代の初め、明治二〇年代、西洋諸帝国主義国家に必死に対抗しようとする意識――つまり西洋諸国の東洋、南洋への進出、支配を目の当たりにし、勇を奮って、自ら東洋南洋に進出し覇を唱えようとする意識がみて取れる。日本を含めた東洋全体の植民地化への危機をむしろバネにして、逆に攻勢に転じて国力を増大させようというロマンがみられる。それには、当然軍備の飛躍的な拡大増強が必要とされたのだろう。「報告」の第一号から「南洋兵備提要」として、フィリピン群島におけるスペイン軍についての詳細な調査報告が載っている。その規模だけでなく、徴兵の方法などにも及ぶものである。また、第五号には、英、仏、伊、露、独、墺（オーストリア）の六大国の海軍、および日本、清、米の海軍の比較を載せている。

他の記事としては、「濠洲航海記事」（第一号）、「露韓の関係」「布哇（ハワイ）に於ける支那人問題」（第二一号）、「植民論」「朝鮮論」（第三号）、「漢族」「薩吟連島（サハリン）志」（第四号）、「馬関海戦記」（第五号）、「千島諸島の現状」「欧清関係論」（第六号）、「第五回印度国民議会報告」（第七号、第八号）、「印度支那」（第七号）、「豪洲国防一班」（第八号）、「西比利亜（シベリア）鉄道に対する日本の開港場を論す」（第九号）、「金剛艦土耳古（トルコ）航海記事」（第十号）などがある。

この「東邦協会」は、板垣退助、犬養毅、井上哲次郎、原敬、星亨、尾崎行雄、田口卯吉、副島種臣、榎本武揚、矢野文雄、福本誠、小村壽太郎、三宅雄二郎、志賀重昂、鈴木経勲など、当時の有力な政治家、思想家、文学者ら百人以上が会員として加わっていて、明治時代の指導者層の国家観を表わしているとみてよいだろう。(2)　この会の代表格である副島種臣は、協会の講演において、「我が国已に東道の主人たり、然れハ即ち太平洋の権利は宜く悉く我に属すへきものには非さる無きか」と述べている。(3)

これはかなり露骨な支配欲の表明で、アジアの他の国の不快感を煽ったと思われる。この講演会に列席していた「清国公使李経方」は、「欧羅巴の諸国富強といふと難も、貴国と我国と力を合すれは駕して而して之に上る又何ぞ難からん」と、その立場を強調し、また「朝鮮公使李鶴圭」にいたっては、「東邦は即ち貴国支那及び朝鮮なり」といわざるを得なかった。

しかし、次のような主張もあった。一八八九年（明治二二年）、東京民友社発行の『日本国防論』はその結論で、

吾人は始終防御のみを説て、敢て一歩も国境を越へて外国に威武を伸ふることに説き及はす、思ふに世の壮士は或は之を不満とするものあらん、況や軍人其人の如しは、必ず之を一読して廉しとせさるへし、然れとも吾人思へらく、未た能く其国を防御するの力を有せすして、国境の外に功を奏するものあらす、（略）若しそれ実力なくして、誇大自尊自ら慰めるか如きは、自ら欺き人を欺くものにして、吾人か為すに忍ひさる所なり。

と述べ、帝国主義的思潮を牽制している。(4)

民友社の主張は、ある程度現実を踏まえたうえでの論である。もっとも反戦、非戦を唱えた一部の文学者、内村鑑三や田岡嶺雲、北村透谷らのように理念的なものではなかった。

2　近代と文学

ところで、いわゆる大衆小説や少年ものの世界では、フィリピン独立運動を描いた政治小説や、冒険小説、探検実録ものなど、ロマンチックな作品が多いのである。

また例えば、『ロビンソン・クルーソー』が一八八三年（明治一六年）「絶世奇談　魯敏孫漂流記」として紹介されたり、一八九六年『十五少年漂流記』が翻訳されるというなかで、幸田露伴の兄郡司成忠大尉の千島探検が一八九三年「短艇遠征」という小説になったり、少年ばかり三〇名の乗る船鑑の北大西洋探検という小説、武田桜桃の「海事教育船」が博文館の児童雑誌『少年世界』に三三年掲載されたりしている。いわゆる〝文学者〟で、政治や思想と距離をおいている作家にも、例えば森鷗外に「黄禍論梗概」という叙述があったり、山田美妙にフィリピン独立運動家を描いた『アギナルド将軍』という小説があったりする。

鷗外は、一九〇三年（明治三六年）「サムソン・ヒンメルスチェルナ」というドイツ人の書いた「道徳問題としての黄禍」を紹介している。(5)

それは、とくに「支那」人と日本人を比較して、「日本人には考える力、思量の力が全然無い」「日本人は古来蛮風を帯びている」、これに反し「支那人」は「沈着」で、「世界無比の自由の民」である、といったようなものである。それに対し鷗外は、「これは支那に心酔して日本を憎悪するものに相違ありません。さうしてその憎悪する所以は、日本が当面の敵たるより生ずるのでございます」と感想を述べている。鷗外の筆はきわめて冷静で、科学者としての抑制も感じられるが、それでも、国家の状況は、日清戦争に日本が勝ち、対「支那」観には余裕があるものの、西洋からの偏見には過敏に反応する当時の一般の感情が透けてみえる。

同じことは、一九〇三年（明治三五年）の『アギナルド将軍』にもいえる。[6]

その著者・山田美妙は、まえがきで「われわれ、は比律賓問題をもって決して等閑には見ず、未来の世紀に早晩必ず起こると吾々が信ずる人種偏頗の一大衝突、全世界を阿鼻地獄の毒瓦斯に包んでしまふ日の有るのを実に思ひ切って今から予言し、絶叫しやう」と思い「さらに博愛平等はそれを口にする人からまづ破壊し蹂躙するのを」悲しみ、「同じ人類と生まれながらわれわれの南の隣友たる比律賓人が普通人以下の待遇を世界から（何のいはれが有るのでもなくて）無法に只受けるのを」見、「すべて道理はまだまだ武力に窒息されるのを思ふにつけ」このような書を出すことになった、と述べている。

美妙の素朴な同情心と正義感は、当時の日本人大衆の感情と同レベルでもあったと思われ、植民や軍備あるいは資源といった（日本も含めた）帝国主義の分析への目はなかった。それは、小説というものが、時代や社会を超越するのがいかに困難なことかを考えさせてくれる。

明治という時代のほんの一断面を覗いたにすぎないのだが、指導者層が、はっきりと西欧の諸勢力に対抗して、大国主義（大日本）を意図していたことや、国民の感情の一端が窺えたと思われる。

日本にとって近代とは、電話や鉄道といった国内の文明開化だけではなく、むしろ、西欧諸勢力との対立、およびアジア太平洋への進出こそ、その本質であったのではないか。そうしてその近代は、真っすぐ昭和の「大東亜戦争」へとつながっているのではないかと思われるのである。

3　中島敦と「朝鮮」

旧制中学校の教員であった父の「朝鮮」そして「満洲」への赴任にともなって、「朝鮮」の龍山小学校、京城中学校と、一九二〇年（大正九年）、一一歳から、一九二六年（大正一五年）、一八歳までを「朝鮮」で過ごした中島敦は、その後、一高、帝大と進み、一九三三年（昭和八年）大学院（国文学）に入るとともに、横浜高等女学校の教諭となった。

中島は上京してからも、一九三二年（昭和七年）南「満洲」および中国東北部、一九三六年（昭和一一年）上海、蘇州などを旅行している。幼少期も父親の転勤の関係で埼玉、奈良、浜松と移動しているので、中島は環境の変化には慣れていたと考えられるが、「朝鮮」「満洲」体験は、その青春期や時代の思潮とも重なって、思い出深い体験で、いくつかの作品の舞台となっている。

北満洲のある都市（ハルピンと思われる）を舞台にして、肺を患っている青年と、ロシアの亡命貴族の娘との恋をロマンチックに空想的に描いた「ある生活」、大連を舞台に満鉄総裁と日本人社員と中国人労働者それぞれの生活を描くことで、階級差別、民族差別をテーマにした作品「D市七月叙景（一）」、日本人支配の植民地「朝鮮」で、異民族支配の下で苦悩する「朝鮮」人巡査を描いた「巡査の居る風景――一九二三年の一つのスケッチ」、中学時代の青春をほろ苦く回想した、私小説的な「プウルの傍らで」、そして「朝鮮」人クラスメイトとの思い出を描いた「虎狩」などである。(7)

このなかで、「巡査の居る風景」は、「一九二三年の一つのスケッチ」とサブ・タイトルがある通り、関東大震災時の朝鮮人虐殺が背景としてある小説で、舞台は京城である。「朝鮮」人巡査「趙」は、同じ「朝鮮」人が街のなかで日本人から差別的に取り扱われていることに心を痛めている。日本人総督に対する暴漢を捕まえて「捕はれたものは誰だ。捕へたものは誰だ」と自問自答しながら、次第に自分の立場へ疑問を抱き、ついにある件で日本人課長と対立し、辞めさせられてしまう、という内容である。多分に観念的な「社会主義小説」である。

また「虎狩」は、「朝鮮」人クラスメイト「趙」との主に虎狩の思い出を描いた小説である。語り手の「私」は転校による、「趙」は「半島人」ということによる（「私」と「趙」の通った小中学校は日本人学校であった）、互いに異邦人意識で友だちになる。あるとき、「趙」の父親の虎狩に同行した「私」は、「趙」の態度（気絶した勢子の身体を足で蹴り返す）に思い掛けない「刻薄」さをみる。そのような内容である。中島は「虎狩」において、安直な同情を否定したが、だからといって、「趙」の全体像を浮かび上がらせる志向はなく、冷ややかに「趙」との別れを語っている。また、「巡査の居る風景」については、先述したように観念的で、文壇の流行を意識したテーマ主義小説と捉えてよいだろう。

ということは、中島にあって、差別される人間への深い同情心は希薄で、それが彼の主要な文学的関心事ではなかったと言えるだろう。

4　近代文学と「朝鮮」

明治の東邦協会報告では「朝鮮」に対する熱心な政治的危機意識を

日、露、清、英、曼、佛、諸国衝突沸騰の機を動すものは、実に朝鮮の要地なり、今や朝鮮、内、自ら独立すること能はず、其国人、風声鶴唳に驚き、遑々として亡国の嘆を発し、外、諸強国の覬覦する所と為り、（略）此時に当て我国は、断然、隻手朝鮮の妖雲を排し、東洋の局勢の為に其葛藤を一新せさるへからす

と述べている。(8)

また、高浜清（虚子）は、その著『朝鮮』で、「朝鮮」に渡った日本人や芸者、彼らと接触している「朝鮮」人や妓生（キーサン）を陰影深く描写し、「彼等朝鮮人は彼等朝鮮人として各々愉快な自己の天地を作らしめよ。日本人が横合より其中に足を踏み入れる事は何となく不愉快なことにも考へられた」などと感想を述べ(9)、当時の「朝鮮」の複雑さの一端を描いている。この高浜虚子の人物造型に比して、中島の特に「巡査の居る風景」には人物が描かれていないし、「虎狩」にしても、公平に描かれていないといえるだろう。

中島敦と京城中学校時代の同級生湯浅克衛は、昭和十年「カンナニ」(10)「炎の記録」(11)で文壇に登場し、

一貫して「朝鮮」を舞台にした小説で好評を博し、やがて、移民をテーマに国策にそった小説を書くようになる。

「カンナニ」は、「朝鮮」（水原）での、日本の少年（小学五年生、一二歳）と、「朝鮮」の少女カンナニ（普通学校五年生、十四歳）との初恋を描いたものである。カンナニは、日本人巡査の子である少年に向かって「ねー日本人は皆嫌ひ、巡査は大嫌ひ、それでもお前は大好き」といい、「ね、中学校に行ったらいや、総督やなんか偉い奴になったら嫌や、中学校に行くと朝鮮人をいぢめる役になるからー」というのである。

一方「炎の記録」は、亭主から裏切られた女が娘を連れて「朝鮮」に渡り、「玄米パン売り、沖仲士、淫売、渡り芸者」と、次第に身を持ち崩していくが、釜山から流れて水原まできたとき、「内地からやって来た政治ゴロ」で、村人を編して地主になった男と一緒になり、やがて男が死んで「成り上がり女地主」となる。娘は社会主義を信奉する日本人学生と恋仲になり、東京で学生と同棲しながら非合法運動に加わるようになる。そんななかで、「母親の半生だけがそのように悲惨であったのではなく、下積になってゐる層の大部分の女達が、大同小異の悲惨な行程を歩まされてゐる」ことを知るようになったり、活動家の男たちのなかに「婦人問題については一応の意見を述べながら、生活のうえでは女に対して、そんぢょそこらの自由主義的な若者にも劣るやうな、封建的な態度を採ってゐる男が居る」ことにも気付くようになる。そのような「被圧迫階級」である女性の問題に視野をおいた小説である。

中島の「朝鮮」ものと比較すると、湯浅のこの二作は、創作意図が明確に表現されているといってよいだろう。

5　昭和の南進論

明治時代の国家膨張思想は 昭和時代に入ると、諸列強との間で、次第に抜き差しならない関係に陥り、ついに複数の国々と戦火を交える総力戦、国土国民が火だるまになる大戦争へと突き進んでしまう。

作家中島敦が日本の統治下にあったパラオに渡ったのは、その大戦争の前年である。そして日本国政府が対米英に宣戦布告する九ヵ月前には、八ヵ月の南洋生活を切り上げて帰京する。

中島が熱い思いを抱いた南洋（南方）とは、当時どのように捉えられていたか、いくつかの資料を参照してみたい。

昭和初期、リベラリストとして知られた政治家で、文筆家の鶴見祐輔は、一九二五年（大正一四年）第一回普通選挙（ただし男子のみ）で、個人の自由と言論の自由を主張して、時の大政党政友会と戦い「個人自由の思想、他人の自由と人格を尊敬するといふ思想が、一般民衆の頭に入ってからでなければ本当の政治運動は起らない」と述べているが、[12]一九三五年（昭和一〇年）、国家や民族の問題になると、「（日本民族の）その人種的ならびに文化的膨張が、新しき日本の前にある荘厳なる事業である」［（）内筆者注］と述べている。[13]鶴見のなかで、個人の自由＝他人の自由という対立を含んだ幅のある考え方は「満洲事変」という国家間の対立の厳しい現実に直面したとき、変貌せざるを得なかった。

膨張という考え方、それは、急激に近代化を進め、軍備を増強し、清、ロシアの艦隊との交戦で成功し、この道に間違いはなかったという自信に裏打ちされてもいたと思われる。

そこから、日本こそ、西洋諸帝国の侵略からアジアを守る唯一の指導者であるという自負が生じた。

歴史家の板沢武雄は、一九四〇年（昭和一五年）『昔の南洋と日本』（ラジオ新書24）という書の序で「嘗て侵略と貧欲の好餌にのみなった南洋に／吾々日本人は何を寄与すべきか／共に汗し共に栄え共に進む／これが吾々の念願である」「更に／日本の『道』を行ずる人を植ゑようではないか／南洋の天地に日本の『道』をどっしりと／樹てようではないか／皇紀二千六百年盛夏、南洋の陽光を偲びつゝ」と述べている[14]。

これは、先に、東邦協会設立の趣旨でみた明治の膨張思想の繰り返しである。

このような「南方共栄圏」という〝大義〟を標榜した南進論の思想はジャーナリズムによって広く流布され、ラジオ放送が基になったラジオ新書のシリーズだけでも、ほかに『南方発展史』[15]、『南進論の先駆者菅沼貞風』[16]、『海洋文学と南進思想』[17]があり、また少年少女向けでも菊池寛著『海外に雄飛した人々』[18]、伝記学会編『南進日本の先駆者たち』[19]などあり、国文学会でも『解釈と鑑賞』[20]のなかで「国文学上に於ける南方的性格」を特集している。ここに挙げたのは、いずれも一九四〇～一九四二年（昭和一五～昭和一七年）のものであり、そのような時代の動向のなかで、中島は、南洋と接することになるのである。

一高学生時代、プロレタリア文学風の習作を「校友会雑誌」に書いた中島は、大学で近代文学の永井荷風や谷崎潤一郎のいわゆる「耽美派」の研究をするとともに、文壇への登場を模索していた。

教員生活を始めるとともに家庭をもった中島は、内外の文学や哲学の本を読み耽り、次第に南方への思いが募り、一九四一年（昭和一六年）六月教員を止め南洋庁に就職してミクロネシアのパラオへ渡る。

中島の文学は、昭和の初めマルクス主義的であったのが、耽美派に接近し、一九三五年(昭和一〇年)ごろになると、次第に己の存在を問うという懐疑的な実存主義傾向を帯びてくる。

同時代の文学思潮は、昭和の初めのプロレタリア文学の流行から、それに対抗して起こる新感覚派などの芸術派、そして昭和一〇年ごろの不安の文学の流行と、ほぼ中島の動きと並行的であるが、その後、一九三七(昭和一四年)ごろから「朝鮮」「満洲」「樺太」そして「台湾」といったいわゆる「外地」、兵隊、従軍などと関わる「戦争文学」「国策文学」が、次第に文壇に登場してくる。

この傾向の影響を受けやすかったのは新人作家であるが、中島の場合、未だ文壇に登場していなかったということと、この時期プラトンを読むなど、哲学修業をしていたためにその影響の圏外にいたと考えられる。それはまた中島が、個的に存在への探究を続ける志を持ち続けたからでもあろう。

このような中島は、大義名分や南進論とは無縁な場所にいて、南方を「輝かしい熱帯の太陽の下に、唯物論も維摩居士も無上命法も、乃至は人類の歴史も、太陽系の構造も、すべてを知らないで一生を終へる」ことの可能な場と思念していた[21]。

観念的な探究を保証する場として、近くのアジアは適当でなく、可能な限り遠くへ、そこでミクロネシアが選ばれた。中島はそこで、近代とか国家とか文学といった彼を取り巻く現実を無化する特権的地位を獲得できるともくろんだ。

中島は、現実としては南洋庁の国語教科書編集書記官としての赴任であって、国家の意図－日本語教育の徹底化を図る植民地政策から自由ではあり得なかったが、文学者としての〝もう一人の自己〟は、〝自由〟な場を楽しんでいると幻想していた。

6　中島敦『南島譚』

中島敦は、帰京後ミクロネシアを舞台にした小話三篇からなる「南島譚」および六篇からなる「環礁」を発表した(22)。

これらの作品群は、彫刻家で民俗採集家でもあって、一九二九年（昭和四年）からミクロネシアに滞在している土方久功の日記や集めた資料によるところが大きい。

例えば、『南島譚』所収の「鶏」である。

これはある現地の老人にまつわる話である。作品の長さは原稿用紙二三枚のもので、南洋庁に赴任して五年めの「私」が語り手となっているが、原話は土方のものである。作品では老人の話に入る前にある公学校（島民のための初等学校）を訪れたときの体験を次のように述べている。

新任教師（日本人）の挨拶があり、それは「怒鳴るやうな大声で」「先生をごまかさうと思っても駄目だ。先生は怖いぞ。先生のいふことを良く守れ。いいか。分かったか？」というようなもので、「私」は、「畏敬と讃嘆の念を以てこの挨拶に聞き入った」が「若干の不審の表情」を浮かべたかもしれないと思う(23)。ここには、「私」の南洋庁の教育政策に対する疑念が控え目に表現されている。しかし「私」はすぐに「かういふのが島民に接する最上の老練さ」かもしれないと思い直し、「要するに、私にはまだ島民といふものが呑みこめないのだ」と結論を留保してしまう。しかしそう述べながら、『怖れ』と『敬ひ』との混同は」云々と、割り切れぬ気持をもつのである。

ここには作者中島の、共存共栄といいながら、現場は強権による押し付けではないかといった疑問が表現されているといってよいであろう。このとき作者中島には、恐らく南洋庁の意味、南方共栄圏の思想の本質が感受されていたのではなかろうか。

しかし、作中の「私」はそこで公学校の生徒への「人道主義的」な同情という甘い感情に流れてはいかず、かえって「土人の気持は私にとって一層不可解になって来た」と述べている。そうして、その「土人の気持」は、「我々文明人」にはわからぬと差異化して捉えている。

問題なのは、作中の「私」は、次のように「土人」を決定的に差別化しようとしているということである。

「私」は、「土人」の「不可解」さを「アンガウル島へ燐鉱掘りに狩り出されて行く良人を浜に見送る島民の女は、船の纜に縋つてよよと泣き崩れる。（略）誠に松浦作用姫も斯くやと思はれるばかりである。二時間後には、しかし、此の可憐な妻は、早くも近所の青年の一人と肉体的な交渉をもってゐるであらう」と述べるのである。

この部分には、二重の意味付けが可能である。一つは、「我々文明人」からみた〝不道徳な性〟、もう一つは、性の自由ということである。

中島は、南洋の性について別の作品「夫婦」で次のように表現している。

「夫婦」は、一人の男を巡る二人の女の「ヘルリス」という戦いの話である。「ヘルリス」とは、女子プロレスのようなものだが、主人公の「エビル」は、その喧嘩に負け、柳子の樹から飛び降り自殺を企る、というようなものである。ところで、この郷子の樹から飛び降りる自殺というのは、文化人類学者のマリノウスキーによれば、「ルウ（ＬＯＷ）」といって「逃げ道のない立場からの脱出の手段」

としてある確実な自殺の方法で、それは「伝統的感情や名誉の感覚が、いかに強く、行き過ぎや違反を——そのおだやかな調子のものでさえ——嫌悪するものであるかをよく示している」というものである。つまりそれは、一族のなかの女性としてのプライドが強くあり、それが汚されたとき、例えば夫から妻にいってはならない言葉で侮辱されたときなど、公衆の面前での断固とした強い抗議のための自殺であることが明らかにされる。だからそれは、部落中の人間の前で、その理由を宣言して後、実行されることが多い。マリノウスキーによれば、この型の自殺は、しばしば氏族間抗争に発展するということである。(24) 厳しい社会的重大事である。

ところが中島はそれを次のように表現する。

「エビルは肥って腹が出てゐる」ので、途中までしか登れず、「多少きまり悪げな笑ひを浮べてノソノソ、下りて来た」ところが、下にかつて知り合いの「中年男」がいたので、「忽ち意気投合し」「手を取り合って、鬱蒼たるタマナ樹の茂みの下に歩み去った」のである。

このように、この社会ではまずあり得ないことを、おもしろおかしく、戯画（カリカチュア）化して、「土人」の、それも女性の性を差別的に表現している。

ここには、欲望的「文明人」が、その欲望を一方的に投射する作り上げられた場＝幻想としての「未開」という典型がみて取れる。ちょうど西洋人がそのようにオリエントをみるように、日本人作家が、身勝手なロマンを南洋に押し付け、そのイメージを再生産していく。

その中島のロマンティシズムは、形を変えて「鶏」という小話の主人公の「土民の老翁」の容貌や「盗み」というところにも表われている。

土方の原話は、老人の「純粋」で「一途」な気持への感動が中心になっているのである。(25)

ミクロネシアを舞台にしたやや戯画化された作品から中島敦の南洋に対する意識をみてみたが、もっと「私」小説に近い文体で書かれた「夾竹桃の女」(26)の場合は、より直接的な形で「私」の問題性が表現されている

「どう逃れようもなく暑い」なかを歩いていく「私」が、休むために立ち寄った家に、乳飲み児を抱いた「女」がいる。「私」は、その「女」の眼つきに、「女」の〝性欲〟を感じて、危機一発のところで逃げてきた、という内容である。

これも、むしろ「私」の性欲の投射、転化であると捉えられよう。それについて詳述は避けるが、いずれにしても、中島敦も、I・イリイチのいう近代産業社会人の過剰な欲望、しかも産業に操作された性意識から自由ではないのである。(27)南洋庁の教育政策に違和感をもちながらも、人間の「原型」を南洋にみたいとするあくまでも個的な幻想によって表現された作品には、近代文明社会人の「未開」に対する差別意識が露呈している。

しかし、中島の作品は、「私」をそのように表現することで、共存共栄というお題目に隠された真実(欲望)を表に出してしまうという機能を果たしていたとは言えよう。

付記

本章は、拙稿「近代と非近代について」(社会教育団体倫理研究所紀要『倫理』501号、一九九四年一〇月、同502号同年一一月、同503号同年一二月)の改稿であることをお断りいたします。

注

（1）「東邦協会報告」第一号は、一八九一年（明治二四年五月）、以下、第二号・同年六月、第三号・同年七月、第四号・同年九月、第五号・同年一〇月、第六号・同年一一月七日、同年一一月一六日、第八号・同年一二月、第九号・一八九二年（明治二五年）一月、第十号・同年二月刊。

（2）当初一〇二名の会員でスタートしたが、会をおうごとに増え続け、第十号では五三九名に膨れ上がった。第三号の会事報告によれば、会頭は空位にして副会頭・福島、幹事・福本、白井新太郎、小林定修である。

（3）「東邦協会報告」第三号会事報告、一八九二年。

（4）国民之友記者筆、『日本国防論』東京民友社、一八八九年。

（5）一九〇三年（明治三六年）一一月二八日、早稲田大学課外講義、「鷗外全集」第二十五巻所収、一九七三年一一月刊。

（6）山田美妙（塩田良平解説）『アギナルド将軍』育英書院、一九四二年。

（7）「ある生活」「D市七月叙景（二）」「巡査の居る風景・一九二三年の一つのスケッチ」は第一高等学校校友会の『校友会雑誌』に、一九二八年一一月から一九二九年六月の間に発表された。「プウルの傍らで」（第一次『中島敦全集』第3巻、筑摩書房）、「虎狩」（『光と風と夢』筑摩書房、一九四二年）。

（8）東邦教会第1報告『東邦最近時事概要並びに国情一班』〇〇〇年。

（9）高浜清『朝鮮』実業之日本社、一九一二年。

（10）湯浅克衛「カンナニ」『文学評論』ナウカ社、一九三五年4月号

（11）湯浅克衛「炎の記録」『改造』改造社、一九三五年4月号

（12）鶴見祐輔『普選の第一戦陣　我等斯く戦へり』（朝日民衆講座第四輯）朝日新聞社、一九二八年。

(13)「第二章　日本膨張論時今至る」『膨張の日本——新英雄論』大日本雄弁会講談社刊、一九三五年。
(14) 板沢武雄『昔の南洋と日本』ラジオ新書、日本放送出版協会、一九四〇年。
(15) 煙山専太郎『南方発展史』、ラジオ新書、一九四一年。
(16) 花園兼定『南進論の先駆者菅沼貞風』、ラジオ新書Ⅶ、一九四二年。
(17) 柳田泉『海洋文学と南進思想』、ラジオ新書、一九四二年。
(18) 菊池寛『海外に雄飛した人々』、新潮社、一九四一年。
(19) 森銑三「序」、伝記学会編『南進日本の先駆者たち』六甲書房、一九四一年。
(20) 藤村作主幹、『解釈と鑑賞』五月号、至文堂、一九四二年。
(21)『南島譚』所収「狼疾記」（執筆年未詳）今日の問題社、一九四二年。
(22)「南島譚」「環礁」とも、『南島譚』に初出。
(23) 中島の作品引用は、『中島敦全集』第一巻（初版六刷）筑摩書房、一九九六年、以後も同じ。
(24) マリノウスキー『未開社会における犯罪と慣習』（青山道夫訳）（一九四二年）新泉社、一九八四年
(25) この点に関しては拙論「中島敦と土方久功」『沖縄国際大学文学部紀要』第一八巻第二号、一八八九年一二月）を参照されたい。
(26)『南島譚』所収
(27) I・イリイチ『ジェンダー　女と男の世界』（玉野井芳郎訳）岩波書店、一九八四年。

浦田義和

第14章 「話し言葉」と「書き言葉」の変遷と「政治と社会」

1 はじめに

「言語」とは、人間が音声や文字を用いて思想・感情・意志等を伝達するために用いる記号体系、およびそれを用いる行為をいう。音声や文字によって、その人の意志や思想、感情などの情報を表現し伝達する約束・規則であり、他者の意思や思想を受け入れ、理解するための約束・規則である。

この「言語」には、音による伝達手段と文字による伝達手段がある。すなわち、「言語」の中の音による情報伝達手段としての「話し言葉」と文字による情報伝達手段としての「書き言葉」である。「話し言葉」の変化は社会の変化にリードされる傾向がみられるが、「書き言葉」は、社会や国の状態を体現する重要な情報伝達システムであると考えられる。

本章は、ドイツ、中国、韓国の「書き言葉」としての言語の歴史について考察することによって、「書き言語」の変遷が国家の政治的目的や社会的利益誘導に左右されることによって生じること、そして、このような「言語の変遷」が社会変化を導くことを説明する。

次に、これら三国の言語の変遷に関する経験を背景に日本の明治維新を考えるとき、この時期の日本社会においても、国家の政治的目的に左右された側面が垣間見られることを説明する。

2 政治と言語——ドイツの花文字

フラクトゥール（独：De-Fraktur.ogg Fraktur）は、かつてドイツ文字であり、亀の子文字とか亀甲文字、ひげ文字などとも呼ばれる書体である。ドイツでは、第二次世界大戦頃までこの書体を印刷に常用していたため当時のドイツの書物はフラクトゥールであった。

このフラクトゥールは、本来、中世のヨーロッパで広く使われた文字であり、写本やカリグラフィーの書体を基にした活字体・ブラックレター[1]の一種であった。[2]フラクトゥールの語源は、古いラテン語の分詞、frangere（壊す）、fractus（壊れた）であり、他のブラックレターや現在よく使われるローマ字体であるアンティカ体に比べて線が崩れているところに特徴がある。[3]

最初のフラクトゥールは、神聖ローマ帝国のマクシミリアンI世の治世（一四九三—一五一九年）に、皇帝の出版事業に際して特別にデザインされたものであった。フラクトゥールは人気を得て、以前のブラックレターであるシュヴァーバッハー体（Schwabacher）[4]やテクストゥアリス（Textualis/

Textur）[5]などの書体に取って代わるようになり、様々なヴァリエーションのフラクトゥールの活字が造られるようになった。

二〇世紀において、ナチス・ドイツは、ドイツは他の西欧諸国とは異なった優秀な国家であるという思想から、中世以来の伝統的なフラクトゥールを正式なドイツ語の書体として採用した。このようなフラクトゥール優勢の立場は一九三〇年代後半を通じ維持されていたが、ドイツ政府が第二次世界大戦においてヨーロッパの占領地域を拡大するに従ってフラクトゥールの使用がナチスの命令伝達の障害となっていった[6]。

一九四一年一月三日、官房長マルティン・ボルマンが突然全ての政府機関に対して「フラクトゥールはユダヤ人の文字（Judenlettern）であるからこれ以上の使用を禁止する」という文書を発してフラクトゥールは公式文書から消えてしまったのである[7]。根拠のない理屈が政治的理由として説明され、フラクトゥールの使用は消されてしまったのである。

フラクトゥールは戦後のドイツで短い期間ではあるが復活した。それはドイツの多くの印刷業者が戦後の一九五五年頃まで新しい活字を買う余裕がなかったために残っていた古いフラクトゥールの活字を使用して印刷を行うことがあったからであった。やがてドイツ経済が復興するに従い、帝政ドイツやナチス統治の古い体制を思い出させるため、フラクトゥールは新聞や書籍から姿を消していった。

《若干の分析》

フラクトゥールは、神聖ローマ帝国のマクシミリアンI世の治世に、皇帝の出版事業に際して特別にデザインされたものであり、ナチズムによって利用されたのだが、周辺国に対する占領政策にとって不都合な言葉として、ユダヤの文字であるという責任転嫁によって禁止された。印刷業界においては、戦後の資金不足のために一時復活して使用されたものの、ドイツ経済の繁栄とともに、ナチズムのイメージ故に、再び消えていったのである。

すなわち、フラクトゥールは政治権力の目的の為に使用され、政治権力の都合の為に廃止され、経済的理由によって一時的に復活して、やがて豊かさを背景として過去の政治的理由から消えて行ったのである。

3 中国語の変化——漢字の簡体字への変化

一九四九年一〇月に中国共産党は中華人民共和国を建国した。日本の敗戦は一九四五年八月一五日である。(8) 中華人民共和国の建国と日本の敗戦との間には直接的な関係がないことに注意されたい。因みに、日本と実質的に戦ったのは蒋介石率いる中華民国であった。中華人民共和国はこの中華民国との戦いに勝利して一九四九年一〇月一日に建国されたのである。

林彪は「毛沢東の軍師」として、多くの軍幹部を失脚に追い込み、一九五九年に解放軍向けとして『毛主席語録』の編集・刊行を命じた。『毛主席語録』は、中国共産党中央委員会主席となった毛沢東の著作などから引用、編集された語録である。一九六六年の文化大革命の発動とともに一般向けに大量に出版された。

毛沢東の『毛主席語録』は、日本では一般に「毛沢東語録」としても知られており、一九六六年から中国で出版された。日本国内でもかなりの量が販売されていた。表紙の赤色から、西側諸国ではリトル・レッド・ブック（Little Red Book）とも呼ばれる。ポケットに入れて持ち歩くことを想定し、濡れることもあるので表紙は赤色のビニール製である。[9]林彪による「毛主席の著作を読み、毛主席の話を聞き、毛主席の指示通りに仕事をしよう」という揮毫が付いており、「万国のプロレタリア団結せよ!」が描かれており、毛沢東の肖像写真が写っている。目次と本文は全体で四三一ページである。『毛主席語録』についての建前の説明としては、「毛沢東が全く新しい段階に高めたマルクス・レーニン主義」すなわち、「毛沢東思想」を柱としている。ということが出来るであろう。

この『毛主席語録』に使用された言語は、一九四九年一〇月一日の国慶節以後、一九五〇年代に中華人民共和国で制定された、従来の漢字を簡略化した字体体系であった。

簡体字（简体字、jiǎntǐzì）または規範字（规范字、guīfànzì）は、従来の漢字を簡略化した字体体系である。簡体字という呼称は通称・俗称であり、正式には簡化字（简化字、jiǎnhuàzì）と言う。中国大陸のほか、シンガポールなどでも採用されている。複雑な漢字の簡略化に際して、楷書化した草書の要素を多く取り入れ、また画数の少ない部品に置き換えている。現在の『簡化字総表』は偏旁に使用できない簡体字三五〇字（第1表）、偏旁に使用できる簡体字一三二字と簡化偏旁一四個（第2表、下記参照）、第2表を適用した簡体字一、七五三字（第3表）からなっている。総数は二、二三五字になる。[10]これらの漢字は『簡化字総表』にまとめられている。[11]

中華人民共和国の建国三年後の一九五二年、漢字研究の機関として「中国文字改革研究委員会」が設立された。一九五四年に憲法が制定され、新体制への変化の中で、中国文字研究改革委員会も中国文字改革委員会に改名し、一九五五年に『漢字簡化方案草案』を発表した。

一九五六年一月、この草案を基に『漢字簡化方案』（簡：汉字简化方案）が国務院より公布され、五一四字の簡体字と五四の簡略化された偏や旁が採用された。数年の使用実験を経て、簡化字は一九五九年までの四度改訂公布され、一九六四年に『簡化字総表』にまとめられたのである。

《一九七七年の「読みにくい」、「見苦しい」簡略化》

一九七七年、中国文字改革委員会は新たに「第二次漢字簡化方案草案」を発表し、さらなる漢字の簡略化を目指した。この試みは、文化大革命直後でもあり、拙速なもので、字体が簡略化され過ぎて「読みにくい」、「見苦しい」と猛烈に批判され、社会に混乱を催した。八年間の試行で廃止されてしまった。

《台湾との統一のために繁体字復活》

二〇〇九年三月三日、全国政治協商会議の潘慶林委員が、簡体字は中国の伝統文化の継承を妨げるとして、一〇年間で繁体字に段階的に戻すよう提案した。

潘は、簡体字は簡略化し過ぎていて漢字本来の芸術性や表意文字としての成り立ちを破壊している、書くのが面倒とされてきた繁体字は今ではキーボードで簡単に入力できると理由を挙げ、繁体字復活は中国と台湾の統一にも有利と政治的な理由も挙げている。[12] しかし、潘の提案に対し、中華人民共和国教育部（教育省）は、簡体字継続は現行法で保護されていると反論している。

《若干の分析：簡体字使用の本意——文化大革命と毛沢東》

簡体字使用の本意とは、毛沢東革命によって改革された過去の体制において発行された文章に対する「焚書坑儒」が本来の目的であった。清朝を滅亡に追いやった辛亥革命を中華民国との争いの中で最終的に勝利した共産党革命にとって簡体字の使用は、過去の文献を人民が読めなくなるという都合の良い政治的理由があったのである。

表向きの目的は、支那の人々の「識字率が低いから簡体字を普及させた」ということになっている。しかし、簡体字使用の目的こそが支那の人々に対する「愚民化政策」であったのである。支那の国民が支那の古文書を読めないという今日の事実こそがそれを証明するものである。「書き言葉の喪失」とは、自国の歴史を認識する術を捨てた「国民としての自死」なのである。

それ以後の共産党による大躍進や文化大革命、天安門事件という数々の事件を嘘の歴史の中において都合の良い「歴史捏造」が容易となったのである。すなわち、簡体字の使用と普及は、支那の政治と経済、社会の発展の障害となっているのである。

4　朝鮮半島におけるハングル語

ハングル（한글）は、朝鮮語を表記するための表音文字である。一四四六年に李氏朝鮮第四代国王の世宗が「訓民正音」（훈민정음、Hunmin Jeong-eum、正音）の名で公布したのである。当初から諺の文字という意味で「諺文」（언문、オンムン）と呼んだ。〈民に訓（おし）える正しい音〉の意味である。意味は「偉大なる（ハン）・文字（グル）」である。

ハングル語は「言文一致」＝意思の疎通、事務的連絡、簡潔明瞭な意思の伝達のためには優れた模試であると評価されている。

大韓民国では「ハングル」、朝鮮民主主義人民共和国では「チョソングル（チャ）」（조선글（자））、朝鮮文字の意）もしくは「ウリグル」（우리글、我々の文字）と呼ばれている。

（1）漢字を利用する表記

朝鮮では古くから漢字を利用する表記吏読《りとう》文字）が工夫されていたが、朝鮮語を明確に表現できず、十分な伝達機能を果たせないので、広く民衆にも使用できる文字として創制された[13]。

日本の朝鮮併合の時代に、この「ハングル文字」の使用にいち早く目を付けたのが、「福沢諭吉」である。福沢諭吉は「教育の普及が近代化の第一歩である」という信念から、朝鮮においても啓蒙を担う文字の重要性を説いていたのである。日本の仮名と似ているハングルに注目し、一般国民にも文字を読むことが可能になるハングルの利用を強く勧めることになったのである。

「朝鮮の独立と朝鮮民族の啓蒙には、朝鮮語による新聞の発行が不可欠である」。福沢諭吉のこの言葉に大いに理解を示したのは、安重根に暗殺された伊藤博文であった。

（2）ハングル使用に抵抗した大韓帝国

福沢諭吉の門下生で実業家であり政治家である「井上角五郎」は、朝鮮王朝政府時代、優秀な韓国人官吏とともに一八八三年に一定の体系と継続性を持った朝鮮初の近代新聞「朝鮮旬報」、そしてその続刊「朝鮮週報」に大きく係った人である。

朝鮮初の近代新聞「朝鮮旬報」は全文漢字でありハングルは使われなかった。これは、当時の大韓帝国においては、蔑視されていたハングル使用には非常に抵抗があり、知識人の間に認められなかったという経緯があったからである。

当時の朝鮮半島においても、中国大陸と場合と同様に、当時使用されていた漢字熟語が表すほとんどの用語は、明治維新以来の日本で作られた日本製熟語であった。経済、法律、文学、哲学、人民、共和国、などである。

今日の韓国や北朝鮮において漢字を復活させるということは、日本語の復活に繋がることにもなる為に、反日を国是としている現代韓国や北朝鮮においては漢字使用の復活は不可能な選択肢なのである。自国社会の近代化よりも「反日」に徹する韓国と北朝鮮の悲劇がここにあるのである。

（3）米軍に利用された李承晩の登場

李承晩は、一九四五年（昭和二〇年）一〇月一日、日本の降伏の後に、在朝鮮アメリカ陸軍司令部軍政庁直接統治下の朝鮮半島に帰還して、翌年の一九四六年二月に大韓独立促進国民会結成して総裁に就任した。

朝鮮半島では、一九四八年（昭和二三年）四月三日に、済州島四・三事件反乱鎮圧して多くの犠牲者を出した。同年八月一三日に、朝鮮半島南部単独で大韓民国が建国され、李承晩は初代大統領に就任した。[14] 大統領就任早々の一〇月、連合国軍占領下の日本を非公式訪問してダグラス・マッカーサーGHQ司令官等と会談して、それ以後の半島の経営について相談したとされている。

帰国後、一〇月二七日には、麗水・順天事件が起こり李承晩大統領は反乱を鎮圧した。一二月一日には、国家保安法を制定して国民に対する弾圧を強化したのである。

翌一九四九年（昭和二四年）六月五日、国民保導連盟を組織させる。同年一二月二四日には、聞慶虐殺事件を起こし、翌年の六月二五日には朝鮮戦争が勃発した。このとき、李承晩大統領は国民保導連盟の加盟者や収監中の政治犯など、少なくとも二〇万人あまりを大量虐殺（保導連盟事件）したのである。朝鮮動乱の最中の一九五一年（昭和二六年）一月には、前線で戦闘中の将兵の物資を転売着服（国民防衛軍事件）する事件が起こった(15)。

一九五二年（昭和二七年）一月一八日には、李承晩大統領はマッカーサーライン(16)を背景として海洋主権宣言によって、「平和線」すなわち李承晩ラインを一方的に設定した(17)。

一九五二年（昭和二七年）五月二六日には、戒厳令を施行、反対派議員を監禁・憲法改正強行（釜山政治波動）を弾圧した。一九五三年（昭和二八年）七月二七日に、朝鮮戦争が国連軍と北朝鮮軍との間に休戦条約が結ばれた。李承晩はこれを不服として調印を拒んでいるのである(18)。一九五六年（昭和三一年）五月一五日には、大統領三選を果たした。副大統領は野党の張勉が当選した。

一九五八年（昭和三三年）には、進歩党党首の曺奉岩をスパイ容疑で逮捕して、一九五九年七月に処刑した。

一九六〇年（昭和三五年）の三月一五日の大統領選挙において、不正選挙が問題となり野党や国民の批判が公然化した。四月一九日には不正選挙を糾弾するデモ隊と警官隊が衝突して、死者一八六人を大惨事となった。四月二六日に李承晩大統領は下野を表明して、五月二九日にハワイに亡命（四月革命）した。米国によって擁立された大統領の終焉であった(19)。

この李承晩大統領の時代の韓国の人民の被害は、軍人九八・七万人＋一般人一四三万人＝二四〇万人である。この内、李承晩大統領の虐殺事件にかかわった被害者は一〇〇万人以上である。この時に半島、特に済州島から日本に亡命してきた人々が在日の始まりなのである。[20]

《朝鮮動乱時の被害者数》
北朝鮮の人々の被害者は軍人九二・六万人＋一般人二〇〇万人＝合計二九二万人である。
中国の人々の被害者数は軍人一八・三万人＋一般人七二万人＝合計九〇万人である。
国連軍の被害者数は軍人一五万人であり、その中の米軍人被害者は一四万人である。[21]

（4）若干の分析：反日を維持する為のハングル語使用

朝鮮動乱で亡くなった韓国人の総数は二四〇万人である。この内戦による被害者とは別に一〇〇万人以上の韓国の人々は、自国の大統領によって虐殺されたのである。この虐殺という反国民的な事実を隠すための歴史捏造こそが、「日本人が韓国のすべてを奪ったという嘘」の歴史であり、その一部が、「日本がハングル語を奪った」、「宗氏改名をさせられた」というような嘘の歴史開始なのである。

ハングル語使用という文化的課題の背景にはこのような政治的な事件と歴代大統領の自分の無策を日本の責任にするという習慣が隠されているのである。

5　明治維新の言文一致運動

日本においては、明治まで文学を含む書き言語には文語体と呼ばれる文体が使われていた。文語体は中古日本語（平安時代の文語）から発達しており、それ以降は長くダイグロシア（diglossia：二言語使い分け）と呼ばれる「社会において二つの言語が、互いに異なる機能を持って使い分けられている状態」にあった。

明治に「言文一致運動」が起きて、一部の文学者が口語に沿った口語文と呼ばれる文体を使い出し、明治三〇年代頃から戦後まで文語体と口語文という二つの文章語が並存するようになったのである。

（1）「言文一致運動」

明治維新後、西洋の思想や文化を取り入れる文明開化が推進され、文学にも大きな影響を与えた。「言文一致運動」もその一つである。「言文一致運動」の結果として、日本語の書き言葉は、日本文学[22]として漢文の伝統から切り離されて、明治中期には現代の日本語の書き言葉に直接連なる文体（「だ・である」調と、「です・ます」調）が確立した[23]。

「言文一致運動」とは、話し言葉と書き言葉の相違を縮めようとする運動であった。文学者の中からは、「言文一致小説」の創始者としての坪内逍遥[24]に刺激を受けた二葉亭四迷の『浮雲』（一八八七年）がある[25]。また、ツルゲーネフ[26]などロシア文学作品を翻訳した文体も既存の文語からの離脱の試みとして有名である。[27]

しかし、言文一致運動は時代の主流になったわけではなく、文語文の作品も多く書かれている。和歌の塾に通い、古典の教養を持っていた樋口一葉は古文の呼吸をつかった雅文体で「にごりえ」「たけくらべ」などの作品を書いている。翻訳では言文一致を試みた森鴎外も、「舞姫」や「即興詩人」では文語にもどして表現している。評論の分野では北村透谷や幸徳秋水は、漢文書き下しの文体を使って論文を書いていた。

新文体への挑戦は文学の分野だけではなく、当時の新聞や雑誌記事などでも並行的に行なわれた。特に従軍記者による戦地レポートや、速記による裁判の傍聴記録などにおいて、積極的に言文一致の新文体が試みられていた。

以上のような運動の結果として、明治末になると「言文一致運動」は書き言葉として次第に確立し、一般の文章にも大きな影響を与えるようになったのである。[28]

法律の言語は、戦前においては今まで通りに文語文を用いて記述されていた。しかし、戦後は口語体となったのである。

(2) 書き言葉としての日本語の語彙の変化

書き言葉の発展としては、西周[29]と森有礼[30]の貢献が有名である。[31] 政治、経済、法律の分野のみならず、自然科学の分野においても多くの訳語が編み出されている。

西周

西周は、石見国津和野藩（島根県津和野町）の御典医の家に生まれた。漢学の素養を身につける他、天保一二年（一八四一年）に藩校養老館で蘭学を学んだ。安政四年（一八五七年）には蕃書調所の教授並手伝となり津田真道と知り合い、哲学ほか西欧の学問を研究した。文久二年（一八六二年）には幕命で津田真道・榎本武揚らとともにオランダに留学し、シモン・フィッセリング（ドイツ語版）に法学を、またカント哲学・経済学・国際法などを学んでいる。

《蕃書調所から沼津兵学校初代校長》

慶応元年（一八六五年）に帰国後、目付に就任、徳川慶喜の側近となった。王政復古を経た慶応四年（一八六八年）、徳川家によって開設された沼津兵学校初代校長に就任した。同年、『万国公法』を訳刊している。

明治三年（一八七〇年）に明治政府に出仕、以後兵部省・文部省・宮内省などの官僚を歴任し、軍人勅諭・軍人訓戒の起草に関係する等、軍政の整備とその精神の確立に努めた。

明治六年（一八七三年）には森有礼・福澤諭吉・加藤弘之・中村正直・西村茂樹・津田真道らと共に明六社を結成し、翌年から機関紙『明六雑誌』を発行。啓蒙家として、西洋哲学の翻訳・紹介等、哲学の基礎を築くことに尽力した。

明治三〇年（一八九七年）、明治天皇は西の功績に対し勲一等瑞宝章、男爵の位を授けた。同年一月三一日に死去。墓所は東京都港区の青山霊園。

《西周の和製漢語――漢字廃止論》

「藝術（芸術）」「理性」「科學（科学）」「技術」「心理学」「意識」「知識」「概念」「帰納」「演繹」「定義」「命題」「分解」など多くの哲学・科学関係の言葉は西の考案した訳語であると言われている。

漢字の熟語を多数作った一方では、かな漢字廃止論を唱え、明治七年（一八七四年）、『明六雑誌』創刊号に、『洋字ヲ以テ国語ヲ書スルノ論』を掲載した。

森有礼

弘化四年（一八四七年）、薩摩国鹿児島城下春日小路町で薩摩藩士森喜右衛門有恕の五男である。安政七年（一八六〇年）頃より造士館で漢学を学び、元治元年（一八六四年）頃より藩の洋学校開成所に入学し、英学講義を受講する。

慶応元年（一八六五年）、五代友厚らとイギリスに密航、留学し（薩摩藩第一次英国留学生）、ロンドンで長州五傑と会う。ロシアを旅行、ローレンス・オリファントの誘いでアメリカにも渡り、オリファントの信奉する新興宗教家トマス・レイク・ハリスの教団と生活をともにし、キリスト教に深い関心を示した。

明治八年（一八七五年）、東京銀座尾張町に私塾・商法講習所（一橋大学の前身）を開設。明治一八年（一八八五年）、第1次伊藤内閣で初代文部大臣就任した。東京高等師範学校（東京教育大学、現在筑波大学）を「教育の総本山」と称して改革を行うなど日本における教育政策に携わる。また、「良妻賢母教育」こそ国是とすべきであると声明。翌年それに基づく「生徒教導方要項」を全国の女学校と高等女学校に配る。

明治一九年（一八八六年）には、学位令を発令し、日本における学位として大博士と博士の二等を定めたほか、教育令に代わる一連の「学校令」の公布に関与し様々な学校制度の整備に奔走した。明治二二年（一八八九年）二月一一日の大日本帝国憲法発布式典の日、それに参加するため官邸を出た所で国粋主義者西野文太郎に短刀で脇腹を刺された[32]。応急手当を受けるが傷が深く、翌日午前五時に死去。四三歳だった。

(3) 戦後の標準語

戦後、日本語の書き言語は東京方言をもとにした標準語に統一する政策が行われ、新しく書かれる文学作品は定型詩等を除きほぼ標準語に近い言葉遣いで統一された。

カタカナとひらがなの使用に関しては、戦前のカタカナ主流の時代から、戦後はひらがな主流の時代へと変化したのである。

今日、本を買っても、ほとんどが漢字とひらがなで記述されている。しかし、第二次世界大戦頃までは、カタカナがひらがなよりも重んじられていた。公文書も、漢字とカタカナで記載されていた。大日本帝国憲法も、漢字とカタカナで記載されていたのである。「ひらがな」が公的に認められるようになってからは、まだ七〇年間ぐらいしか経っていないのである。

カタカナ、ひらがなが表音文字であるのに対し、漢字は表意文字である。漢字は一文字で一つの言葉を表すことから、画数は多いものの非常に合理的であることも確かである。一方、ひらがなやカタカナは表音文字である。

6　現代日本語の文語と口語の差異

常体（だ・である体）と敬体（です・ます体）があり、文章では主に常体が用いられる。修辞的な効果を狙ってわざと口語的表現を使うこともある。

文語は、規範文法に従う表現が多く使われ、ら抜き言葉などの表現を比較的避ける傾向がある。口語は、語句の省略や語順の倒置が頻繁に行われ、文法的には不完全であることが多い。漢語などの中には口語ではあまり用いられない語彙も用いられる。心の疎通、愛情、友情、隣付き合い、仕事場、戦場等では、口語、特に方言が重要な役割を果たすのである。

方言の重要さを象徴するものとしての軍の部隊がある。部隊はローカルに編成しなければならない。安心で強い軍隊とは、同郷意識のもとで、意志と気持ちが同時に伝わるからである。例外が大阪弁の部隊である。大阪弁は商売に向いているが戦争には向かないために、大阪弁の軍隊は弱い軍隊の例になってしまうのである。

明治維新の翻訳言葉の増加と「言文一致運動」の背景において、先の三つの国の経験のような政治的意図は見られない。しかし、維新の前の時代まで庶民が理解できた書き言語の文語体と呼ばれる文体、「そうろー文」が今日の日本人には読めなくなったことは事実である。同様に、これまでカタカナ文字交じりの文章が戦後においてはひらがな文字混ざりの文章に代わったことも事実である。

このような書き言葉の変遷の中において失われた過去の文化と庶民の想いが理解されない状態のまま埋もれていく可能性があるのである。

参考文献

矢吹晋『文化大革命』講談社現代新書、一九八九年。
『ナチズムの時代』世界史リブレット49、山川出版社、二〇〇三年。
『現代中国政治を読む』世界史リブレット51、山川出版社、二〇〇三年。
『日本のアジア侵略』世界史リブレット44、山川出版社、二〇〇三年。
『朝鮮からみた華夷思想』世界史リブレット67、山川出版社、二〇〇三年。
黄文雄『日本と韓国の本当の歴史』（徳間ポケット）二〇一三年。

注

(1) ブラックレターで書かれた本はページ中の文字による「黒い」部分の割合が多くなるために名づけられた。
(2) ルネッサンス期のヒューマニストたちは、ブラックレターを「洗練されていない」、「野蛮」として嫌っていたため、蔑称として「ゴシック」という呼称が一五世紀イタリアにおいて使われ始めた。「ゴシック」という語は、ローマ帝国に侵入しその滅亡の一因となったゴート族に由来している。
(3) イマニュエル・カントの書簡である「Breitkopf-Fraktur」というフラクトゥールを用いた文章の例がある。
(4) ヨハネス・グーテンベルクが使った書体である。
(5) テクストゥラ体。

(6)　ナチスが占領した地域での伝達障害の主な原因はドイツ人行政官のフラクトゥールを基礎にしたジュッターリーン体などの筆記体（Kurrent）でありフラクトゥールそのものではないという反論がある。
(7)　ドイツ政府の真の理由は、ドイツ国外で接収した活字や印刷機を使ってドイツ語文書を作りたかったからではないかと考えられている。
(8)　今日、北京において建国記念日において、毎年、「対日戦争勝利パレード」を行う歴史的意味がないことに注意するべきである。当時の八路軍は国民党軍の指揮下にあったからであり、一九四九年は対国民党軍勝利の記念日であるからである。
(9)　文化大革命で失脚した劉少奇国家主席に代わって毛沢東党主席の後継者に指名されるが、政争に敗れてソビエト連邦に亡命する途上、モンゴル人民共和国において搭乗機が墜落し、死亡した。
(10)　漢字の簡略化は古くから俗字として行われていた。しかし、正字として使われることはなかった。しかし、毛沢東によって政治的目的の為に利用されるようになったのである。
(11)　清末の一九〇九年、陸費逵は『教育雑誌』創刊号「普通教育当採用俗体字（普通教育に俗字を採用すべきだ）」という論文を発表した。五四運動時代の一九二〇年、銭玄同は『新青年』に「減省漢字筆画的提議（漢字の筆画を減少させる提案）」を発表し、一九二二年には陸費逵らと連名で国語統一籌備会に常用の漢字すべての筆画を減少させることを提案している。一九三四年にも国語統一籌備会に簡略された字体の収集を提案し、翌一九三五年には二、四〇〇字余りの『簡体字譜』の草案が編まれた。一方で、国民政府教育部でも三二四字の「第一批簡体字表」を公布したが、一九三六年に「不必推行」（普及の必要なし）の命令が出され実施されることはなかった。その後、簡略字体の収集が盛んになり一九三七年には字体研究会が一、七〇〇字の「簡体字表第一表」を発表している。

(12) 繁体字復活とは別に、行き過ぎた簡略化を修正する見直し論もあるという。

(13) また、知識のない平民たち、女や子供が使う卑しい文字として「アムクル（女文字）」、「アヘグル（아해글、子供文字の意）」とも卑下されてきたが、解例本に「諺」が通常語彙としてあるように必ずしも卑称ではないとする見解もある。

(14) この年から、今日に至るまで半島の南部における悲劇が始まったのである。

(15) 朝鮮戦争中の一九五一年一月に、韓国の国民防衛軍司令部の幹部らが、国民防衛軍に供給された軍事物資や兵糧米などを横領した事件である。この横領により九万名余りの韓国軍兵士が餓死したとされる。

(16) 第二次世界大戦後の日本を占領統治していた連合国軍最高司令官総司令部（ＧＨＱ）の文書ＳＣＡＰＩＮ第１０３３号「日本の漁業及び捕鯨業に認可された区域に関する覚書」によって決められた日本漁船の活動可能領域のことである。同時代の日本語の資料では、マッカーサーラインと表記されている。このラインの目的は太平洋上における日本漁船のサケ・マスの漁業圏を制限してアメリカの漁業関係者の利益を守ることが主要な目的であった。

(17) このラインによって、竹島は韓国の領土であるという政治的虚構が作り上げられた。このとき同時に「李承晩は韓国軍一〇万人による九州侵攻作戦を指揮した」と米国の資料は伝えている。この作戦は「北朝鮮軍のソウル進出によって、マッカーサーから中止された」という米国政府の記事がある。

(18) 軍事物資の横流しによって、自国軍を餓死に追いやったり、米軍から与えられた武器を使用せずに放棄して、結果として、北側に武器をプレゼントして逃亡したり、人民よりも先に逃げる軍隊の指揮官が休戦条約を不服として戦争の継続を望んだのである。

(19) しかし、これ以後、韓国の歴代大統領による韓国民の悲劇が続くのである。

（20）これらは、第二次世界大戦中に日本軍によって強制連行されたと言っているが、事実は李承晩の弾圧から逃れてきた人々なのである。
（21）この数字は、第二次世界大戦中の日本、米国、ドイツの被害者と比較しても、いかに大きいかが分かるのである。日本は、軍人二三〇万人＋一般人八〇万人＝合計三一〇万人。ドイツ軍人四二二万人＋一般人二六七万人＝合計六八九万人。米国軍人二九万人である。
（22）文学という語自体、翻訳語として創り出されたものであり、この頃に現在一般に使われ私たちが考える文学という概念が生まれた。
（23）山田美妙における「です・ます」調の試みは、もうひとつの日本語表現の可能性として、後世に大きな影響を残した。
（24）坪内逍遙（一八五九～一九三五年）は、小説家、評論家、翻訳家、劇作家である。小説家としては代表作に『小説神髄』『当世書生気質』およびシェイクスピア全集の翻訳があり、近代日本文学の成立や演劇改良運動に大きな影響を与えた。
（25）彼は、初代円朝の落語を速記法により筆記して、落語家の初代三遊亭圓朝の落語口演筆記を参考にしたという。
（26）二葉亭四迷訳『浮草』金尾文淵堂、一九〇八（明治41／9）年、『ルーヂン』金尾文淵堂、一九一四（大正3）年、戸川秋骨訳『猟人日記』昭文堂、一九〇九（明治42／9）年、花園兼定訳『女優』東亜堂書房、一九一三（大正2）年等がある。
（27）若松賤子が「小公子」の翻訳で試みた「ありませんかった」のような文体も当時の注目を浴びたが、これは受け継ぐものが現れなかった。

(28) 自然主義文学の運動も、その普及に一役買ったのである。

(29) 西周し、文政一二年二月三日(一八二九年)—明治三〇年(一八九七年))は江戸時代後期から明治時代初期の幕臣、官僚、啓蒙思想家、教育者である。貴族院議員、男爵、錦鶏間祗候。西周助ともいう。勲一等瑞宝章(一八九七年)。

(30) 森有礼は、弘化四年七月一三日(一八四七年)—明治二二年(一八八九年))は、日本の武士(薩摩藩)、外交官、政治家である。初代文部大臣、一橋大学を創設し、明六社会長(発起人)、東京学士会院初代会員、大日本教育会名誉会員を務め、明治六大教育家に数えられる。正二位子爵。通称は助五郎。

(31) 森有礼は日本語廃止を叫んだ為に暗殺された。実は、日本語のローマ字化を除いては日本語の廃止に反対していたのである。

(32) 当時の新聞が、「ある大臣が伊勢神宮内宮を訪れた際、社殿にあった御簾をステッキでどけて中を覗き、土足厳禁の拝殿を靴のままで上った」と報じ(伊勢神宮不敬事件)問題となった。この「大臣」とは森のことではないのかと、急進的な欧化主義者であった森に人々から疑いの目が向けられる事となった。事実であるかどうかは定かではないが、この一件によって森が暗殺される原因になったようである。木場貞長(森有礼の側近)は後にこの事件は事実無根であると書き残している。英語の国語化を提唱したこと(国語外国語化論)で有名である。明治五年(一八七二年)にイェール大学の言語学教授のウィリアム・ドワイト・ホイットニー宛てに「不規則動詞を規則化して簡略にした英語を日本の国語とするべきではないだろうか」という書簡を送っている。

あとがき

二一世紀はヒト、モノ、カネ、情報といった経営資源が地球規模で自由に移動するグローバル化の時代であると共に、アジアの時代であると言っても過言ではない。

国連人口基金『二〇一八年版　世界人口白書（State of World Population 2018）』によれば、（日本を除く）アジア大洋州には、中国（約一四・二億人）やインド（約一三・五億人）を始め、インドネシア（約二・七億人）、パキスタン（約二・〇億人）など、約四〇億人もの人々が存在し、世界人口（約七六・三億人）の約五二％と過半数を占めている。

また、近年におけるアジアの経済成長は著しく、例えば、外務省『外交青書２０１８』によれば、過去一〇年間における名目国内総生産（名目ＧＤＰ）の世界平均は約一・五倍増であるのに対して、ＡＳＥＡＮ、中国、インド三カ国・地域の名目ＧＤＰの合計は、約三倍であるという。また、（米国及びロシアを除く）東アジア首脳会議（ＥＡＳ）参加国の輸出入総額は約一〇兆二、〇〇〇億米ドルであるが、これは、ＥＵの約一〇兆六、〇〇〇億米ドルに次ぐ規模とのことである。他地域の企業や国家の目から見れば、アジア大洋州は、まさに成長さなかの巨大市場ということになるであろう。

しかしながら、グローバル化の進展に伴って世界的にさまざまな面で格差が拡大し、最近では、米中両国の対立や英国のＥＵ離脱などもあり、世界規模で不安定になってきている感がある。そのうえ、アジアは正に多様性に富む地域である。経済発展段階はもとより、政治体制、宗教、言語など実に様々である。

そうした中、国際協力を行うとすれば、各国の事情を踏まえ、いわばカスタマイズされたものでなければならないだろう。そのためには、各国・地域が相互に幅広く理解し合い、寄り添い、信頼関係を育んでいくことが必要である。

ところで、筆者はこれまで共編著を何冊か手がけた経験があるが、今、改めて振り返ってみると、本書ほど多様性に富む執筆陣に恵まれたのは初めてのことである。学問分野で言えば、政治学、経済学、文学、日本語教育学などの領域にわたるものであり、所属機関で言えば、元職を含めて、大学とマスメディアに属する方々から成る。また、現在の居住地から見ると、国内（九州、東京、大阪）と海外（タイ、台湾）であり、出身国で分けると、日本、イギリス、チェコスロヴァキア、エジプト、タイ、台湾となる。そうした多様なバックグラウンドを持つ方々がアジアの地域協力や地域共同体について多面的に、広角的に考えるというものとなっている。

個人的には、これこそが本書の特徴の第一にあげられるべき点であり、他にあまり類のない、ユニークなものになったのではないかと思うのである。これはまさに、共編著者である本学の児玉昌己法学部教授と大矢野栄次経済学部教授の有する人的ネットワークがあったからである。

ワンアジア財団の助成講座をまとめる形での本書の刊行については、実に多数の方の協力を得た。皆様のご協力があって初めて、本書の公刊が可能となったのである。本来ならば、関係していただいた方々すべてお一人お一人、名を上げて触れられるべきであろうが、その数があまりに多く列記できなかった。ここにそれを記して、改めて感謝申し上げる次第である。

平成三一年三月吉日

伊佐　淳

●著者紹介（執筆順）

脇阪紀行（わきさか　のりゆき）大阪大学国際共創大学院学位プログラム推進機構特任教授、朝日新聞社元論説委員―第1章

瀬能　繁（せのう　しげる）日本経済新聞社編集委員、論説委員―第3章

松石達彦（まついし　たつひこ）久留米大学経済学部教授―第4章

スティーブン・デイ（Stephen Day）大分大学経済学部教授―第5章

コンペル・ラドミール（Radomir Compel）長崎大学多文化社会学部准教授―第6章

中川　茂（なかがわ　しげる）九州工業大学、福岡大学、筑紫女学園大学非常勤講師、西日本新聞社元論説委員長―第8章

小原江里香（おばら　えりか）久留米大学経済学部准教授―第9章

ブサバ・クナシリン（Busaba Kunasirin）タマサート大学講師、チュラロンコン大学経済学部元教授―第10章

蔡　錦雀（サイ　キンジャク）台湾：国立高雄餐旅大学助理教授、社団法人台湾応用日本語学会理事長―第11章

アハマド・ラハミー（Ahmed M. F. M. Rahamey）久留米大学比較文化研究所教授、カイロ大学名誉教授―第12章

浦田義和（うらた　よしかず）久留米大学比較文化研究科客員教授、佐賀大学名誉教授―第13章

大矢野栄次（おおやの　えいじ）久留米大学経済学部教授―第14章

●訳者紹介

矢野英子（やの　ひでこ）大分大学経済学部准教授―（第5章翻訳）

松下　愛（まつした　あい）久留米大学地域連携センター学長特命講師―（第10章翻訳）

●編者紹介

児玉昌己（こだま　まさみ）

久留米大学法学部教授―第2章（第5章翻訳）
欧州大学院大学（ベルギー）行政学研究科修了。同志社大学大学院法学研究科博士後期課程満期退学。法学博士（九州大学）。専門は国際統合論、ヨーロッパ地域研究。主著は『欧州議会と欧州統合』成文堂、『EU・ヨーロッパ統合の政治史』日本放送出版協会、『欧州統合の政治史―EU誕生の成功と苦悩』芦書房など。

伊佐　淳（いさ　あつし）

久留米大学経済学部教授―第7章
明治大学大学院政治経済学研究科博士後期課程満期退学。専門は非営利組織論、地域活性化論。著書に『市民参加のまちづくり』シリーズ（共編著）創成社、『文化経済学と地域創造―環境・経済・文化の統合』新評論（共著）、『NPOを考える（第2版）』創成社新書など。

アジアの国際協力と地域共同体を考える

■発　行――2019年３月30日

■編　者――児玉昌己・伊佐　淳

■発行者――中山元春

■発行所――株式会社 芦書房　〒101-0048 東京都千代田区神田司町2－5
電話 03-3293-0556／FAX 03-3293-0557
http://www.ashi.co.jp

■印　刷――モリモト印刷

■製　本――モリモト印刷

ISBN978-4-7556-1302-9　C0031